U0519320

决胜

Determine The Victory

普惠金融与全面建成小康社会

Inclusive Finance and building
a well off society in an all round way

四川省
2020—2021 年度
重点图书出版
规划项目

张栋浩　　杜在超　　著

本书受 2019 年度教育部人文社会科学研究青年基金项目 "金融普惠与脱贫质量——基于贫困脆弱性和多维贫困视角的研究" (批准号 19YJC790180)，2020 年度中央高校基本科研业务经费专著出版资助项目 "金融普惠对中国家庭福利的影响及其机制研究" (批准号 JBK2004020)，以及 2020 年度国家自然科学基金青年科学基金项目 "中国家庭债务风险的生成机理、风险评估与防范机制研究" (批准号 72003155) 的资助。

西南财经大学出版社
Southwest University of Finance & Economics Press

———— 中国·成都 ————

图书在版编目(CIP)数据

决胜:普惠金融与全面建成小康社会/张栋浩,杜在超著.—成都:西南财经
大学出版社,2021.9
ISBN 978-7-5504-4451-5

Ⅰ.①决… Ⅱ.①张…②杜… Ⅲ.①小康建设—金融支持—研究—中国
Ⅳ.①F832.0②F124.7

中国版本图书馆 CIP 数据核字(2021)第 179659 号

决胜:普惠金融与全面建成小康社会

JUESHENG PUHUI JINRONG YU QUANMIAN JIANCHENG XIAOKANG SHEHUI

张栋浩　杜在超　著

策划编辑:孙婧
责任编辑:廖韧
装帧设计:付瑜
责任印制:朱曼丽

出版发行	西南财经大学出版社(四川省成都市光华村街55号)
网　　址	http://cbs.swufe.edu.cn
电子邮件	bookcj@swufe.edu.cn
邮政编码	610074
电　　话	028-87353785
照　　排	四川胜翔数码印务设计有限公司
印　　刷	四川新财印务有限公司
成品尺寸	170mm×240mm
印　　张	13.25
字　　数	246 千字
版　　次	2021 年 9 月第 1 版
印　　次	2021 年 9 月第 1 次印刷
书　　号	ISBN 978-7-5504-4451-5
定　　价	78.00 元

前言

近些年我国处于全面建成小康社会的决胜时期，并且取得了决定性成就。回顾历史，邓小平同志在改革开放初期提出了"建设小康社会"的构想，在"三步走"战略的指引下，2000 年前后我国人民生活总体上达到小康水平。然而，当时达到的小康还是低水平的、不全面的、发展很不平衡的小康。为此，党的十六大提出了"全面建设小康社会"的奋斗目标，党的十八大报告首次正式提出"全面建成小康社会"，党的十九大对全面建成小康社会做出进一步战略部署，并指出，从现在到 2020 年是全面建成小康社会决胜期，既要全面建成小康社会、实现第一个百年奋斗目标，又要乘势而上开启全面建设社会主义现代化国家新征程，向第二个百年奋斗目标进军。综上所述，从建设小康社会、全面建设小康社会到全面建成小康社会，反映了党和政府紧跟时代变化综合分析国际国内形势和我国发展条件，以及人们对小康社会科学内涵理解的不断深化。

金融是经济发展的血脉，能够为全面建成小康社会提供强有力的金融支持。金融行业可以通过资金融通、价格发现和提供流动性等重要途径，促进金融资源流向全面建成小康社会最需要的领域，同时可以通过金融服务或金融工具提高市场主体风险管理能力，助力应对全面建成小康社会过程中可能遇到的内外部环境条件变化。普惠金融作为我国金融供给侧结构性改革的重要内容，与全面建成小康社会具有内在逻辑的一致性，强调补齐全面建成小康社会中的金融服务短板，而且二者都强调经济社会包容性发展和对社会弱势群体的关注。一方面，全面小康是惠及全体人民的小康，全面建成小康社会要求一个都不能少、一个都不能掉队；全面小康也是城乡区域协调发展的小康，没有农村和贫困地区的全面小康就没有全国的全面小康。另一方面，普惠金融注重扩展金融服务的广度和外延，是以小微企业、农民、城镇低收入人群、贫困人群和残疾人、老年人等特殊群体为重点服务对象的，旨在通过金融促进经济社会实现包容性发展，这被认为是我国全面建成小康社会的必然要求。

为此，本书从普惠金融视角出发，利用理论和实证分析方法研究普惠金融对我国全面建成小康社会的影响及其作用机制，以期为我国推进金融供给侧结构性改革和提高金融服务实体经济能力提供证据支持和政策建议，同时也为世界其他发展中国家提供经验借鉴。本书共分为八章：第 1 章主要介绍本书的研究背景、研究框架与内容、研究方法以及研究创新点；第 2 章从普惠金融概述及国内外研究现状、普惠金融与扩大内需、普惠金融与脱贫攻坚以及普惠金融与相对贫困等方面进行文献综述；第 3 章利用因子分析法构建社区普惠金融指数，并强调了该指数不同于已有普惠金融指数的优点；第 4 章从扩大内需和居民消费升级出发反映全面建成小康社会，研究普惠金融对我国家庭消费支出水平和消费结构的影响，并从缓解信贷约束和降低收入不确定性方面分析和检验了普惠金融的作用机制；第 5 章从脱贫攻坚出发反映全面建成小康社会，研究普惠金融对我国绝对贫困问题的影响及其作用机制，包括促进家庭参与工商业经营和参与市场，本章除考虑农村贫困问题之外，还把城市贫困问题纳入研究，以期为统筹城乡贫困治理提供政策建议；第 6 章从减贫质量出发反映全面建成小康社会，研究普惠金融对我国农村家庭多维贫困和多维贫困脆弱性的影响及其作用机制，并且从供给和需求两方面考察了普惠金融发挥减贫质量效应的环境条件；第7章则从2020年后扶贫时代的战略转型出发，研究普惠金融对解决相对贫困问题的影响及其作用机制，并进一步比较了普惠金融与金融发展、金融竞争对相对贫困问题的影响的异同，以期为我国在全面建成小康社会后实现全面建成社会主义现代化强国的目标提供有效、可靠的政策工具；第8章总结全书结论，提出政策建议，并指出未来的研究方向。

受限于时间、精力和样本数据等诸多因素，本书还有很多不完善的地方，有待以后进一步深入研究。首先，普惠金融具有十分丰富的内涵，除了本书所选取的指标以外，还包括其他方面的指标，比如存贷利差、金融服务费用、金融产品多样性和合同条款可读性、金融消费者权益保护等。其次，全面建成小康社会也同样具有十分丰富的内涵，除了民生福祉领域的消费及贫困问题外，还包括收入差距、区域协调发展、基本公共服务均等化和农业现代化等。再次，普惠金融领域的研究还缺少严谨的理论分析模型，本书虽然从理论层次分析了普惠金融对我国全面建成小康社会的影响及其作用机制，但是并未利用数理模型将其进行规范化表达，也没有就此充分考察普惠金融对全面建成小康社会的一般均衡影响。最后，随着普惠金融改革试验区在我国不同地区落地，在数据可获得的情况下，还可以利用政策评估的系列方法考察这些普惠金融改革试验区的影响，并从中总结普惠金融改革试验区的经验和教训，进而为推进金融供给侧结构性改革和提高金融服务实体经济的能力提供借鉴。

感谢2019年度教育部人文社会科学研究青年基金项目"金融普惠与脱贫质量——基于贫困脆弱性和多维贫困视角的研究"（批准号19YJC790180）、2020年度中央高校基本科研业务经费专著出版资助项目"金融普惠对中国家庭福利的影响及其机制研究"（批准号JBK2004020），以及2020年度国家自然科学基金青年科学基金项目"中国家庭债务风险的生成机理、风险评估与防范机制研究"（批准号 72003155）对本书出版提供的经费资助。同时，感谢中国家庭金融调查与研究中心提供的数据支持，以及写作过程中首都经济贸易大学尹志超教授、西南财经大学李超博士和彭嫦燕博士提供的帮助。

感谢西南财经大学出版社为本书出版所付出的努力！

张栋浩

2021 年 5 月

目 录

1 导论

1.1 本书选题背景与意义

全面建成小康社会是我们很长一段时间里的战略目标，也是中华民族实现伟大复兴中国梦的关键一步。党的十八大报告首次正式提出全面建成小康社会，并丰富了小康社会的内涵，形成了包括经济、政治、文化、社会和生态文明建设在内的"五位一体"总布局，指出我们要努力实现经济保持中高速增长、人民生活水平和质量普遍提高、国民素质和社会文明程度显著提高、生态环境质量总体改善、各方面制度更加成熟更加定型。《中共中央关于制定国民经济和社会发展第十三个五年规划的建议》指出，如期实现全面建成小康社会奋斗目标必须坚持以经济建设为中心，从实际出发，把握发展新特征，加大结构性改革力度，加快转变经济发展方式。习近平总书记在党的十八届五中全会第二次全体会议上指出，全面建成小康社会突出的短板主要在民生领域，发展不全面的问题很大程度上也表现在不同社会群体民生保障方面。农村贫困人口脱贫是全面建成小康社会最突出的短板，《中共中央关于制定国民经济和社会发展第十三个五年规划的建议》也把农村贫困人口脱贫作为全面建成小康社会的基本标志。

近年来，普惠金融成为世界各国高度关注的重要领域，世界银行、国际货币基金组织、普惠金融联盟以及全球普惠金融合作伙伴等机构和组织正致力于在全球范围内推广普惠金融。普惠金融旨在从金融角度促进经济社会实现包容性发展，并且与以往金融发展注重提升金融服务深度不同，普惠金融主要强调拓展金融服务的广度及外延，为社会各阶层提供其所需的金融服务。党的十八届三中全会通过的《中共中央关于全面深化改革若干重大问题的决定》正式提出要发展普惠金融。国务院在 2015 年印发的《推进普惠金融发展规划（2016—2020 年）》中指出，大力发展普惠金融是我国全面建成小康社会的必然要求，有利于促进金融业可持续均衡发展，推动大众创业、万众创新，助推经济发展方式转型升级，增进社会公平和社会和谐。

在此背景下，本书从普惠金融视角出发，以民生领域问题为切入点，结合理论和实证分析方法研究普惠金融对我国全面建成小康社会的影响及其作用机制。当前普惠金融在政策层面和社会各界虽然得到了普遍重视，但是普惠金融的研究工作还有待进一步完善。一方面，以往金融研究关注的主要是金融发展、金融竞争、金融市场化、金融自由化等概念，而普惠金融的研究相对较少；另一方面，普惠金融的研究集中在构建普惠金融指标体系、评估普惠金融发展状况以及分析影响普惠金融的因素等问题上，而未就普惠金融产生的社会福利效果进行充分深入的研究。鉴于此，我们采用具有全国代表性的中国家庭金融调查数据开展相关研究。

考虑到民生福祉问题对全面建成小康社会的重要作用，本书将关注全面建成小康社会进程中的扩大内需及消费升级、助力脱贫攻坚、提高减贫质量和解决相对贫困等问题。另外，本书将研究落脚点置于居民消费、脱贫攻坚、减贫质量及相对贫困，也具有重要的理论意义和现实意义。

首先，扩大内需和消费升级不仅关乎人民群众福利改善，而且在产能过剩、出口增长乏力的经济环境下也是我国经济高质量、可持续发展的关键所在，消费对经济增长贡献明显加大。国家统计局数据显示，居民消费支出对促进国内生产总值的增长越来越重要，而我国居民消费率目前仍处在低位。同时，世界银行数据显示，我国的居民消费率不仅低于北美与西欧等地的发达国家，也低于其他金砖国家等世界新兴经济体。所以，促进我国家庭消费增长和消费升级，进而通过扩大内需的方式拉动经济增长是当前重要的研究问题。

其次，消除贫困、改善民生，逐步实现共同富裕，是我国社会主义的本质要求，贫困问题是我国全面建成小康社会的突出短板。改革开放以来，我国经济取得了快速增长，人民群众的家庭生活也得到了极大改善。但是，我国在2015 年实施脱贫攻坚战之前和脱贫攻坚战时期仍有相当数量的绝对贫困人口，深度贫困地区发展缓慢、脱贫难度大，脱贫人口重新返贫现象也时有发生。《中共中央 国务院关于打赢脱贫攻坚战的决定》指出，要确保我国现行标准下农村贫困人口实现脱贫，贫困县全部摘帽，解决区域性整体贫困。所以，如何帮助贫困家庭实现脱贫，助力脱贫攻坚任务的完成，既具有很强的现实意义，也具有一定的政策指导意义。

再次，减贫质量关乎我国能否守住来之不易的减贫成果和从根本上解决现行标准下的绝对贫困问题。如果减贫质量低，那么深度贫困地区人口难以脱贫，边缘贫困户可能陷入贫困，已经脱贫人口也可能重新返贫，这对我们打赢并打好脱贫攻坚战，以及为世界其他国家提供中国减贫方案提出了挑战。为此，《中共中央 国务院关于打赢脱贫攻坚战三年行动的指导意见》和《中共中央 国务院关于实施乡村振兴战略的意见》都指出，要坚持把提高脱贫质量放在首位。但是，现有文献普遍关注贫困问题本身，而较少关注减贫质量问题，同时普惠金融除了能否减少贫困本身以外，是否也能够提高减贫质量，对于能否切实推进普惠金融发展为一种可行的减贫方案和可靠的减贫经验而言至关重要。

最后，2020 年年底解决了现行贫困标准下的绝对贫困问题之后，我国将进入后扶贫时代，相对贫困问题日益凸显。后扶贫时代扶贫战略转型不仅关系到我国未来扶贫开发工作走向，也关系到我国能否解决不平衡不充分发展的问题，满足人民对美好生活的需要，以及促进广大人民共享改革发展的成果。为此，党的十九届四中全会提出要加快建立解决相对贫困问题的长效机制。同时，在后扶贫时代，除了农村贫困问题以外，城市贫困问题也不容忽视，统筹城乡贫困治理对我国乡村振兴、缩小城乡差距和促进经济实现高质量、可持续发展具有重要影响。

1.2　本书研究框架与内容

1.2.1　研究框架

本书研究框架见图 1-1。

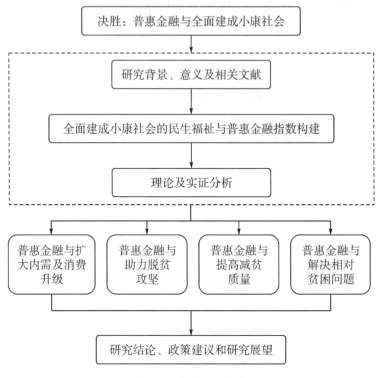

图 1-1　本书研究框架

1.2.2　研究内容

本书总共有八章，各章的内容如下：

第一章，导论。本章主要阐述普惠金融发展现状以及本书关注的扩大内需及消费升级、脱贫攻坚、减贫质量和后扶贫时代解决相对贫困问题对我国全面建成小康社会的重要性。同时，我们也在该部分介绍了本书的研究框架、研究内容、研究方法以及研究创新点。

第二章，文献综述。其一，本章梳理了国内外文献关于普惠金融的发展现状、影响因素和宏微观经济效应的研究。其二，本章梳理了国内外文献关于普惠金融与扩大内需的研究，包括普惠金融对家庭消费的影响以及其他因素对家庭消费的影响。其三，本章梳理了国内外文献关于普惠金融与贫困问题的研究，主要是绝对贫困问题，包括普惠金融对家庭贫困的影响以及其他因素对家庭贫困的影响。其四，本章梳理了国内外文献关于普惠金融与减贫质量的研究，主要是多维贫困及多维贫困脆弱性问题，包括普惠金融对多维贫困及多维贫困脆弱性的影响以及多维贫困和多维贫困脆弱性的其他研究。其五，本章对普惠金融与相对贫困问题的国内外文献进行了梳理，包括普惠金融对相对贫困的影响以及其他因素对相对贫困的影响。

第三章，构建普惠金融指数。首先，本章对构建普惠金融指数的国内外文献进行综述。其次，本章基于中国家庭金融调查 2015 年的数据，从普惠金融的渗透度、使用度和满意度三个方面，采用因子分析法构建社区普惠金融指数。最后，我们还采用其他方法构建了社区普惠金融指数，为本章结论提供稳健性检验。

第四章，普惠金融与全面建成小康社会：扩大内需与消费升级。首先，本章结合理论分析与实证方法研究普惠金融对家庭消费支出水平和消费结构的影响，并通过在实证模型中设定交互项的方式，研究普惠金融对家庭消费的异质性影响。其次，本章从缓解正规信贷约束以及降低收入不确定性出发，进一步分析了普惠金融对家庭消费的影响渠道。最后，本章通过选取合适的工具变量讨论了普惠金融指数的内生性问题，并通过采用其他方法构建普惠金融指数、使用其他方法处理家庭净资产和纯收入变量、控制其他层级的固定效应、添加社区特征变量等方式，为本章结论提供稳健性检验。

第五章，普惠金融与全面建成小康社会：助力脱贫攻坚。首先，本章采用不同的绝对贫困标准描述了我国绝对贫困状况。其次，本章结合理论分析和实证方法研究普惠金融对我国家庭贫困的影响，并从城乡差异和社区差异两方面考察普惠金融对家庭贫困的异质性影响。再次，在精准扶贫的现实背景下，本章进一步探讨了普惠金融在精准扶贫过程中可以发挥的作用。最后，本章分析了普惠金融对家庭贫困的影响渠道，并从促进家庭参与工商业经营和参与市场两个方面给出了经验证据。在本章中，我们还检验了普惠金融指数的内生性问题，并且通过采取其他贫困线、采用其他方法构建普惠金融指数、控制不同层级的固定效应等方法，检验了本章结论的稳健性。

第六章，普惠金融与全面建成小康社会：提高减贫质量。首先，本章从收入、教育、健康和生活质量方面出发，构建了农村家庭多维贫困变量并估计了农村家庭多维贫困脆弱性状况。其次，本章结合理论分析和实证方法研究了普惠金融对农村家庭多维贫困和多维贫困脆弱性的影响，并讨论了普惠金融在提高减贫质量中是否发挥了"雪中送炭"的作用，普惠金融对收入、教育、健康和生活质量等不同贫困问题是否存在差异性影响，以及不同种类金融服务对减贫质量是否存在差异性影响。再次，本章从村庄市场制度环境和家庭需求环境出发，分析了外部和内部环境条件如何作用于普惠金融的减贫质量效应。最后，本章从促进人力与物质资本积累和地区经济发展出发，解释并提供了普惠金融提高减贫质量的经验证据。本章利用工具变量估计、控制不同变量和固定效应、村庄层面分析、更改多维贫困构建方法和普惠金融指数构建方法，检验了本章结论的稳健性。

第七章，普惠金融与全面建成小康社会：后脱贫时代战略转型。首先，本章描述了我国相对贫困现状，并与世界上其他国家进行比较。其次，本章实证分析了普惠金融对我国家庭相对贫困问题的影响，并分别讨论了普惠金融对城市家庭和农村家庭相对贫困的差异性影响，以及普惠金融不同维度对家庭相对贫困的差异性影响。再次，本章从理论层面分析了普惠金融对相对贫困问题的作用机制，并从普惠金融促进包容性发展、充分就业和提高政府转移支付效率等方面给出了普惠金融降低相对贫困程度的经验证据。最后，本章结合理论分析和实证方法，比较了普惠金融、金融发展和金融竞争对解决相对贫困问题的影响，证实了普惠金融具有不同于金融发展和金融竞争的内涵。本章利用工具变量估计、安慰剂检验、线性概率模型、其他的居民收入计算方法、其他的普惠金融指数构建方法和多维相对贫困变量，检验了本章结论的稳健性和一致性。

第八章，结论与政策建议。本章从扩大内需及消费升级、助力脱贫攻坚、提高减贫质量和解决相对贫困问题等方面总结普惠金融对我国全面建成小康社会的影响及其作用机制，并提出相应的政策建议，指出未来的研究方向。

1.3 本书研究方法

本书综合利用理论分析方法和实证分析方法开展研究。

就理论分析方法而言，第一，本书利用金融发展理论分析普惠金融发展的必要性以及其不同于传统金融发展的本质及内涵，并利用发展经济学理论和现代福利经济学理论分析家庭消费需求及贫困问题；第二，本书利用流动性约束理论和预防性储蓄理论，分析普惠金融对扩大内需和促进消费升级的作用机制；第三，本书利用经济增长理论、资源补给理论和平台赋权理论，分析普惠金融对助力脱贫攻坚的作用机制，后两者主要是金融对工商业经营的资源补给和对市场平台的赋权；第四，本书利用贫困陷阱理论和风险社会理论分析普惠金融对提高减贫质量的作用机制，并利用金融生态理论讨论普惠金融发挥减贫质量效应面临的环境约束条件；第五，本书利用包容性发展理论、人力资本理论和政府转移支付亲贫性分析普惠金融对解决相对贫困问题的作用机制。重要的是，本书希望能够为中国特色金融发展理论和特色减贫理论的研究提供一定的借鉴。

本书的实证分析方法主要如下：

第三章构建普惠金融指数时主要采用了因子分析方法，并结合变异系数法、熵值法和主成分分析法提供指数构建的稳健性检验。

第四章研究普惠金融对扩大内需及消费升级的影响时，首先利用了 OLS（普通最小二乘法）模型研究普惠金融对家庭人均消费支出和非食品消费占比的影响，利用了似不相关回归模型（SUREG）研究普惠金融对人均食品消费支出和非食品消费支出的影响，以解决食品消费和非食品消费之间的相关性问题；其次，由于具有信贷需求的家庭才可能面临信贷约束，为了解决样本自选择问题，还利用了 Heckman 两步法模型研究普惠金融对家庭消费的影响渠道；最后，利用了工具变量法识别普惠金融对家庭消费支出和消费结构的因果影响。

第五章研究普惠金融对助力脱贫攻坚的影响时，利用 Probit 模型研究了普惠金融对家庭绝对贫困的影响，利用多项 Logit 模型研究了普惠金融对扶贫户和非扶贫户的差异性影响；此外，还通过利用 FGT 指数衡量社区层面的贫困状况，研究了普惠金融对社区层面贫困问题的影响，并且利用工具变量法识别普惠金融对降低家庭绝对贫困程度的因果影响。

第六章研究普惠金融对提高减贫质量的影响时，首先利用指标赋权方法构建了农村家庭多维贫困变量，并利用三阶段可行广义最小二乘法（FGLS）估计了农村家庭多维贫困脆弱性；其次，采用 OLS 模型估计普惠金融对农村家庭多维贫困和多维贫困脆弱性的影响，采用分位数回归模型估计普惠金融对不同贫困家庭的差异性影响，并采用多项 Logit 模型估计普惠金融对结构脆弱性和风险脆弱性的影响；最后，利用中介效应方法检验了普惠金融对减贫质量的作用机制，并利用工具变量等方法检验了普惠金融对减贫质量的因果影响。

第七章研究普惠金融对解决相对贫困问题的影响时，利用 Probit 模型研究普惠金融对相对贫困的影响，并利用 OLS 模型、工具变量法和安慰剂检验等方法进行稳健性检验。同时，在研究普惠金融对相对贫困的作用机制时，第七章还利用多项 Logit 模型讨论普惠金融对充分就业的影响，以及利用 Tobit 模型讨论普惠金融对政府转移支付效率的影响。此外，我们还在本书中根据研究需要，使用了逐步回归、分样本估计和交互项设定等常用计量方法。

1.4　本书主要创新点

本书的创新点主要体现为扩展了已有文献的研究问题，利用了一些新的研究方法。

首先，本书扩展了已有文献关于普惠金融和家庭消费及贫困问题的研究。①扩展了普惠金融问题的研究。已有文献主要关注构建普惠金融指标体系、评估地区普惠金融发展水平及普惠金融发展的影响因素等问题，而未充分研究普惠金融所产生的社会福利效应，尤其是中国国情下全面建成小康社会的民生福祉问题。本书从扩大内需及消费升级、脱贫攻坚、减贫质量和后扶贫时代解决相对贫困问题等方面出发，研究了普惠金融对我国全面建成小康社会的影响及其作用机制。②扩展了家庭消费及贫困问题的研究。其一，本书将研究视角从传统金融发展等扩展到普惠金融发展，传统金融发展主要强调了金融服务的深度，忽略了金融服务的广度及外延，传统弱势群体受到传统金融排斥而难以享受金融发展的成果；普惠金融强调了金融服务的广度，通过以可负担的成本向弱势群体提供金融服务，有助于改善传统金融排斥家庭福利的状况。本书将结合理论分析和实证分析方法，讨论普惠金融不同于金融发展、金融竞争的本质及内涵，并提供一定的经验证据。其二，本书在研究内需问题时不仅考虑了家庭消费支出，还考虑了消费结构用以分析消费升级问题；在研究贫困问题时不仅考虑了我国脱贫攻坚时期关注的绝对贫困问题，还进一步研究了减贫质量和后脱贫时代的相对贫困问题，以期为我国守住来之不易的减贫成果和解决相对贫困问题提供一种可靠的政策工具。其三，本书在研究脱贫攻坚问题时不仅考察了普惠金融是否有助于降低贫困，还考察了普惠金融在精准扶贫中可以发挥的作用；在研究减贫质量时不仅考察了普惠金融对农村家庭多维贫困的影响，还考察了普惠金融对农村家庭多维贫困脆弱性的影响；在研究相对贫困问题时，既考察了收入相对贫困，也考察了多维相对贫困，同时系统分析并估计了普惠金融不同于金融发展、金融竞争对相对贫困的差异性影响。

其次，本书采用了一些新的研究方法开展研究。①利用因子分析法构建了微观层面的社区普惠金融指数，这不同于已有文献主要构建更为宏观的国家或省份普惠金融指数的方法。相比而言，社区普惠金融指数可以更好地反映金融服务下沉状况，并且考虑到社区与家庭之间的紧密联系，该指数也可直接用于研究普惠金融对家庭福利的影响；同时该指数利用了社区内获得正规贷款的家庭占比等"占比类"指标，由此也能够更好地刻画金融资源在不同主体之间的分配状况。②利用了一些新的实证方法开展研究。其一，考虑到家庭食品消费支出和非食品消费支出存在一定的相关性，我们利用似不相关回归模型（SUREG）同时估计了普惠金融对家庭食品消费支出和非食品消费支出的影响；其二，不同于已有文献主要从收入视角考察绝对贫困问题，我们从消费视角进行了考察，用以避免微观调研数据中普遍存在的收入低估问题，而且消费能够更好地反映家庭福利；其三，不同于已有文献主要利用微观数据构建地区层面的多维贫困指数，我们利用指标赋权加总的方法构建了家庭层面的多维贫困变量，以此直接刻画我国农村家庭多维贫困状况；其四，我们利用三阶段可行广义最小二乘法（FGLS）估计了农村家庭多维贫困脆弱性，并根据脆弱性诱因将多维贫困脆弱性分解为结构脆弱性和风险脆弱性，进而比较普惠金融对不同脆弱性的异质性影响；其五，构建多维相对贫困变量时，不同于已有文献对非收入维度指标采用绝对贫困的定义方式，我们对非收入维度指标采用了相对贫困的定义方式，由此能够更好地刻画相对贫困问题；其六，在比较普惠金融与金融发展、金融竞争等的不同内涵时，不同于已有文献主要从理论层面进行分析，我们在进行理论分析的同时，还通过在实证模型中加入相关变量给出了经验证据；其七，为了克服普惠金融指数可能的内生性问题，除了基于文献中常用的县市均值设计工具变量进行估计外，我们还考虑了以省级普惠金融发展行动或社区人口密度等设计工具变量，以及采用了安慰剂检验、控制其他固定效应和添加其他控制变量等方法。

2 文献综述

2.1 普惠金融概述及国内外研究

2.1.1 普惠金融现状及发展趋势

关于普惠金融（financial inclusion），国内外社会各界还没有形成统一的定义。联合国指出，普惠金融是能有效地、全方位地为社会所有阶层和群体提供服务的金融体系。世界银行指出，普惠金融是指能够广泛获得金融服务且没有价格、非价格方面的障碍，能够为社会所有阶层和群体提供合理、便捷、安全的金融服务的一种金融体系。在我国，国务院在《推进普惠金融发展规划（2016—2020 年）》中指出，普惠金融是指立足机会平等要求和商业可持续原则，以可负担的成本为有金融服务需求的社会各阶层和群体提供适当、有效的金融服务。

普惠金融最早由联合国在"2005 国际小额信贷年"中提出，后被联合国和世界银行等国际机构在世界范围内大力推行。现阶段，世界银行、国际货币基金组织、普惠金融联盟以及全球普惠金融合作伙伴等都在全球范围内推动普惠金融发展。世界银行在《全球金融发展报告 2014：普惠金融》中指出，世界银行已在全球 70 多个国家和地区与公私合作伙伴联手开展普惠金融项目，全世界 50 多个国家和地区设立了改善普惠金融的目标。

就普惠金融在世界范围内的发展状况而言，世界银行（2014）指出，全球范围内有超过 25 亿成年人没有正规银行账户。Kunt 等（2015）通过 2014年的世界银行普惠金融数据库发现，62% 的成年人拥有一个正规金融账户，56% 的成年人过去 12 个月内存过钱，但是其中只有 25% 的成年人是在正规金融机构存钱。Urquijo（2015）指出，尽管欧元区国家比其他地区拥有更高的普惠金融发展水平，但是仍然有很多居民和小微企业难以获得金融服务，并且由于失业和社会救助的削减，面临金融排斥风险的居民正在不断增加。Figart（2013）指出，美国 2011 年大约有 3 400 万个家庭没有获得银行服务或者享受银行服务不足，在提高家庭金融知识水平的同时，政府应该为发展普惠金融提供良好的环境条件，包括对非正规金融进行更为严格的监管、增加政府和社会资本的合作等。

具体到我国普惠金融发展状况上，Fungacova 和 Weill（2015）通过世界银行 2011 年普惠金融数据库，发现我国居民拥有正规金融账户和银行储蓄的比例较高，但是使用正规信贷的比例较低。具体而言，我国有 66.3% 的居民拥有正规账户，81.93% 的居民有正规储蓄，但只有 6.50% 的居民使用正规信贷。近年来，我国普惠金融状况正在不断改善，世界银行发布的《2014 年全球普惠金融调查报告》指出，2014 年我国拥有金融账户的比例上升到 78.9%，通过正规金融机构借贷的比例上升到 9.6%。

2.1.2 普惠金融的影响因素及经济效应

2.1.2.1 已有文献从宏观和微观角度研究了普惠金融发展的影响因素

第一，从宏观角度看，Sarma 和 Pais（2011）利用世界银行 WDI（世界发展指标）数据，通过构建普惠金融指数，发现人均 GDP（国内生产总值）、收入不平等、成年人受教育水平、城镇化以及基础设施建设是影响普惠金融发展的重要因素。Allen 等（2014）发现，相比于其他地区的发展中国家，人口密度是影响非洲国家普惠金融的重要因素，同时移动手机银行通过克服基础设施障碍显著改善了普惠金融状况。Allen 等（2016）采用世界银行的普惠金融数据，以银行分支机构和 ATM（自动取款机）的渗透度指标来衡量普惠金融，发现更好的法治环境和更稳定的政治系统对普惠金融有显著的正向影响。第二，从微观角度看，G. Corrado 和 L. Corrado（2015）通过 2008—2010 年欧洲家庭生活调查数据发现，工作和收入的不利冲击会降低家庭获得金融服务的概率，并且家庭获得金融服务的可能性也会显著地受到周边家庭金融服务使用状况的影响。Brown（2016）通过东南欧四个国家的家庭调查数据发现，在小额信贷银行新设立的地方，家庭获得银行服务的可能性更高，并且这种效应对低收入家庭、老年家庭和依靠转移支付的家庭更为显著。Zins 和 Weill（2016）研究了 2014 年世界银行普惠金融数据库中的非洲国家数据，发现收入、受教育和年龄是非洲居民获得金融服务的重要影响因素，并且移动金融账户和传统金融账户的影响因素相同，但是正规金融账户和非正规账户的影响因素不同。Fungacova 和 Weill（2015）采用 2011 年世界银行普惠金融数据研究了我国的普惠金融状况，同样发现收入、受教育水平以及年龄对家庭获得金融服务有显著的影响，并且收入和受教育水平会显著影响家庭对正规信贷与非正规信贷的选择，但是更高的受教育水平并没有使得更多家庭选择正规信贷。

就国内研究而言，董晓林和徐虹（2012）以县域金融机构网点分布作为金融排斥的代理变量，发现人口规模、社会消费品零售总额以及金融基础设施状况会显著影响县域金融排斥状况。粟勤和肖晶（2015）通过我国31个省（自治区、直辖市）的面板数据，发现银行业市场结构的分散化有利于提升地区金融包容水平，但在经济发达地区，这一作用有所减弱。李涛等（2010）基于2007年中国15个城市居民投资行为调查数据研究发现，家庭资产的增加和社会互动程度的提高有助于降低居民受到金融排斥的可能性。张号栋和尹志超（2016）通过中国家庭金融调查2013年的数据发现，增加金融知识可以显著降低家庭遭受金融排斥的概率，而且金融知识降低家庭遭受投资类产品排斥的程度高于融资类产品。

2.1.2.2　已有文献也从宏观和微观视角展开了普惠金融的经济效应研究

第一，从宏观角度讲，Sharma（2016）利用2004—2013年的印度数据，通过VAR模型和格兰杰因果检验发现，普惠金融与经济增长显著正相关，并且普惠金融的渗透度与GDP互为因果，而普惠金融的使用度只是GDP的格兰杰原因。Kim（2016）利用OECD（经济合作与发展组织）和欧元区国家的截面数据，以Sarma（2008）的方法构建普惠金融指数，发现普惠金融可以通过降低收入不平等对经济增长产生积极的影响。Nanda和Kaur（2016）利用68个国家2004—2012年的数据，并借鉴Sarma（2008）的方法构建了普惠金融指数，发现普惠金融指数与人类发展指数显著正相关。第二，从微观角度讲，Beck（2014）认为传统的金融发展指标（私人信贷占GDP比重）不能用于衡量金融系统的广度，为此作者利用国际货币基金组织的金融可及性数据库，以每十万人拥有的银行网点数作为金融广度的指标，研究了金融系统外延性对公司避税的影响，发现金融系统外延的增加可以通过信息共享渠道减少公司逃税行为。进一步地，Ahamed（2016）基于普惠金融的渗透度指标和使用度指标，利用主成分分析法构建了普惠金融指数，发现普惠金融有助于减少发展中国家的企业逃税行为。Swamy（2014）发现，普惠金融对个人收入的影响存在性别上的异质性，参加普惠金融项目使女性纯收入增加了8.40%，使男性收入增加了3.97%。Fan和Zhang（2017）采用我国省级面板数据，以Sarma（2012）的方法构建了省级普惠金融指数，发现普惠金融对创业活动有显著的正向影响，并且该效应在进入障碍小的行业更为显著。

就国内研究而言，学者们大多是利用省级面板数据展开分析。王修华和关键（2014）计算了我国31个省（自治区、直辖市）的农村金融包容水平，发现农村金融包容水平对城乡收入差距有显著的负向影响。吕勇斌和李仪（2016）通过空间面板模型，发现金融包容对城乡收入差距的影响呈现倒U形，但我国大部分地区目前仍处在倒U形左侧。王珂英和张鸿武（2016）发现，农村金融包容发展对农户创业具有较强的正向促进作用。师俊国等（2016）基于湖南2008—2013年87个县市面板数据进行研究，发现普惠金融发展对投资效率存在非线性效应，当普惠金融发展水平达到一定程度后，普惠金融将有助于投资效率的提升。

2.2 普惠金融与扩大内需

2.2.1 普惠金融对居民消费提升的影响

已有文献主要从信贷约束、金融抑制以及微型金融等视角出发研究了金融因素对消费的影响，从普惠金融角度出发进行的研究相对较少。金融市场不发达导致的信贷约束问题会显著影响家庭消费。Hayashi（1985）研究美国消费调查数据发现，信贷约束显著降低了家庭消费支出，并且信贷约束对年轻家庭的影响更大。Zelds（1989）通过最优条件下的欧拉方程发现，信贷约束会显著降低家庭的最优消费水平。Ludvigson（1999）建立了时变的流动性约束模型，发现可预测的信贷增长会显著促进居民消费增长。在关于我国消费问题的研究中，张继海和臧旭恒（2008）采用模拟的方法研究了流动性约束对消费的影响，发现生命不确定和流动性约束会降低居民的即期消费。余泉生和周亚虹（2014）发现，信贷约束对农户福利有显著的负向影响，信贷约束增加1%，会导致农户家庭的建房、看病和上学支出减少55.77元。董志勇和黄迈（2010）区分了正规信贷约束和广义信贷约束（含非正规信贷约束），发现正规信贷约束没有显著改变农户的消费结构，而广义信贷约束对非食品消费占比有显著的负向影响。韩其恒和李俊青（2010）还发现，金融市场的发达程度会对消费波动产生显著影响，不发达的金融市场会增加居民消费波动。

正规金融服务有助于缓解信贷约束，促进家庭消费增长。首先，信用卡和消费信贷对家庭消费有显著的正向影响。Soman和Cheema（2002）通过设计实验和对微观调查数据进行分析，发现使用信用卡以及提高信用卡额度有助于消费者增加消费支出，并且对年轻消费者和低教育水平的消费者有更显著的影响。Gross 和 Souleles（2002）通过个人信用卡账户的面板数据发现，增加信用卡的额度有助于缓解信贷约束，提高消费者的边际消费倾向，并且该效应在信用额度刚刚增加时最明显。Karlan 和 Zinman（2010）结合随机实验和微观家庭调查数据进行研究，发现获得消费信贷对家庭消费有显著的正向影响，获得信贷不仅显著降低了家庭挨饿的概率，还显著改善了家庭食品消费质量。其次，微型金融的相关研究并未就小额信贷是否有助于增加家庭消费支出达成共识。Attanasio 等（2015）采用随机实验的方法，评估了在蒙古实施的具有连带责任的小额信贷项目，发现获得团体贷款能够促进蒙古家庭消费支出增加，但其对个体责任贷款的影响不显著。Banerjee 等（2015）评估了在印度海德拉巴市开展的随机实验，发现小额信贷增加了家庭的耐用消费品支出，但其对非耐用消费品的影响不显著。但是，Crepon 等（2015）在摩洛哥农村地区开展了小额信贷项目的随机实验，发现小额信贷项目对家庭消费没有显著的影响。

国内学者也就金融因素对家庭消费的影响进行了研究。比如，韩立岩和杜春越（2012）发现，借贷收入对家庭消费有显著的正向影响。陈东和刘金东（2013）发现，消费信贷可以显著促进农村居民消费，并且消费信贷的作用比生产性信贷更为显著，消费信贷主要是通过增加居民收入的机制对促进消费发挥作用。朱信凯和刘刚（2009）发现，民间合作性金融组织对缓解我国农户信贷约束、增加农户的当期消费发挥了重要作用。杨汝岱等（2011）发现，社会网络与民间借贷显著正相关，社会网络有助于居民通过民间渠道获得借款，从而缓解流动性约束。易行健等（2012）发现，社会网络有助于降低农户储蓄率，但是正规金融的发展会弱化社会网络的影响。

此外，部分文献也通过构建综合性指数研究了金融市场环境、金融抑制等因素对消费的影响。比如，Besley 等（2008）采用抵押贷款数据和微观调查数据，通过对高风险抵押贷款者的贷款利率进行回归，构建了家庭外部融资成本指数，研究发现外部融资成本对消费增长有显著的负向影响。Aron 和 Muellbauer（2013）通过样条函数的方法构建了信贷条件指数，用以反映家庭面临的信贷市场自由化程度，研究发现信贷条件指数既可以对家庭消费产生直接影响，也可以通过不确定性、收入预期以及资产价值的波动等对家庭消费产生间接影响。邱崇明和李辉文（2011）利用时间序列数据，通过主成分分析法构建了中国金融抑制指数，研究发现长期金融抑制会显著降低居民消费。李锐和朱喜（2007）通过 Biprobit 模型估计出了农户的金融抑制程度，并分析了金融抑制对农村福利的影响，发现金融抑制使得农村消费性支出显著下降 16.46%。

综上可知，已有文献大多从金融市场不完善的视角出发，研究信贷约束或金融抑制对家庭消费的影响，但是，对如何完善金融市场的研究并不充分。一方面，已有文献主要从金融发展、金融市场化和金融自由化等视角出发，这些金融概念侧重于金融服务的深度而非金融服务的广度，忽略了社会弱势群体由于自身禀赋不足而难以充分获得其所需金融服务的现实。另一方面，部分文献虽然关注了信贷、信用卡、银行账户等正规金融服务对促进家庭消费的积极作用，但大多只是从某一种金融服务出发，而非综合考虑多种类型的金融服务，这并不符合家庭多样化的金融服务需求。

2.2.2 其他影响居民消费提升的因素

首先，有研究表明我国家庭具有很强的预防性储蓄动机（Meng，2003；Giles et al.，2007）。住房价格的上涨（骆祚炎，2010；颜色 等，2013；陈斌开 等，2013；李涛 等，2014）、教育支出的增加（杨汝岱 等，2009）、养老金财富的下降（何立新 等，2008）都是居民消费率下降的重要因素。罗楚亮（2004）发现，失业、医疗及教育等不确定性因素显著降低了我国城镇居民的消费。王健宇和徐会奇（2010）通过调整离差率计算了收入不确定性，发现负向的收入不确定性会显著降低我国农户的消费，社会保障则有助于促进我国居民消费支出增加。白重恩等（2012）和臧文斌等（2012）分别考察了新型农村合作医疗保险和城镇居民基本医疗保险对家庭消费的影响，都发现了社会医疗保险对促进家庭消费有显著的正向影响。白重恩等（2012）还发现，参加社会养老保险也会显著促进家庭消费的增加，但是养老金缴费率则会对其产生负面影响。

其次，收入差距扩大不利于家庭增加消费支出。杨汝岱和朱诗娥（2007）发现，中等收入家庭拥有最高的边际消费倾向，缩小收入差距既有利于实现社会公平，也有助于扩大家庭消费需求。陈斌开（2012）发现，收入差距对居民消费率的边际影响是-6.5%，并且可以解释 2000—2008 年居民消费率下降30.8%的现象。金烨等（2011）认为，收入差距会通过社会地位寻求动机对家庭消费产生影响，收入差距扩大显著降低了除教育支出以外的其他家庭消费。因此，增加中等收入家庭的占比而降低高收入和低收入的家庭占比，有助于我国扩大内需（臧旭恒 等，2005）。

再次，人口结构对消费的影响没有得到一致的结论。部分文献认为，计划生育政策导致的我国人口结构变化是内需不足的一个重要原因。Modigliani 和 Cao（2004）发现，计划生育政策可以解释 20 世纪 90 年代储蓄率上升30%的现象，因为计划生育政策改变了家庭养老模式的选择，从原有的主要依靠子女养老变为通过储蓄方式养老。袁志刚和宋铮（2000）也认为，计划生育政策使得我国人口的年龄结构从雪松状变为蘑菇状，城镇居民通过为子女储备更多的资本以平滑消费，这也是我国居民消费率自 20 世纪 80 年代以来不断下降的原因。但是，也有学者发现人口结构的改变不是我国消费率下降的主要原因。比如，Kraay（2000）和 Horioka、Wan（2007）都发现，抚养系数对储蓄率没有显著的影响。李文星等（2008）发现，儿童抚养系数会显著降低居民消费，但是老年人抚养系数对居民消费没有显著的影响。

最后，已有文献还研究了其他抑制我国家庭消费的因素，包括户籍制度（陈斌开 等，2010）、政府支出（申琳 等，2007；方福前，2009）以及儒家文化（Harbaugh，2003；叶德珠 等，2012）等。陈斌开等（2010）通过比较城镇中的移民家庭和居民消费发现，取消户籍限制能够让移民家庭的人均消费增加 20.8%。申琳和马丹（2007）发现，尽管政府支出可以通过影响消费倾向促进居民消费支出增加，但是从长期来看，我国政府支出会对居民消费形成挤出效应。方福前（2009）发现，我国政府部门收入在国民总收入中比重不断上升，而居民收入比重不断下降，由此造成我国居民消费增长缓慢。Harbaugh（2003）认为，尽管儒家文化因素不能全部解释中国存在的高储蓄现象，但至少是其中的一个原因。叶德珠等（2012）用国际面板数据证实了文化因素对消费的影响，指出儒家文化圈的居民自我控制力强，消费率也就偏低。

2.3 普惠金融与脱贫攻坚

2.3.1 普惠金融对降低家庭贫困程度的影响

我国在脱贫攻坚期间主要致力于解决绝对贫困问题，所以我们在此小节重点梳理普惠金融与绝对贫困问题的相关文献。早期文献主要关注金融发展对贫困的影响。Jalilian 和 Kirkpatrick（2002）采用发展中国家和发达国家的面板数据，以银行存款占 GDP 比重为金融发展的代理指标，发现金融发展有助于改善发展中国家的贫困状况。Beck 等（2007）采用 68 个国家的面板数据，以私人信贷占 GDP 的比重衡量金融发展，发现金融发展有助于降低绝对贫困的发生率。Akhter 和 Daly（2009）通过 54 个发展中国家的面板数据发现，金融发展可以通过储蓄和信贷直接对贫困产生影响，但是金融波动对减贫产生了负向影响。就国内研究而言，杨俊等（2008）通过 VAR 模型发现，我国金融发展尽管在短期内缓解了贫困状况，但从长期来看金融发展并没有成为降低贫困程度的重要因素。崔艳娟和孙刚（2012）通过我国各省（自治区、直辖市）的面板数据发现，金融发展通过促进经济增长和收入分配机制等提高了穷人收入水平，但金融波动部分抵消了金融发展的减贫效果。

金融发展的相关研究忽视了金融资源的分配问题，学者们逐渐将研究视角转移到信贷供给或微型金融上。首先，关于信贷供给的相关研究，世界银行的报告（2001）指出，改善贫困群体的金融服务状况，尤其是向他们提供信贷资金和保险保障，有助于他们通过积累生产性资产和提高生产率来增强持续性生存的潜力。Burgess 和 Pande（2005）发现，印度通过要求新设银行分支机构将40%的贷款投向乡镇企业和当地农业发展，使得农村地区新设银行分支机构对印度农村减贫的贡献率达 14%～17%。Geda 等（2006）通过埃塞俄比亚的家庭面板数据发现，获得信贷可以通过平滑消费和逃离贫困陷阱等方式对减贫产生积极影响。Attanasio 等（2015）则发现，小额集体信贷对降低蒙古女性贫困程度有积极影响，但小额个体信贷对贫困没有显著的影响。其次，关于微型金融的减贫效应，Khandker（2005）通过孟加拉国的家庭面板数据发现，微型金融不仅可以改善项目参与者的贫困状况，对非参与者也有显著的影响，从而有助于缓解村级层面的总体贫困问题。Imai 等（2010）采用印度家庭的面板数据，评估了微型金融机构提供的生产性贷款对贫困的影响，发现生产性贷款对减贫有显著的积极影响，并且其在农村地区的影响要大于在城市地区。Imai 等（2012）通过国别面板数据也发现，微型金融机构提供的贷款有助于改善贫困状况。

但是，相关研究表明微型金融的发展模式和信贷供给的投向限制了它们的减贫效应。一方面，微型金融机构运营中出现的经营可持续性、客户过度负债等问题，导致微型金融发展面临着很大的瓶颈。Field 等（2013）认为，以小额信贷为主的微型金融模式存在贷款利率高、贷款期限短等问题，是否真正有利于贫困群体仍值得商榷。Ghosh（2013）也指出，不应将微型金融作为解决贫困问题的最有效的办法，而应该积极追求其他切实可行的普惠金融策略。另一方面，王定祥等（2011）通过研究贫困农户的调查数据发现，大多数贫困农户都有信贷需求，但是从正规金融机构获得贷款的农户很少。王小华等（2014）通过 2010 年我国县域数据发现，农户信贷对非贫困县农民收入增长起到了显著的推动作用，但是贫困县的农户信贷没能成为推动农民收入增长的显著资源要素。

与金融发展和微型金融的概念不同，普惠金融强调以可支付的成本为贫困群体、低收入群体和小微企业等弱势群体提供其所需的金融服务。普惠金融也是包容性金融系统，它涉及银行账户、储蓄、信贷、保险及支付等多种金融服务。鉴于此，普惠金融被认为是新时期解决贫困问题的重要举措。正如 Chibba（2009）所指出的，尽管一些传统的减贫措施是有效的和必要的，但是普惠金融为贫困问题提供了新的答案。Marsden 和 Nileshwar（2013）认为普惠金融可以通过平滑消费、促进生产经营以及积累资产等机制对减贫产生影响，并且他们从保险、信贷、储蓄、支付等方面对此进行了阐述。Bruhn 和 Love（2014）发现，金融可及性通过劳动力市场对缓解墨西哥贫困问题产生了积极影响，新设银行机构为中低收入群体提供储蓄账户、小额信贷以及保险业务有助于他们创办小微企业、降低失业概率以及增加收入。Akotey 和 Adjasi（2016）发现，小额信贷和小额保险一起使用可以使家庭获得显著的福利改善，小额保险会加强小额信贷对贫困家庭的积极影响。

综上可知，首先，现有文献主要从金融发展和微型金融的角度出发，从普惠金融角度出发的文献相对较少，尤其是利用微观数据的研究更为缺乏。Park 和 Mercado（2015）采用亚洲发展中国家的国别数据，以 Sarma（2008）的方法构建了普惠金融指数，实证发现普惠金融可以在宏观层面显著降低贫困发生率。其次，普惠金融是包括储蓄、正规信贷、保险与支付等金融服务在内的多维度概念，但已有文献对普惠金融的刻画比较片面，导致无法准确估计普惠金融对贫困的整体影响。最后，部分文献虽然指出了普惠金融对贫困问题可能存在的作用机制，但是缺少详实的微观数据，因此它们并未提供充足的微观经验证据（Marsden et al.，2013）。

2.3.2　其他降低家庭贫困程度的因素

产业结构调整对我国贫困问题的影响存在一定的争议。比如说，世界银行（2001）认为，农业增长对缓解我国农村贫困问题起到了重要作用。Montalvo 和 Ravallion（2010）通过我国省级面板数据发现，我国取得减贫成效的主要驱动力量是农业部门的增长，而非工业部门和服务业部门的贡献。但是，章元等（2012）以非农劳动时间占比衡量工业化渗透效应发现，我国农村减贫主要是因为工业化的渗透效应，工业化通过吸收农村劳动力和提高农业生产技术促进农业增长。

收入增长是我国贫困率下降的主要原因，但是收入差距扩大抵消了一部分减贫效果。夏庆杰等（2010）发现，收入增长显著改善了我国农村贫困状况，并且成为我国农村减贫的主要原因，但收入差距扩大对贫困率的降低有显著的不利影响。朱农和骆许蓓（2008）同时考察了城市和农村的贫困问题，通过分解的办法发现收入增长效应显著改善了我国贫困状况，而收入分布效应抵消了一部分减贫效果；沿海地区由于经济高速增长，收入的增长效应在减贫中起到了主导作用；内陆地区的分布效应导致其贫困率上升了15.8%。陈飞和卢建词（2014）通过构建新的收入密度函数的估计方法，对我国农村贫困问题进行了分解，也得出了类似的结论。万广华和张茵（2008）重点研究了我国内地和沿海的城市贫困问题，发现资源利用效率低是内陆城市贫困率较高的主要原因，收入差距扩大对内地高贫困率也有一定的影响。

社会保障有助于缓解我国贫困问题。齐良书（2011）采用多元回归和双重差分法研究了新型农村合作医疗（以下简称"新农合"）的减贫效果，发现新农合显著降低了我国农户发生贫困的概率，而且对省份贫困发生率也有显著的负向影响。张川川（2014）采用断点回归和双重差分的方法研究了新型农村社会养老保险（以下简称"新农保"）的减贫效果，发现新农保显著降低了农村老年人发生贫困的概率。韩华为和徐月宾（2014）发现，我国农村居民最低生活保障（以下简称"低保"）实施存在很高的"漏保率"和"错保率"，低保显著改善了实保家庭的贫困状况，但对于应保家庭的影响不显著。李实和杨穗（2009）采用省份低保线作为城市贫困线，发现城市低保制度有效地缓解了城市贫困问题，尤其是对中西部省份的影响更为明显。都阳和Albert（2007）发现，虽然城市低保存在一定的漏保和错保现象，但是整体上具有较好的救助效果，2005年低保使得城市贫困率显著下降了2.09%~2.38%。

政府扶贫计划对减贫发挥了重要影响，但政府转移支付的作用也引发了一定的争议。首先，Meng（2013）采用断点回归的方法，研究发现"八七扶贫攻坚计划"使得贫困县的人均收入在1994—2000年显著提高了38%，但对贫困县人均收入的长期影响逐渐消失。毛捷等（2012）采用断点回归的方法，通过分析公共财政的投向，考察了"八七扶贫攻坚计划"的效果，发现贫困县并未将大多数财政资金用于行政消费上，而是将其投向了有助于减贫的生产和公共服务上。其次，谢垩（2010）发现，公共转移支付由于覆盖范围和支持力度有限，未能有效降低农村贫困发生率，而私人转移支付对降低农村贫困发生率有积极的作用。与之不同，卢盛峰和卢洪友（2013）发现，政府救助资金不仅会对私人救助形成挤出效应，而且还会导致低收入家庭对政府救助形成依赖。苏春红和谢垩（2015）研究了不同类型的政府转移支付对农村减贫效率的影响。

除上述因素外，已有文献还发现人力资本提升（程名望 等，2014）、人口迁移（都阳 等，2003）、社会网络（张爽 等，2007）、市场参与（章元 等，2009）以及外商直接投资（葛顺奇 等，2016）等因素也有助于缓解我国贫困问题。

2.4　普惠金融与减贫质量

与消费贫困指标相比，多维贫困指标可以更好地衡量减贫质量，反映贫困状态的根本性改变。这是因为，减贫质量提高意味着脱贫效果具有长期性，反映了家庭可行能力的增强和未来返贫可能性的降低。但是静态消费贫困指标是一种事后测度，只能反映农村家庭在当期的贫困状况，而无法动态反映未来的贫困变化趋势。一些措施尽管可以在短期内通过增加家庭收入使其摆脱贫困状态，但可能无助于降低其未来返贫的可能性，这也并不意味着减贫质量得到了提高。与之不同，多维贫困指标通过衡量可行能力可以在一定程度上反映减贫质量。根据 Sen（1992）的能力贫困理论，可行能力缺乏是造成家庭贫困的重要原因。同时，贫困脆弱性指标是具有前瞻性的指标，反映了农村家庭在未来时期发生贫困的可能性。鉴于此，我们从多维贫困视角考察减贫质量。多维贫困不仅契合了贫困问题的本质与内涵，还有助于为我国 2020 年之后的扶贫战略提供新思路。具体而言，我们可利用多维贫困和多维贫困脆弱性衡量减贫质量。

2.4.1　普惠金融对降低多维贫困程度及多维贫困脆弱性的影响

现有文献利用地区宏观数据就收入贫困或消费贫困问题，对普惠金融的减贫效应进行了较为充分的研究（Park et al.，2018；Inoue，2019；罗斯丹 等，2016；马彧菲 等，2017）。但是，有关普惠金融对减贫质量影响的研究尚不充分。

一方面，少数文献虽然在一定程度上考察了普惠金融对多维贫困的影响，但是并未进一步考虑多维贫困脆弱性，同时针对我国国情下的研究也相对缺乏。比如，Jones（2008）和 Marsden、Nileshwar（2014）从理论上指出，普惠金融能够通过资产积累和正规贷款等途径促进家庭的健康、教育和幸福感等方面得到改善。Khaki、Sangmi（2017）和 Ibrahim 等（2019）实证研究了普惠金融对降低国外家庭多维贫困程度或改善家庭福利的作用。杨艳琳、付晨玉

（2019）发现，农村普惠金融发展能够通过提高金融产品和服务可得性来改善农村劳动年龄人口的多维贫困状况，但对不同贫困强度的劳动年龄人口的影响存在差异。

另一方面，已有文献还忽略了普惠金融影响减贫质量的环境条件约束。考虑到金融体系并非独立地在经济系统中发挥作用，而是依赖于其所处的环境条件，那么普惠金融能否提高减贫质量可能还受内部与外部环境条件的影响。比如，李扬等（2005）指出，金融体系运行涉及赖以活动之区域的基本环境要素，还涉及这种环境的具体构成及变化，以及由此导致的主体行为异化对整个金融生态系统所产生的影响。Sahay 等（2018）指出，普惠金融发展过程中应避免将普惠金融置于一条单独的轨道上进行推广，"孤岛心理"不利于充分发挥普惠金融的经济社会效益。贝多广、莫秀根（2018）从金融科技、基础设施和监管环境三方面阐述了攻坚金融服务"最后一公里"的环境条件。王国刚（2018）从金融功能角度阐述了金融的普惠性，并指出在推进乡村振兴战略过程中需要创造金融服务"三农"的条件。为此，本书扩展普惠金融的减贫效应研究，将问题聚焦于减贫质量，并且通过实证分析来探讨普惠金融能否显著提高减贫质量及削弱其环境条件约束。

2.4.2　多维贫困及多维贫困脆弱性的其他研究

就多维贫困而言，已有文献分别从影响因素、贡献度分解、特殊群体贫困及减贫政策瞄准性等方面开展了研究。首先，许多国内外学者研究了多维贫困的影响因素，包括公共转移支付（陈国强 等，2018；康锋莉，2018）、住房援助（Loschmann et al.，2015）、道路设施（Bucheli et al.，2017）、土地流转（夏玉莲 等，2017）、社会保险（刘一伟，2017）、社会资本（谭燕芝 等，2017）、农业产业扶贫（杨龙 等，2019）、农民创业（袁方 等，2019）、风险遭遇和发展机会（王文略 等，2019）等方面。其次，部分文献利用分解方法研究了多维贫困的贡献因素，即收入、教育、健康保险、卫生设施和户籍制度等可以在多大程度上解释多维贫困严重性（王小林 等，2009；高艳云，2012；王春超 等，2014；郭熙保 等，2016；周强 等，2017）。再次，部分文献还研究了某些特殊群体的多维贫困状况，比如王春超、叶琴（2014）、葛岩等（2018）和殷浩栋等（2018）分别研究了农民工、儿童和异地扶贫搬迁户的多维贫困问题。最后，还有部分文献比较了收入贫困和多维贫困的匹配差异，并据此分析了低保等减贫政策的瞄准效果（朱梦冰 等，2017）。

就多维贫困脆弱性而言，Chaudhuri 等（2002）指出，贫困是多维度剥夺问题，因此贫困脆弱性也应该是一个多维度概念和结构，只是基于经济贫困的脆弱性估计是对贫困范畴的重要限制。Feeny 和 McDonald（2016）利用三阶段可行广义最小二乘法，估计了美拉尼西亚家庭的多维贫困脆弱性，发现多维贫困脆弱性比多维贫困更加普遍。Azeem 等（2018）通过比较不同贫困指标发现，事后的经济贫困指标在识别贫困群体时更易出现偏差，贫困研究有必要从经济贫困转向多维贫困和多维贫困脆弱性。罗玉辉和侯亚景（2019）基于多维贫困考察了农村家庭减贫质量，发现边缘性多维贫困群体的减贫质量比极端多维贫困群体更高，但是该文只是以多维贫困剥夺得分值主观地界定了多维贫困家庭的脆弱性，而并未直接估算出多维贫困脆弱性的大小。

总体而言，现有文献虽然就普惠金融的减贫效应进行了一定研究，但主要关注了普惠金融对消费贫困或收入贫困的影响，对多维贫困的研究仍不充分，尤其是缺少中国情境下普惠金融对多维贫困的微观研究、也未考虑多维贫困的脆弱性问题。特别地，相关文献还普遍忽略了环境条件约束对普惠金融减贫效应的影响，深入了解环境条件约束有助于采取切实有效的普惠金融发展举措，以充分发挥普惠金融的多维减贫效应。

2.5　普惠金融与相对贫困

2.5.1　普惠金融对降低相对贫困程度的影响

现有文献较少直接研究普惠金融对相对贫困问题的影响，而主要研究了普惠金融对收入差距和财富积累的影响，以及其他金融因素对相对贫困的影响。

首先，已有研究发现普惠金融有助于缩小收入差距和实现财富积累。比如，Park 和 Mercado（2018）利用包含亚洲国家在内的国际截面数据，研究发现普惠金融可以显著缩小国际社会的收入差距，但是其对亚洲国家的收入差距未能产生显著影响。Turegano 和 Herrero（2018）利用包含发达国家与发展中国家在内的国际面板数据，研究发现普惠金融有助于缩小收入差距，而以贷款占 GDP 比重衡量的金融发展却显著扩大了收入差距。类似地，Zhang 和 Naceur（2019）也利用包含发达国家与发展中国家在内的国际面板数据，研究发现普惠金融、金融效率、金融稳定等可以显著缩小收入差距，而金融自由化则加大了收入差距。Dabla-Norris 等（2021）通过构建包含代理人和金融市场的一般均衡模型，研究了信贷进入成本、抵押要求条件以及存贷利差等普惠金融的不同约束对 GDP、TFP（全要素生产率）和收入差距的影响，发现不同市场面临的普惠金融约束不同，促进普惠金融发展应该基于市场差异设计最强约束的针对性举措；这些约束对不同群体之间存在异质性影响，并且不同约束之间还存在显著的非线性交互影响，减少普惠金融约束可以使受到强约束但生产力高的贫困群体和企业家获得最大福利提升；总体上，降低信贷进入成本和减少抵押要求条件有助于提高 GDP、TFP 和缩小收入差距，而减小存贷利差虽然有助于提高 GDP 和 TFP，但并不利于缩小收入差距，这是因为在降低存贷利率的情形下均衡利率会上升，而富裕群体可以从高额储蓄中获取更多收益。此外，Stein 和 Yannelis（2015）利用美国内战之后专为黑人设立的弗里德曼储蓄银行作为外生冲击，研究了普惠金融对黑人家庭人力资本和财富积累的影响，发现拥有银行账户使得黑人家庭更可能送小孩去上学，知识水平更高，更可能参与工作，也拥有更多的职业收入和住房财富。类似地，Celerier 和 Matray（2019）利用美国放松银行跨州设立分支机构的金融监管作为外生冲击，研究了普惠金融对低收入家庭财富积累的影响，发现银行分支机构的外生扩张有助于增强普惠金融的影响，促进低收入家庭获得银行账户，而普惠金融有助于促进低收入家庭的财富积累。与没有银行账户的家庭相比，拥有银行账户的家庭积累了更多的财富，包括耐用资产、车辆等，同时也改善了家庭贷款可得性和财务健康度。

其次，研究还发现，非正规金融和数字金融有助于降低相对贫困程度，而金融自由化不利于解决相对贫困问题。比如，谭燕芝等（2017）利用中国家庭动态跟踪调查（CFPS）2012 年的微观数据研究了非正规金融对农户脱贫的影响，发现无论是绝对贫困还是相对贫困，非正规金融对农户脱贫的可能性存在显著的正向影响，非正规金融发展可以有效降低农户陷入贫困的概率。孙继国等（2020）基于中国家庭金融调查（CHFS）2017 年的数据实证研究了数字金融对相对贫困的减缓效应及其作用机制，发现数字金融能够明显减缓相对贫困，并且对中西部地区的减缓效果要高于东部地区，对农村的减缓效果要高于城镇；数字金融可以通过促进居民创业、缓解信贷约束和化解农业风险等渠道对减缓相对贫困产生作用。米运生（2009）指出，在中国处于经济转轨时期的现实背景下，转轨经济的特殊性使得金融自由化不利于提高农民相对收入水平，城乡收入差距快速扩大，其作用机制包括转轨经济下经济增长的再分配效应是不确定的，国有经济和国有银行从农村地区大规模撤退，减少了提供给农民的金融机会和金融服务，在金融发展过程中农民分享经济增长和金融发展外部性的难度提高，并且金融危机的再分配效应更是不利于农民。

2.5.2 其他因素对降低相对贫困程度的影响

首先，已有文献研究了公共转移支付及转移政策对相对贫困的影响。比如，国外学者方面，Bradya 和 Bostic（2015）研究了福利转移份额（政府转移支付占家庭可支配收入的比例）、低收入瞄准、普遍主义与贫困之间的关系，发现转移份额和普遍主义与贫困负相关，而低收入瞄准既与贫困没有正相关，也与转移份额没有负相关。据此，作者提出非互补性悖论和破坏性悖论，非互补性悖论意味着与贫困有关的举措和与再分配偏好有关的举措之间存在不匹配，破坏性悖论强调最能消除贫穷的举措往往随着低收入瞄准的减少而增加。Brady 和 Burroway（2012）通过对西方发达国家的多层次分析，考察了个体特征、针对性或普遍性社会政策对单亲母亲贫困的影响，发现除了就业、受教育水平和年龄等个人特征之外，普遍性社会政策显著降低了单亲母亲的贫困程度，而针对性社会政策（包括单亲母亲没有工作时的现金补贴，以及单亲母亲家庭获得的政府援助占所有家庭获得的政府援助的比例的提升）的作用相对有限。Moller 等（2003）利用卢森堡的收入信息研究微观层面数据，结合1970—1997 年发达资本主义国家的时间序列数据，发现尽管不同国家的国情差别很大，但是各国贫困水平都通过税收和转移制度得到了降低，同时福利国家越慷慨，其减贫的程度就越高。具体而言，在向家庭提供税收和政府转移支付之前各国劳动年龄人口的平均贫困率为16%，而在提供税收和政府转移支付后平均贫困率减半。Thompson 和 Smeeding（2013）探讨了在大衰退期间和之后，利用市场收入、税后收入及转移支付后收入度量的不平等和贫困的变化趋势，发现税收和转移政策降低了不平等和贫困程度，但这些政策的效果在全部人口中并不平等，老年人的贫困水平有所下降，儿童的贫困水平变化不大，劳动年龄段的贫困水平急剧上升。国内学者方面，李永友和沈坤荣（2007）基于中国自 20 世纪 80 年代末期以来的经验数据对中国的相对贫困问题进行了分析，发现中国相对贫困的产生和日趋严重主要源于财富初始分配环节中劳动力要素价格在不同行业之间存在较大差异，而财政在减缓初始分配环节造成的相对贫困方面的作用又非常有限，尤其是医疗卫生支出在某种程度上还进一步提高了相对贫困水平，由此可知，控制相对贫困水平主要应调控初始分配形成的收入分配差距，同时增强财政支出在减缓相对贫困中的作用，实施倾向低收入群体的支出配置政策，降低相对贫困的深度，同时保持一定的经济增长速度。韩秀兰（2015）利用中国健康与营养调查（CHNS）2013 年的微观数据，分析了个人所得税的减贫效应及其对中国城乡居民收入分配的影响，发现我国工薪所得个人所得税的征收使相对贫困发生率下降，使总体工薪收入增长的相对益贫性提高，但是免征额提高并没能更好地促进居民工薪收入增长的相对益贫性提高。

其次，已有文献还研究了保险与保障对相对贫困的影响。比如，Vliet 等（2012）利用经济合作与发展组织（以下简称"经合组织"，OECD）SOCX（社会支出数据库）和欧盟 SILC 数据库的面板数据进行研究，发现从公共养老金向私人养老金的转变与老年人收入不平等或贫困程度提高无关。但是，Been 等（2016）通过扩充样本国家和样本期限，并使用修订后的经合组织 SOCX 数据，发现私人养老金的相对重要性越高，老年人的收入不平等和贫困程度就越高，作者认为这可能是源于对经合组织 SOCX 数据的修订。边恕等（2020）基于中国家庭动态追踪调查（CFPS）2014 年和 2016 年的两期数据，以两期均接受调查的 60 岁以上老年人为样本实证分析了领取居民养老金对老年贫困程度的影响，发现领取养老金对老年相对贫困的影响较小，并且领取养老金不能降低老年贫困发生率，反而小幅提升了老年贫困发生率，作者为此提出继续提升养老保险待遇水平、加快养老保险城乡统筹、完善高龄津贴制度和增设动态相对贫困线等建议。孙武军和祁晶（2016）通过分别构建包含保险机制和不含保险机制的家庭资本随机增长模型，发现家庭获得保险保障后的陷贫概率由可增长资本效应和保险补偿效应共同决定，相对富裕家庭购买保险能够降低陷贫概率，相对贫困家庭购买保险后的陷贫概率取决于临界资本对保费费率的敏感系数，陷贫概率可能提高也可能降低。同时无论是相对富裕还是相对贫困的家庭，随着保险公司附加保费系数的下降，两种家庭的陷贫概率都会随之下降。黄薇（2019）利用中国健康与营养调查（CHNS）2000—2011 年的五期数据，实证检验了倾斜性保险扶贫政策的减贫作用，发现以财政适当补贴个人缴费、降低起付线、放宽封顶线、提升报销比例为核心的倾斜性保险扶贫政策能够显著激发贫困户对医疗保险的需求，并对其收入和支出等福利具有显著正向影响，从而起到积极的减贫效果；同时以提升保费补贴程度和住院报销比例等为重点的倾斜性保险扶贫政策，对帮助脱贫和防止返贫具有积极的影响。

最后，已有文献还研究了个人劳动状态和劳动力市场因素对相对贫困的影响，包括失业、工会组织、休假政策、非农就业、在职培训及教育水平等多个因素。比如，国外学者方面，Graaf-Zijl 和 Nolan（2011）研究了欧盟各国家庭失业率的差异及其对贫困的影响，发现微观层面上家庭失业对相对收入贫困或被剥夺的可能性有重大影响，但该影响在一些国家比在其他国家要大得多，而且在单个成人和多个成人家庭之间存在差异。Martinez 等（2001）利用卢森堡收入研究数据库探讨了失业对经合组织国家收入不平等和贫困的影响，发现失业对大多数国家收入分配的影响有限，但是失业者是贫困风险最高的人群之一。Brady 等（2013）利用美国家庭收入调查数据和人口普查数据，考察了州层面工会组织这一重要的劳动力市场因素对工作贫困的影响，发现州一级的工会组织可以显著降低工作贫困程度，包括加入工会家庭和非工会家庭的工作贫困，并且工会的影响大于州层面经济绩效和社会政策的影响，特别是家庭加入工会组织并没有削弱州一级工会组织的影响，相反家庭加入工会代表了一种额外的和互补的方式，并且由此可以进一步降低工作贫困程度。Bose 等（2020）利用经合组织国家的数据分析了带薪家庭和最低工资工人能否在休假期间的三个时点避免贫困，发现在带薪育儿假以及因个人疾病和家庭成员健康需要而带薪休假的第一周，平均工资工人获得的福利高于贫困线；然而在几乎所有经合组织国家，最低工资工人获得的福利都低于贫困线。Maldonado 和 Nieuwenhuis（2015）使用卢森堡收入研究数据库，考察了家庭政策对单亲家庭和双亲家庭贫困的影响程度，发现单亲父母比双亲面临更高的贫困风险，单亲母亲比单亲父亲面临更高的贫困风险，但是育儿假越长、无薪假比例越低、家庭津贴数额越大，有子女的家庭的贫困程度就越低；育儿假更有效地促进了单身母亲的就业，而家庭津贴则最能降低单身父亲的贫困程度。Georgopoulos 等（2012）利用欧盟成员国的数据研究了 2007 年全球经济危机强度与欧盟国家目前的经济状况以及相对贫困之间的关系，发现经济危机的影响与相对贫困之间存在着强烈的正相关关系，危机期间经济表现和经济现状越差，相对贫困程度就越高。国内学者方面，周力和邵俊杰（2020）基于中国家庭追踪调查数据研究了农村居民非农就业与相对贫困的关系，发现非农就业首先通过提高绝对收入改善农户客观相对贫困状况，同时也能通过改变客观相对贫困而间接改善主观相对贫困状况；进一步研究还发现，省内非农就业也存在减贫作用，而省外非农就业没有产生减贫作用。罗明忠等（2020）基于河南省农户问卷调查数据，以经济相对贫困和多维度相对贫困两种方式测算农户的相对贫困水平，研究了农业职业技能培训参与和非农就业职业技能培训参与对农户相对贫困的影响，发现农业职业技能培训参与和非农就业职业技能培训参与都能够显著缓解农户相对贫困，农业职业技能培训参与对农户经济相对贫困的影响程度更高，非农就业职业技能培训参与对农户多维度贫困的影响程度更高。刘大伟（2020）和王建（2020）还讨论了教育对相对贫困的影响。

总体而言，现有文献就普惠金融与相对贫困问题的研究还不充分。一方面，现有文献并未就普惠金融对相对贫困的影响及其作用机制给出足够的经验证据，尤其是在中国国情下的研究还十分缺乏，这对于我国加快建立解决相对贫困问题的长效机制而言显得十分迫切和重要。另一方面，现有文献也较少比较分析普惠金融与传统金融的概念及其影响的差异，普惠金融强调金融服务的广度与外延，而它与传统意义的金融发展、金融竞争或金融自由化等概念的内涵并不相同，因此普惠金融与之对相对贫困的影响是否相同也是一个有待回答的问题。这事关我国金融供给侧结构性改革的方向和如何提高金融服务实体经济能力。

3 构建普惠金融指数

3.1 引言

普惠金融是一个多维度的概念，也是一项系统性工程。这是因为，家庭具有多样性的金融服务需求，不同类型的金融机构也可以提供差异性的金融服务。除了满足家庭信贷需求以外，储蓄账户有助于家庭增加储蓄和生产性投资（Dupas et al.，2013）、提高农业生产率（Brune et al.，2016）和提升家庭应对冲击事件的能力（Prina，2015）；保险服务既可以直接为家庭提供风险保障和损失补偿，也可以加强信贷服务对贫困家庭的积极影响（Akotey et al.，2016）；数字金融服务则有助于打破地理障碍造成的市场分割、降低金融服务成本（二十国集团，2016）以及提高信贷市场的信息透明度（王博 等，2017）。

鉴于此，无论是国际金融组织[①]，还是国内外相关学者，都从多个维度出发构建普惠金融指标体系。世界银行（World Bank）采用 2011 年在 148 个国家 15 万成年人的调查数据，从银行账户、储蓄、支付、信贷、保险等不同类型的金融服务出发，建立了全球普惠金融数据库。国际货币基金组织（International Monetary Fund，IMF）建立了覆盖全球 189 个国家的金融可及性数据库，以反映家庭和中小企业的金融服务可及性情况和使用情况。普惠金融联盟（Alliance for Financial Inclusion，AFI）同样从正规金融服务的可及性和使用度来评估成员国的普惠金融状况，并正在考虑逐步加入保险产品、存款和投资账户的可获得性。全球普惠金融合作伙伴（The Global Partnership for

---

① 世界银行全球金融普惠数据库网址：http://www.worldbank.org/en/programs/globalfindex。国际货币基金组织金融可及性数据库网址：http://fas.imf.org/。全球普惠金融合作伙伴网址：http://datatopics.worldbank.org/g20fidata/。普惠金融联盟网址：http://www.afi-global.org/。

Financial Inclusion，GPFI）在构建普惠金融体系时，增加了体现金融服务质量和数字金融使用的指标。Beck 等（2006）利用各国金融机构的外延范围作为普惠金融水平的代理变量，从地理可及性、可支付性和合格性三个方面分别设计了存款、贷款和支付类银行服务的外延指标。Honohan（2008）从金融可及性来衡量各个国家的普惠金融状况。

但是，上述研究从多个维度出发，采用多个甚至几十或上百个指标来衡量地区普惠金融水平。这种处理方法，一方面难以从整体上把握地区普惠金融状况及其动态变化，某地区可能在普惠金融的一些维度表现良好，但在其他维度则表现不佳；另一方面，多个变量同时加入实证模型，可能会因多重共线性问题导致估计偏误。如果这些变量反映了同样的信息，则可以通过构建综合指标来解决上述问题（Sarma，2008；Sarma，2012；Chakravarty et al.，2013）。以往国内外文献在研究金融自由化、金融市场化或金融发展时，也通过加总指标得分法、因子分析法、主成分分析法及主观赋权法等，构造了相应的综合指数（Bandiera et al.，2000；Abiad et al.，2005；庄晓玖，2007；张成思 等，2012；钟娟 等，2013）。

在构建普惠金融指数上，Sarma（2008）借鉴联合国人类发展指数，通过渗透度、可得性和使用状况三个维度，采用欧几里得距离的方法构建了综合性的普惠金融指数。在此基础上，Sarma 和 Pais（2011）对不同维度指标赋予了不同权重；Sarma（2012）进一步综合考虑了普惠金融现状到最优状态和最差状态的距离，然后以两个距离的均值构建了新的普惠金融指数；Gupte 等（2012）和 Ambarkhane 等（2016）补充了很多可以反映普惠金融状况的指标。与之不同，Chakravarty 和 Pal（2013）采用幂函数加总的方法构建了普惠金融指数，但在选择幂参数上仍存在很大的任意性，作者也并未给出严谨的选择方法。为了避免指标赋权方法过于简单或太过主观，Amidzic（2014）、Camara 和 Tuesta（2014）与 Ahamed（2016）采用因子分析法或主成分分析法构建了普惠金融指数。

国内学者在研究我国普惠金融状况时，主要利用 Sarma（2008）的方法构建了我国宏观层面的普惠金融指数，比如省份普惠金融指数，并根据等权重法（郭田勇 等，2015）、变异系数法（李春霄 等，2012；王修华 等，2014；吕勇斌 等，2016）和熵值法（陈银娥 等，2015；粟芳 等，2016）确定变量的权重大小。吕勇斌等（2015）运用主成分分析法，基于金融服务的可得度、使用度和使用效用三个维度，构建了我国 31 个省份 2005—2012 年的金融排斥指数。粟芳和方蕾（2016）基于千村调查数据，采用熵值赋权的方法，构建了村级层面的普惠金融指数，并进一步研究了有为政府对普惠金融的影响。

综上可知，基于数据可得性，现有学术研究主要是基于国家或省份层面构建综合性的普惠金融指数，较少基于社区/村层面构建更加微观的普惠金融指数[①]。相比于较为宏观的国家或省份指数，微观的社区指数能够更加直接地影响家庭福利。为了避免变量赋权的主观性，虽然部分文献采用变异系数法和熵值法确定权重大小，但是这两种方法反映的只是变量本身在地区之间的变异程度，而忽视了指标间的相关性，并且也不能简单地将指标在地区间的变异程度归结为该指标在普惠金融发展中的重要性。鉴于此，有人采用因子分析法构建社区普惠金融指数（Amidzic，2014；Camara et al.，2014；Ahamed，2016；吕勇斌 等，2015）。在后文的实证分析中，我们也主要采用基于因子分析法构建的社区普惠金融指数，然后以其他方法构建的普惠金融指数作为所研究问题的稳健性检验。

3.2　数据和变量选取[②]

本章采用中国家庭金融调查（China Household Finance Survey，CHFS）2015 年的数据。该调查项目采用三阶段分层抽样方法，所抽样本在全国以及省份层面具有代表性（甘犁 等，2013）。调查样本覆盖了全国 29 个省/自治区/直辖市（不含港澳台、新疆和西藏）、363 个县/区/县级市以及 1 439 个社区/村[③]，共计 40 000 户家庭。家庭问卷详细询问了每户家庭的资产与负债、收入与支出、社会保障与商业保险等微观金融信息。删除无效信息、相关变量缺失的样本以及极端值样本之后，共计剩余 1 362 个社区和 36 750 户家庭[④]。

首先，CHFS 2015 社区问卷新增了反映金融机构渗透状况的问题，包括家庭所在社区的银行网点数量、金融服务点数量，社区/村镇银行数量、小额贷款公司数量、担保公司数量等问题。其次，CHFS 2015 家庭问卷详细询问了每户家庭的金融服务使用情况，包括银行账户、储蓄、正规贷款、商业保险、支

---

① 在国家层面或省份层面，很多反映金融普惠指数的指标可以从相应的统计年鉴中获得；在更加微观的社区层面，这些指标则需要通过实地调查的方式才可获得。

② 需要指出的是，金融机构网点在社区的分布状况，是中国家庭金融调查在 2015 年新增的内容，在之前的两轮调查中并未涉及这些信息。所以，本书的研究采用的是 CHFS 2015 数据。

③ 为了行文方便，我们在书中均以"社区"表述"社区"和"村"。如无特殊说明，社区既包括城市社区居委会，也包括农村村委会。

④ CHFS 2015 提供的数据中，大约共计 1 396 个社区和 37 340 户家庭。

付方式等信息①。最后，CHFS 2015 家庭问卷相对缺少金融服务满意度的数据，我们采用家庭对银行服务的评价作为满意度的代理变量。为此，结合我国普惠金融发展规划和普惠金融的国内外文献，我们从金融机构的渗透状况、金融服务的使用情况以及对金融服务的满意度三个方面构建综合的社区普惠金融指数②。

表 3-1 说明了我们构建社区普惠金融指数所利用的指标。具体而言，我们选取 6 个指标反映普惠金融的渗透度，选取 9 个指标反映普惠金融的使用度，选取 1 个指标反映普惠金融的满意度。其中，"金融服务点"指的是自助银行、ATM 机以及惠农服务点等，不包括有银行工作人员办理业务的营业网点；"其他金融机构"指的是社区银行、村镇银行、小额贷款公司以及担保公司等；"数字金融服务"包括网上银行、电话银行、手机银行等移动式银行服务，余额宝、微信理财通、京东小金库、百度小赚、掌柜钱包等互联网理财服务，以及 P2P（个人对个人）网络借贷、众筹等互联网融资服务。

表 3-1　变量指标说明

维度	变量	说明
渗透度（penetration）	bank_geo	社区每平方千米银行营业网点数量
	bank_pop	社区每千人银行营业网点数量
	atms_geo	社区每平方千米金融服务点数量
	atms_pop	社区每千人金融服务点数量
	otfs_geo	社区每平方千米其他金融机构数量
	otfs_pop	社区每千人其他金融机构数量
使用度（usage）	save_crt	社区内拥有银行存款账户的家庭占比
	save_cmn	社区每户家庭的平均存款额（万元）
	loan_crt	社区内获得正规银行贷款的家庭占比
	loan_cmn	社区每户家庭的平均贷款额（万元）
	isur_crt	社区内购买商业保险的家庭占比
	isur_cmn	社区每户家庭的平均保费支出额（万元）
	card_crt	社区内持有信用卡的家庭占比
	card_cmn	社区内每户家庭的平均信用透支额度（万元）
	digi_crt	社区内使用数字金融服务的家庭占比
满意度（satisfication）	stfy_crt	社区内对银行服务感到满意的家庭占比

———————

① CHFS 2015 的抽样在社区层面具有代表性，可以通过对家庭变量在社区层面求取均值，来反映该社区内家庭的金融服务使用状况。

② 《国务院关于印发推进普惠金融发展规划（2016—2020）的通知》提出的总体目标中指出，要提高金融服务覆盖率、提高金融服务可得性以及提高金融服务满意度。

表 3-2 对上述变量进行了描述统计。从第（2）列可知，就全国社区而言，每平方千米大约有 3.84 个银行营业网点、4.73 个金融服务点以及 0.63 个其他金融机构；每千人平均拥有 0.37 个银行营业网点、0.40 个金融服务点以及 0.05 个其他金融机构；每个社区平均 68.99% 的家庭拥有储蓄，平均存款 3.99 万元；每个社区平均 12.45% 的家庭获得贷款，平均贷款额 2.83 万元；每个社区平均 13.94% 的家庭购买了商业保险，平均保费支出 979 元；每个社区平均 14.51% 的家庭拥有信用卡，平均透支额度为 4 865 元；每个社区内平均 17.01% 的家庭使用了数字金融服务，平均 71.47% 的家庭对银行服务感到满意。

表 3-2 变量描述统计

变量	观测值	平均值		
	（1）	（2）全国	（3）城市	（4）农村
bank_geo	1 395	3.840 3	6.980 5	0.946 6
bank_pop	1 396	0.372 7	0.452 1	0.299 4
atms_geo	1 396	4.727 9	8.717 2	1.046 3
atms_pop	1 395	0.403 9	0.459 6	0.352 5
otfs_geo	1 396	0.625 1	1.128 8	0.160 3
otfs_pop	1 396	0.045 7	0.071 1	0.022 2
save_crt	1 396	0.689 9	0.802 8	0.585 8
save_cmn	1 396	3.991 2	6.300 5	1.860 1
loan_crt	1 396	0.124 5	0.155 5	0.096 3
loan_cmn	1 396	2.828 3	4.478 3	1.305 7
isur_crt	1 396	0.139 4	0.194 8	0.088 2
isur_cmn	1 396	0.097 9	0.169 2	0.032 1
card_crt	1 396	0.145 1	0.244 8	0.053 2
card_cmn	1 396	0.486 5	0.900 4	0.104 5
digi_crt	1 396	0.170 1	0.285 9	0.063 2
stfy_crt	1 394	0.714 7	0.672 2	0.754 0

从第（3）—（4）列可知，我国农村社区的普惠金融状况相对较差，城市社区的普惠金融状况要显著优于农村社区，但是城市社区的普惠金融状况还可以进一步改善。具体而言，第（3）列显示，城市社区内每平方千米大约有 6.98 个银行营业网点、8.72 个金融服务点以及 1.13 个其他金融机构；每千人

平均拥有 0.45 个银行营业网点、0.46 个金融服务点以及 0.07 个其他金融机构；每个社区平均 80.28% 家庭拥有储蓄，平均存款约 6.3 万元；每个社区平均 15.51% 的家庭获得贷款，平均贷款额约 4.48 万元；每个社区平均 19.48% 的家庭购买了商业保险，平均保费支出 1 692 元；每个社区平均 24.48% 的家庭拥有信用卡，平均透支额度为 9 004 元；每个社区内平均 28.59% 的家庭使用了数字金融服务，平均 67.22% 的家庭对银行服务感到满意。第（4）列显示，农村社区内每平方千米大约有 0.95 个银行营业网点、1.05 个金融服务点以及 0.16 个其他金融机构；每千人平均拥有 0.30 个银行营业网点、0.35 个金融服务点以及 0.02 个其他金融机构；每个社区平均 58.58% 家庭拥有储蓄，平均存款约 1.86 万元；每个社区平均 9.63% 的家庭获得贷款，平均贷款额约 1.31 万元；每个社区平均 8.82% 的家庭购买了商业保险，平均保费支出 321 元；每个社区平均 5.32% 的家庭拥有信用卡，平均透支额度为 1 045 元；每个社区内平均 6.32% 的家庭使用了数字金融服务，平均 75.40% 的家庭对银行服务感到满意。

3.3 采用因子分析法构建普惠金融指数

3.3.1 因子分析法的可行性探讨

在本节，我们采用 C-alpha 指标、KMO 指标和 SMC 指标，探讨上述指标是否适合利用因子分析方法构建普惠金融指数。其中：①C-alpha 是一个信度指标（the cronbach coefficient alpha），用以检验变量或抽样的内部一致性。C-alpha 取值越高，说明多个变量反映了同样的信息。Nunnally（1978）建议设定 0.7 的门槛值，即 C-alpha 大于 0.7 时，可以认为变量间具有内部一致性。②KMO 是抽样充分性指标（Kaiser-Meyer-Olkin measure of sampling adequacy），它通过比较变量间的相关系数和偏相关系数的相对大小，来检验变量是否适合做因子分析。KMO 取值为 [0, 1]，其值越大，表明变量之间的相关关系越强。基于 Kaiser（1974）的判断准则，一般而言，当 KMO 取值大于 0.7 时，表示变量适合做因子分析（middling）；当 KMO 取值大于 0.8 时，说明变量很适合做因子分析（meritorious）。③SMC 指标计算了单个变量与其他变量的复相关系数的平方，取值越大说明变量之间的共性越强，也就越适合做因子分析。

基于上述三个指标，表 3-3 汇总了因子分析可行性探讨的结果。第（1）列结果显示，C-alpha 值是 0.802 5，超过了 0.7 的门槛值，说明构造普惠金融指数所选择的变量具有内部一致性。第（2）列结果显示，KMO值是0.806 0，说明很适合对这些变量做因子分析。第（3）列结果显示，变量之间也具有一定的共性。整体而言，检验结果表明可以采用因子分析法构造普惠金融指数。

表3-3　因子分析的可行性检验结果

变量	（1）C-alpha	（2）KMO	（3）SMC
bank_geo	0.795 1	0.565 3	0.584 8
bank_pop	0.811 4	0.350 9	0.179 8
atms_geo	0.795 9	0.575 1	0.573 8
atms_pop	0.806 5	0.496 6	0.163 4
otfs_geo	0.805 5	0.588 3	0.297 6
otfs_pop	0.807 5	0.543 6	0.261 1
save_crt	0.784 1	0.933 4	0.374 6
save_cmn	0.794 0	0.939 8	0.209 4
loan_crt	0.792 8	0.913 8	0.268 7
loan_cmn	0.794 0	0.911 8	0.230 7
isur_crt	0.779 9	0.920 6	0.452 9
isur_cmn	0.787 8	0.882 5	0.360 4
card_crt	0.764 6	0.829 6	0.823 6
card_cmn	0.771 9	0.861 1	0.676 5
digi_crt	0.766 8	0.876 4	0.762 8
stfy_crt	0.804 0	0.934 2	0.084 4
test_scale/overall	0.802 5	0.806 0	

注：C-alpha在最后一行显示了test scale的值，KMO在最后一行显示了overall的值。

3.3.2　因子分析结果

STATA的因子分析命令提供了四种提取主因子的方法，分别是主因子法、主成分因子法、迭代主因子法和极大似然因子法。其中，主成分因子法要求共同度（communalities）等于1；极大似然因子法要求多变量正态分布，但是检验结果拒绝了共同度等于1以及多变量正态分布的假设。主因子法可能会出现特征值为负的因子，而迭代主因子法通过对共同度的不断迭代，可以避免出现特征值为负的因子。所以，我们采用迭代主因子法提取主因子。

表3-4显示了因子分析的结果。首先，根据因子特征值和累积贡献率的常用准则，我们选择前三个因子构建普惠金融指数。其中，第三个主因子的特征值是0.948 2，接近于常用的判别规则（特征值大于1）；并且，前三个主因子

的累积贡献率等于74.07%，也超过了一般所要求的70%的门槛值。

其次，为了使因子结构更加清晰，并且提高每个主因子的经济意义，我们采用正交方差极大方法（varimax）对上述因子分析的结果进行正交旋转。表3-5显示了旋转后的因子载荷矩阵。从中可知，旋转之后的因子都具有起主导作用的变量。在第一个主因子中，起主导作用的是反映普惠金融使用度的各个变量；在第二个主因子中，起主导作用的是反映普惠金融渗透度的前4个变量，包括银行营业网点的渗透和金融服务点的渗透；在第三个主因子中，起主导作用的是反映普惠金融渗透度的后两个变量，主要反映了其他类型金融机构的渗透情况。反映普惠金融满意度的变量 stfy_crt，在三个主因子中都没有起主导作用，本章后续的稳健性检验结果表明，是否包含变量 stfy_crt，不会对我们构建普惠金融指数造成显著影响。

最后，我们采用 Bartlett（1937）方法计算得到上述三个主因子的因子得分，再基于表3-6中每个主因子的方差贡献率，便可以根据式（3-1）构造出最终的普惠金融指数。

$$\text{Index} = 0.589\ 2 \times \text{Score\_f1} + 0.255\ 3 \times \text{Score\_f2} + 0.155\ 6 \times \text{Score\_f3} \quad (3-1)$$

表3-4　因子分析结果

变量	Eigenvalue	Difference	Proportion	Cumulative
Factor1	4.494 8	2.861 2	0.470 5	0.470 5
Factor2	1.633 7	0.685 5	0.171 0	0.641 5
Factor3	0.948 2	0.328 2	0.099 2	0.740 7
Factor4	0.620 0	0.166 5	0.064 9	0.805 6
Factor5	0.453 5	0.054 4	0.047 5	0.853 1
Factor6	0.399 0	0.041 8	0.041 8	0.894 9
Factor7	0.357 3	0.130 0	0.037 4	0.932 3
Factor8	0.227 3	0.071 1	0.023 8	0.956 0
Factor9	0.156 3	0.046 8	0.016 4	0.972 4
Factor10	0.109 4	0.047 3	0.011 5	0.983 9
Factor11	0.062 1	0.012 1	0.006 5	0.990 4
Factor12	0.050 1	0.020 7	0.005 2	0.995 6
Factor13	0.029 4	0.017 0	0.003 1	0.998 7
Factor14	0.012 4	0.011 8	0.001 3	1.000 0
Factor15	0.000 6	0.000 9	0.000 1	1.000 0
Factor16	−0.000 3	0.000 0	−0.000 0	1.000 0

注：本表通过迭代主因子法提出主因子。

表 3-5　旋转后的因子载荷矩阵

变量	Factor1	Factor2	Factor3
bank_geo	0.128 0	0.897 0	0.070 1
bank_pop	0.004 6	0.141 3	0.031 1
atms_geo	0.134 0	0.867 9	0.045 8
atms_pop	0.097 9	0.142 3	0.025 9
otfs_geo	0.060 1	0.201 7	0.719 5
otfs_pop	0.072 6	−0.000 1	0.708 3
save_crt	0.564 5	0.110 2	0.029 2
save_cmn	0.403 1	0.103 8	−0.038 8
loan_crt	0.444 2	−0.011 9	0.028 3
loan_cmn	0.378 2	0.017 3	−0.002 9
isur_crt	0.623 5	0.071 7	0.030 8
isur_cmn	0.491 6	0.016 0	0.012 2
card_crt	0.968 2	0.135 4	0.031 7
card_cmn	0.798 6	0.069 6	0.058 2
digi_crt	0.884 8	0.109 8	0.031 9
stfy_crt	−0.266 0	−0.045 9	−0.016 3

注：变量间的相关系数结果显示，金融满意度变量 stfy_crt 与其他普惠金融指标呈现负相关关系，这说明了金融机构渗透并不一定能增加金融满意度。

表 3-6　旋转后的因子分析结果

变量	Variance	Proportion	Cumulative	Ratio
Factor1	3.933 7	0.411 7	0.411 7	0.589 2
Factor2	1.704 8	0.178 4	0.590 2	0.255 3
Factor3	1.038 1	0.108 7	0.698 8	0.155 6

注：该表最后一列的 Ratio 是通过将每个主因子的方差贡献率除以总的方差贡献率而获得的，其中 0.589 2 = 0.411 7/0.698 8，0.255 3 = 0.178 4/0.698 8，0.155 6 = 0.108 7/0.698 8。

3.3.3　普惠金融指数的描述统计

表 3-7 和图 3-1 对我们构造的普惠金融指数进行了描述统计。从中可知，普惠金融指数整体呈现右偏分布，城市社区的普惠金融水平要高于农村社区，但是城市社区普惠金融指数存在更大的方差。具体而言，表 3-7 第 1 行显示，就全国样本而言，普惠金融指数的中位数小于均值，偏度大于 0，峰度大于 3，

反映了普惠金融指数的右偏分布特征。表 3-7 第 2~3 行显示，城市社区普惠金融指数的均值是 0.428 1，要显著大于农村社区的 -0.395 0；城市社区普惠金融指数的标准差是 0.722 7，也明显高于农村社区的 0.296 6。此外，城市和农村社区普惠金融指数也都呈现右偏分布的特征，中位数小于均值，且偏度和峰度也分别大于 0 和 3。

进一步地，我们通过将社区普惠金融指数反向加总到省份层面，描述了省份普惠金融的发展状况。CHFS 2015 的抽样在省份层面具有代表性，可以反映该省份的整体情况。我们根据结果大致可以将全部省份分为三组：第一组拥有较高的普惠金融发展水平，包括了北京、天津、上海、浙江与福建 5 个省市；第二组拥有中等的普惠金融发展水平，包括了辽宁、山东、河南、陕西、宁夏、甘肃、江苏、湖北、湖南以及广东 10 个省区；第三组的普惠金融发展水平则较低，包括了黑龙江、吉林、内蒙古、河北、山西、安徽、江西、青海、四川、重庆、贵州、云南、广西以及海南 14 个省（自治区、直辖市）。

表 3-7　普惠金融指数的描述统计

样本	观测值	均值	标准差	最小值	最大值	中位数	偏度	峰度
全国	1 392	-0.000 0	0.682 2	-1.278 1	4.285 1	-0.261 4	1.643 3	6.392 4
城市	668	0.428 1	0.722 7	-0.898 1	4.285 1	0.312 9	1.156 9	5.122 4
农村	724	-0.395 0	0.296 6	-1.278 1	2.204 2	-0.466 2	2.892 4	17.685 9

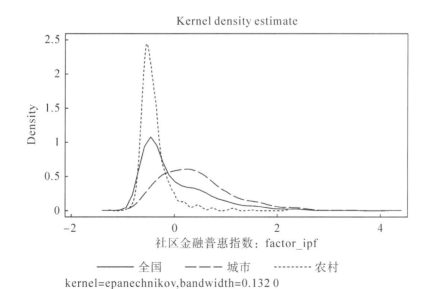

图 3-1　普惠金融指数的城乡比较

3.3.4　稳健性检验

在本节，我们对用因子分析法构建的普惠金融指数进行稳健性检验。

首先，我们对构造普惠金融指数的变量进行聚类分析，图3-2显示了相应的聚类结果。从图3-2中可知，反映普惠金融使用度的变量可以归结于同一个聚类；反映普惠金融渗透度的变量也大致在同一个聚类中；反映普惠金融满意度的变量与其他变量的距离较远，单独在一个聚类中。这与因子分析法提取的主因子结构基本一致。

其次，我们利用因子分析法构建普惠金融指数时做了如下工作：①采用Bartlett（1937）方法计算因子得分，由此可以得到因子得分的无偏估计；②发现反映普惠金融满意度的变量 stfy_crt，在提取的三个主因子中都没有起到主导作用；③在原始数据中，反映普惠金融渗透度的变量大约存在 40 个缺失值，我们通过在百度地图中按照"县名称—街道名称—社区名称—银行"的路径搜集相关数据，并插补了这些缺失值①。

为了检验这些处理方法对构建指数的影响，我们基于下述方法重新构建普惠金融指数，并与正文中的指数进行比较：①采用 Thomson（1951）回归方法计算因子得分，该方法尽管可能导致有偏估计，但具有均方误差最小的优点；②删除反映普惠金融满意度的变量 stfy_crt；③删除存在缺失值的样本；④采用社区所属县的样本均值，插补缺失值。

表3-8 显示了采用不同处理方法构建的普惠金融指数的相关系数。我们既采用 Pearson 相关系数度量不同指数之间的线性相关性，也采用 Spearman 相关系数检验不同处理方法对社区之间排序的改变。结果显示，无论是采用Pearson 相关系数还是采用 Spearman 相关系数，各指数之间的相关性都达到了0.95 以上。由此可知，我们在本书中采用的处理办法，并不会对构建普惠金融指数造成显著影响。

---

① 需要指出：A. 百度地图中没有明确标识社区的界限，我们根据社区面积在百度地图中大致框出了相应的范围；B. 有些社区在百度地图中搜索不到，我们便根据其所属的街道信息求取平均值，以代替社区信息；C. 百度地图中的"银行"信息可能存在标识不准确的问题，而我们也不能通过查询历史数据的方式了解该社区 2014 年的情况。所以，通过该方法搜集社区金融数据存在较大的偏误，但我们可以得到一些有参考价值的信息。

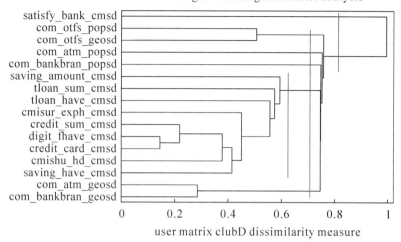

图 3-2　变量的聚类分析结果

表 3-8　因子分析法的稳健性检验

变量	Pearson 相关系数				
	Factor	Factor_reg	Factor_stfy	Factor_miss	Factor_mean
Factor	1. 000 0				
Factor_reg	0. 985 0 ***	1. 000 0			
Factor_stfy	0. 998 5 ***	0. 985 6 ***	1. 000 0		
Factor_miss	0. 984 4 ***	0. 965 5 ***	0. 982 5 ***	1. 000 0	
Factor_mean	0. 970 8 ***	0. 961 2 ***	0. 969 9 ***	0. 997 7 ***	1. 000 0
变量	Spearman 相关系数				
	Factor	Factor_reg	Factor_stfy	Factor_miss	Factor_mean
Factor	1. 000 0				
Factor_reg	0. 961 9 ***	1. 000 0			
Factor_stfy	0. 992 4 ***	0. 966 9 ***	1. 000 0		
Factor_miss	0. 989 2 ***	0. 936 9 ***	0. 981 2 ***	1. 000 0	
Factor_mean	0. 994 3 ***	0. 951 2 ***	0. 981 7 ***	0. 996 1 ***	1. 000 0

注：*** 代表 1% 的显著性水平。其中，Factor_reg 是通过 Thomson（1951）回归方法计算的因子得分，Factor_stfy 删除了 stfy_crt 变量，Factor_miss 删除了缺失值，Factor_mean 采用县域均值插补缺失值。

3.4 采用其他方法构建普惠金融指数

3.4.1 采用 Sarma 方法构建指数

在构建普惠金融指数上，Sarma（2008）借鉴联合国人类发展指数，通过渗透度、可得性以及使用状况三个维度，采用欧几里得距离的方法构建了综合性的普惠金融指数。在此基础上，Sarma（2011）对不同维度指标赋予不同的权重，Sarma（2012）同时考虑了普惠金融实际状况到最优状态和最差状态的欧几里得距离，但二者仍是对指标的主观赋权。国内学者在研究我国普惠金融状况时，主要参考 Sarma（2008）的方法，但为了避免指标赋权的主观性而采用了变异系数法（李春霄 等，2012；王修华 等，2014；吕勇斌 等，2016）和熵值法（陈银娥 等，2015；粟芳 等，2016）确定权重大小。

结合文献，我们在此节采用 Sarma（2008）和 Sarma（2012）的方法构建普惠金融指数，并通过变异系数和熵值确定各个指标的权重。具体而言，该方法主要涉及如下三个步骤：

第一步：确定各个指标的权重 w_i。结果显示在表 3-9 中，其中 CV_Weight 是依据变异系数法确定的指标权重，Entropy_Weight 是依据熵值法计算的指标权重。从表 3-9 中可以看出：①不同赋权方法得到的权重不尽相同；②根据变量的变异程度确定权重也存在不合理之处，比如说，CV_Weight 中"其他金融机构"otfs_geo 和 otfs_pop 的权重很大，是因为"其他金融机构"在地区间的差异很大，但是很难说"其他金融机构"在整个普惠金融体系中应该占据很重要的位置。

第二步：对各个指标进行标准化，得到标准化指标 d_i。其中 w_i 为指标 i 的权重，$0 \leqslant w_i \leqslant 1$，$A_i$ 为指标 i 的实际值，m_i 为指标 i 的最低值，M_i 为最高值。

$$d_i = w_i \frac{A_i - m_i}{M_i - m_i} \tag{3-2}$$

第三步：构建普惠金融指数，见式（3-3）—式（3-5）。其中，X_1 是普惠金融实际状况与最差状态的距离，反映了普惠金融现状及已经实现的成绩；X_2 是普惠金融实际状况与最优状态的距离，反映了普惠金融现状及仍然可以继续改善的程度，也即利用 Sarma（2008）方法构建的普惠金融指数；IFI 则是按照 Sarma（2012）方法构建的普惠金融指数。

$$X_1 = \frac{\sqrt{d_1^2 + d_2^2 + \cdots + d_n^2}}{\sqrt{w_1^2 + w_2^2 + \cdots + w_n^2}} \tag{3-3}$$

$$X_2 = 1 - \frac{\sqrt{(w_1 - d_1)^2 + (w_2 - d_2)^2 + \cdots + (w_3 - d_3)^2}}{\sqrt{w_1^2 + w_2^2 + \cdots + w_n^2}} \tag{3-4}$$

$$\text{IFI} = \frac{1}{2}[X_1 + X_2] \tag{3-5}$$

表 3-9　变量的权重

Variable	CV_Weight	Entropy_Weight
bank_geo	0.091 5	0.047 3
bank_pop	0.088 1	0.012 4
atms_geo	0.095 8	0.029 2
atms_pop	0.051 1	0.055 0
otfs_geo	0.182 5	0.022 9
otfs_pop	0.120 2	0.017 3
save_crt	0.008 1	0.104 0
save_cmn	0.054 8	0.008 1
loan_crt	0.025 6	0.108 8
loan_cmn	0.078 7	0.011 0
isur_crt	0.022 1	0.148 6
isur_cmn	0.066 3	0.011 0
card_crt	0.029 5	0.146 3
card_cmn	0.052 3	0.045 2
digi_crt	0.027 4	0.156 6
stfy_crt	0.006 0	0.076 2

3.4.2　采用主成分分析法构建指数

我们还采用主成分分析法，通过提取各个变量的主成分来构造普惠金融指数。表 3-10 显示了主成分分析结果。与因子分析结果相比，主成分结构整体上不太清晰。根据特征值大于 1 的判别规则，我们采用前四个主成分构造普惠金融指数，这四个主成分累积解释比例是 57.09%。

表 3-10 主成分分析结果

变量	Eigenvalue	Difference	Proportion	Cumulative
Comp1	4.778 3	2.917 6	0.298 6	0.298 6
Comp2	1.860 7	0.501 0	0.116 3	0.414 9
Comp3	1.359 6	0.223 2	0.085 0	0.499 9
Comp4	1.136 4	0.163 1	0.071 0	0.570 9
Comp5	0.973 3	0.046 6	0.060 8	0.631 8
Comp6	0.926 7	0.105 6	0.057 9	0.689 7
Comp7	0.821 0	0.008 4	0.051 3	0.741 0
Comp8	0.812 6	0.116 4	0.050 8	0.791 8
Comp9	0.696 2	0.097 4	0.043 5	0.835 3
Comp10	0.598 9	0.100 3	0.037 4	0.872 7
Comp11	0.498 6	0.017 4	0.031 2	0.903 9
Comp12	0.481 5	0.023 1	0.030 1	0.934 0
Comp13	0.458 2	0.208 0	0.028 6	0.962 6
Comp14	0.250 1	0.023 3	0.015 6	0.978 2
Comp15	0.226 8	0.105 5	0.014 2	0.992 4
Comp16	0.121 3	0.000 0	0.007 6	1.000 0

3.4.3 不同方法构建的普惠金融指数的比较

在采用不同方法构建了普惠金融指数之后，我们在本节通过描述统计和相关系数等方法对这些指数进行比较。为了方便指数比较和后文实证分析，我们对这些指数予以标准化处理。标准化处理方式如式（3-6）所示，index 是未经标准化的普惠金融指数，$index_{min}$ 是普惠金融指数的最小值，$index_{max}$ 是普惠金融指数的最大值，$Index^s$ 则是标准化处理之后的普惠金融指数。经标准化之后，这些指数的取值都为 [0, 100]。

$$Index^s = \frac{100 \times (index - index_{min})}{index_{max} - index_{min}} \tag{3-6}$$

表 3-11 显示了基于不同方法构建的普惠金融指数的描述统计结果。从中可知：①所有指数都呈现右偏分布特征，中位数小于均值，偏度大于 0，峰度大于 3；②以因子分析法构建的指数为基准，主成分分析法构建的指数与之最为接近，虽然二者均值和中位数有一定的差异，但是标准差、偏度和峰度指标都很接近；③就采用变异系数法赋权构建的指数而言，其均值和标准差要小于

因子分析法指数，偏度和峰度要大于因子分析法指数；就采用熵值法赋权构建的指数而言，其均值和标准差要大于因子分析法指数，偏度和峰度则要小于因子分析法指数。整体而言，通过主成分分析法构建的指数与采用因子分析法构建的指数最为接近，其次是熵值法赋权指数，差别最大的是变异系数法赋权指数。

表 3-12 显示了上述普惠金融指数之间的相关系数，包括 Pearson 相关系数和 Spearman 相关系数。结果显示：①各指数之间不仅存在显著的线性相关关系，而且也存在显著的等级相关关系；②以因子分析法构建的指数为基准，其他方法构建的指数与它的相关系数都在 0.69 以上，其中主成分分析法指数与其的相关系数最大，其次是熵值法赋权指数，最小的是变异系数法赋权指数。

表 3-11　不同方法构建的普惠金融指数的描述统计

变量	均值	标准差	最小值	最大值	中位数	偏度	峰度
Factor	22.974 9	12.261 8	0	100	18.276 6	1.643 3	6.392 4
Pca	16.651 0	12.278 7	0	100	13.202 5	1.772 1	7.839 1
Sarma12_CV	8.625 9	9.365 7	0	100	5.919 3	4.762 1	35.969 0
Sarma08_CV	5.415 7	8.801 3	0	100	2.637 7	5.283 3	42.344 8
Sarma12_EP	33.345 0	14.007 9	0	100	30.240 5	0.995 5	4.186 6
Sarma08_EP	28.360 0	16.911 1	0	100	23.980 6	0.983 2	3.640 1

注：表中都是标准化之后的指数。Factor 是采用因子分析法构建的指数，Pca 是采用主成分分析法构建的指数，Sarma12_CV 和 Sarma08_CV 是根据变异系数法确定的指标权重，Sarma12_EP 和 Sarma08_EP 是根据熵值法确定的指标权重。

表 3-12　不同方法构建的普惠金融指数的相关系数

变量	Pearson 相关系数					
	Factor	Pca	Sarma12_CV	Sarma08_CV	Sarma12_EP	Sarma08_EP
Factor	1.000 0					
Pca	0.895 5***	1.000 0				
Sarma12_CV	0.733 4***	0.834 5***	1.000 0			
Sarma08_CV	0.695 0***	0.775 4***	0.964 0***	1.000 0		
Sarma12_EP	0.851 1***	0.871 8***	0.532 7***	0.456 7***	1.000 0	
Sarma08_EP	0.870 2***	0.878 8***	0.537 2***	0.469 6***	0.985 6***	1.000 0

表3-12(续)

变量	Spearman 相关系数					
	Factor	Pca	Sarma12_CV	Sarma08_CV	Sarma12_EP	Sarma08_EP
Factor	1.000 0					
Pca	0.816 8 ***	1.000 0				
Sarma12_CV	0.758 4 ***	0.967 1 ***	1.000 0			
Sarma08_CV	0.762 7 ***	0.942 1 ***	0.967 8 ***	1.000 0		
Sarma12_EP	0.818 8 ***	0.917 1 ***	0.852 0 ***	0.785 5 ***	1.000 0	
Sarma08_EP	0.851 6 ***	0.926 8 ***	0.852 4 ***	0.810 3 ***	0.975 9 ***	1.000 0

注： *** 代表 1%显著性水平。表中都是标准化之后的指数。Factor 是采用因子分析法构建的指数，Pca 是采用主成分分析法构建的指数，Sarma12_CV 和 Sarma08_CV 是根据变异系数法确定的指标权重，Sarma12_EP 和 Sarma08_EP 是根据熵值法确定的指标权重。

3.4.4 构建其他社区指数

除了社区普惠金融状况外，一些其他的社区特征也可能会对家庭产生影响，比如说社区的基础设施状况和基层治理状况。CHFS 2015 社区问卷中也提供了相关数据。为了避免在后文的实证分析中添加太多的控制变量，参考相关文献（Gunther et al., 2009；Echevin, 2014；Mina et al., 2016；刘成奎 等，2011；李江苏 等，2014），我们同样采用因子分析法构建了社区基础设施指数和社区基层治理指数。表 3-13 和表 3-14 显示了构建这两个指数所需的指标，具体构建过程不再赘述。

表 3-13 构建社区基础设施指数所需的变量

变量	变量说明
X_1	公路的数量
X_2	幼儿园数量
X_3	初中数量
X_4	医疗点数量
X_5	医院数量
X_6	居民做饭所用的饮用水是否主要是自来水
X_7	居民做饭的燃料是否主要是天然气、液化气、太阳能和电

表 3-14 构建社区治理指数所需的变量

变量	变量说明
X_1	党支部委员会和居委会/村委会人员的总数
X_2	除委员以外的其他工作人员数
X_3	党支部书记和居/村委会主任由同一人兼任
X_4	两委工作人员中大专及以上学历的人数占比
X_5	是否将当地经济发展作为主要考核任务
X_6	是否设立了常设议事机构
X_7	选民登记率
X_8	选民投票率
X_9	公共事务信息公开种类数

注：社区公共事物信息公开种类包括"两委"年度工作计划、党务工作、财务收支及债务、集体资产及其经营管理、项目及重大事项进展、各类补助情况明细、下拨补助经费使用情况、计划生育工作、社区干部生活补贴、各种政策解释宣传及其他。

3.5 本章小节

基于中国家庭金融调查 2015 年的数据，本章首先从普惠金融的渗透度、使用度和满意度三个方面选出指标，利用因子分析法构建了社区普惠金融指数。研究发现，普惠金融指数整体呈现右偏分布特征，城市社区的普惠金融状况要显著好于农村社区，但是城市内不同社区之间的普惠金融状况存在较大的差异。

其次，我们通过采用不同的因子得分计算方法、不同的指标以及不同的样本缺失值处理方法，验证了社区普惠金融指数的稳健性。

最后，我们还采用文献中的其他方法构建了社区普惠金融指数，发现不同方法构建的指数之间具有显著的正相关关系，相关系数都在 0.69 以上；与采用因子分析方法构建的指数比较，采用主成分分析法构建的指数和它的相关性最高，其次是利用熵值法赋权构建的指数，相关性最小的是利用变异系数法赋权构建的指数。

4 普惠金融与全面建成小康社会：扩大内需与消费升级

4.1 引言

随着我国经济发展进入新常态，在产能过剩、出口增长乏力的经济环境下，扩大内需和改善消费结构在促进我国经济发展和提高人民生活水平上发挥着越来越重要的作用。为此，国家"十三五"规划中强调了要发挥消费对经济增长的基础作用，着力扩大居民消费，以扩大服务消费为重点带动消费结构升级。国务院及相关部门也发布了有关消费的专门文件①。这一方面说明了消费在经济新常态下的重要性，另一方面也体现了国内消费不足的困境。

笔者根据国家统计局数据，绘制了我国居民消费支出贡献率和居民消费率的时间变化趋势（见图4-1）。图4-1左图显示，居民消费支出贡献率虽有波动，但是对于促进国内生产总值增长越来越重要，在2014年，居民消费支出的贡献率达到了45.5%。但是，图4-1右图显示，我国居民消费率处在低位，即便在2010年达到最低点之后开始反弹，居民消费率在2014年也只有37.7%。改革开放以来，我国居民消费率的时间变化趋势大致可以分为四个阶段：第一阶段是1978—1981年，居民消费率不断上涨，在1981年达到最高点53.4%；第二阶段是1982—2000年，居民消费率处于缓慢下降阶段，平均每年下降0.3%；第三阶段是2001—2010年，居民消费率加速下跌，平均每年降

---

① 比如，国务院2015年发布了《国务院关于积极发挥新消费引领作用 加快培育形成新供给新动力的指导意见》，国家发改委在2016年发布了《关于推动积极发挥新消费引领作用 加快培育形成新供给新动力重点任务落实的分工方案》，中国人民银行、银监会2016年发布了《中国人民银行 银监会关于加大对新消费领域金融支持的指导意见》。

低 1%，并且于 2010 年达到了最低点 35.9%；第四阶段是 2011 年以后，居民消费率开始反弹，但是反弹速度比较慢，居民消费率仍然很低。

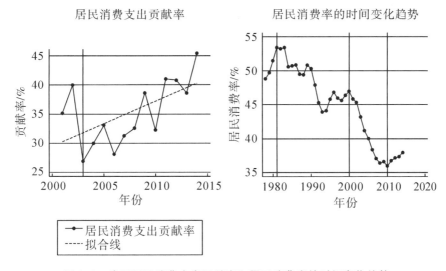

图 4-1 我国居民消费支出贡献率和居民消费率的时间变化趋势

注：居民消费支出贡献率和居民消费率都是通过计算得到的：居民消费支出贡献率＝居民消费支出增量/支出法国内生产总值增量，居民消费率＝居民消费支出/支出法国内生产总值。其中，居民消费支出和支出法国内生产总值的数据来源于《中国统计年鉴 2015》。

表 4-1 对我国与世界主要国家的居民消费率进行了比较。整体而言，我国居民消费率不仅低于北美与西欧等地的传统发达国家，也低于同处于儒家文化圈的日本和韩国，并且与世界其他新兴发展中国家（金砖国家）相比，我国居民消费率也很低。在表 4-1 中，我国居民消费率比美国低 30.8%、比德国低 17.6%、比韩国低 12.7%、比俄罗斯低 13.9%。毛中根等（2014）通过求解效应函数计算了我国家庭的最优居民消费率，发现我国居民消费率在 2001—2010 年要比最优居民消费率低 18.3%。结合图 4-1 和表 4-1 发现，我国居民消费率不仅处于历史低位，而且也比一些世界主要国家更低。所以，在我国经济新常态下，如何扩大内需和促进消费结构升级就显得尤为重要。

表 4-1 中国与一些世界主要国家 2014 年的居民消费率　　　单位:%

国家	消费率	国家	消费率
中国	37.7	日本	61.1*
美国	68.5*	韩国	50.4

表4-1(续)

加拿大	55.6*	澳大利亚	55.8
英国	64.4	巴西	62.5
法国	55.5	南非	61.2
德国	55.3	印度	59.2
意大利	60.8	俄罗斯	51.6*

注：数据主要来源于国家统计局的《国际统计年鉴2015》，反映了上述多国2014年的居民消费率。其中，*代表该国2013年的居民消费率，由于部分国家的居民消费率在《国际统计年鉴2015》中未有显示，故而以2013年数据代替。

针对我国内需不足的问题，国内外学者从多个角度对此进行了研究，并试图揭示导致内需不足的原因。比如说，计划生育政策导致的人口结构变化（袁志刚 等，2000；Modigliani et al.，2004；Wei et al.，2011），户籍和双轨制等制度性问题（陈斌开 等，2010；钱文荣 等，2013；徐舒 等，2013），经济体制改革导致的养老、医疗、教育、住房等不确定性的增加（Meng，2003；Kuijs，2005；Giles et al.，2007；万广华 等，2001；罗楚亮，2004；何立新 等，2008；杨汝岱 等，2009；骆祚炎，2010；陈斌开 等，2013），不断扩大的收入差距（臧旭恒 等，2005；杨汝岱 等，2007；金烨 等，2011；陈斌开，2012），儒家文化推崇的"克俭于家"思想以及不断形成的消费习惯影响（Harbaugh，2003；叶德珠 等，2013；杭斌，2009；贾男 等，2011；崔海燕 等，2011）等，都对我国居民消费产生了不利影响。

金融市场不完善也是我国居民消费率偏低的重要原因（张继海 等，2008；朱信凯 等，2009；余泉生 等，2014）。王江等（2010）指出，家庭的消费决策很大程度上取决于他们所面临的金融市场，发达的金融市场可以为家庭提供多样化的金融工具，满足家庭投资、融资以及支付等金融需求。相反，金融抑制则会对家庭消费产生显著的负向影响。邱崇明和李辉文（2011）通过主成分分析在年度层面构建了中国金融抑制指数，通过VAR模型发现，金融抑制在长期内会显著降低居民消费。李锐和朱喜（2007）通过回归模型识别出受到金融抑制的农户群体，并且实证发现金融抑制导致农户消费性支出显著下降14.6%。

普惠金融是降低金融市场不完善程度的重要方法。普惠金融的目的是以可支付成本为容易受到金融排斥的群体提供其所需的金融服务。现有文献主要研究了金融市场不完善所导致的消极影响，但对于如何降低金融市场不完善程度的研究不多见。一方面，一些国内外文献作者和金融改革实践者认为，推动金融发展的重点是金融向深度发展，以及提高金融市场化和自由化程度。但是，我国金融改革实践在提高金融行业综合实力的基础上，一定程度上忽略了金融行业的广度及外延发展，造成金融资源在不同群体之间的分配差异，弱势群体难以获得充足的金融服务用于生产、投资与消费。比如，不断深化的金融市场化改革加剧了金融资源从农村地区、贫困地区以及低收入群体流失，并由此增加了这些地区及群体所面临的信贷约束问题。汪昌云等（2014）发现，金融市场化导致金融资源在我国农业部门和工业部门之间转移，显著降低了农户获得的正规信贷数量。另一方面，部分文献研究了非正式制度的作用，发现社会网络有助于缓解我国家庭的信贷约束（杨汝岱 等，2011；易行健 等，2012），为家庭提供消费保险和增加家庭消费支出（甘犁 等，2007；朱信凯 等，2009）。但不可忽视的是，依靠社会网络获得的民间借贷需要支付很高的利息率（最高人民法院，2015），即使是基于人情关系获得的亲友借款，也需要人情支出以维系借贷双方的关系（周广肃 等，2015）①。

为此，本章从普惠金融的角度出发，研究其对我国扩大内需及消费升级的影响。现有国内文献主要从普惠金融的渗透性维度刻画普惠金融的状况，而缺少对普惠金融其他维度的考虑，并且在渗透性的刻画上也比较粗糙。比如说，董志勇和黄迈（2010）发现，与金融机构的距离越近，家庭受到信贷约束的概率越低。易行健等（2012）发现，村庄所在乡镇的金融机构数量过少显著降低了农户储蓄率。国外文献虽然考虑了普惠金融使用维度对消费的影响，但大多是利用单个变量或指标刻画金融服务的使用状况。比如，Soman 和 Cheema（2002）、Gross 和 Souleles（2002）都发现，使用信用卡以及提高信用卡额度有助于提高消费者的边际消费倾向和增加消费者的消费支出。Karlan 和 Zinman（2010）结合随机实验以及微观家庭调查数据发现，消费信贷对家庭消费有显著的正向影响，消费信贷不仅有助于降低家庭过去 1 个月食不果腹的概率，还可以显著改善其过去 12 个月的食品消费质量。

不同于利用单个变量或指标，利用综合性的普惠金融指数进行研究不仅可以从技术上解决普惠金融的多维度问题，而且在消费问题上具有理论根据。这主要体现在，家庭所需的金融服务具有多样性，提高我国家庭的居民消费率需

---

① 我国最高人民法院在 2015 年发布了《最高人民法院关于审理民间借贷案件适用法律若干问题的规定》，该文件提出以年利率 36%作为民间借贷利率保护的上限，这反映了民间借贷普遍存在的高利率现象。

要多种金融服务齐头并进，仅仅依靠某一种金融服务可能难以发挥重要作用①。张海洋和李静婷（2012）发现，不同金融机构在缓解家庭信贷约束的问题上有不同的作用，四大国有商业银行的作用最大，新型金融机构由于数量少、规模小，在缓解家庭信贷约束上没有显著的作用。洪正（2011）通过比较不同新型金融机构的监督效率后发现，内生于农户生产经营的资金互助社可以显著改善农村资金短缺状况。Attanasio 等（2015）采用随机实验的方法评估了在蒙古国实施的具有连带责任的小额信贷项目，发现获得团体贷款有助于增加蒙古国家庭的消费，但个体责任贷款的影响不显著。

除消费支出水平外，本章还将消费结构作为研究对象。马斯洛需求层次理论认为食物消费只是低层次需求（Maslow，1943），恩格尔系数也是根据食品消费支出占比反映生活的富裕程度，胡荣华和孙计领（2015）则发现非食品消费支出比食品消费支出更能增加我国家庭的幸福感。鉴于此，本书以非食品消费支出占比为家庭消费结构的代理变量，用以反映消费升级问题。

基于中国家庭金融调查 2015 年的数据，利用前文构建的普惠金融指数，本章从消费支出水平和消费结构两个方面，研究普惠金融对扩大内需和消费升级的影响。①以人均消费支出、人均食品消费支出、人均非食品消费支出反映家庭消费水平，以非食品消费占比反映家庭消费结构，实证分析普惠金融对家庭消费水平和消费结构的影响。②通过设定交互项的方式，研究普惠金融对家庭消费的城乡异质性影响和家庭异质性影响。③从缓解家庭正规信贷约束以及降低收入不确定性出发，进一步研究了普惠金融对家庭消费的作用机制。④通过选取工具变量讨论普惠金融指数的内生性问题，并通过利用其他方法构建普惠金融指数，使用其他方法处理家庭净资产和纯收入变量，控制其他层级的固定效应以及添加社区特征变量等方式，检验本章结论的稳健性。

研究发现：①普惠金融指数对家庭消费支出水平和消费结构有显著的正向影响，普惠金融指数每提高 1%，家庭人均消费支出增加 1.2%，人均非食品消费支出占比增加 0.16%。②普惠金融对家庭消费的影响存在城乡异质性，与城市家庭相比，普惠金融对农村家庭有更大的影响；普惠金融对家庭消费的影响也存在家庭异质性，与不易受到金融排斥的家庭相比，普惠金融对容易受到金融排斥的家庭有更大的影响。③机制检验表明，我国家庭具有较强的信贷需

---

① 国务院办公厅 2015 年发布了《关于加强金融消费者权益保护工作的指导意见》。该意见指出，要促进普惠金融发展，金融管理部门要根据国家发展普惠金融有关要求，扩大普惠金融覆盖面，提高其渗透率；金融机构应当重视金融消费者需求的多元性与差异性，积极支持欠发达地区和低收入群体等获得必要、及时的基本金融产品和服务。

求，但也普遍面临着正规信贷约束，教育、医疗领域受到信贷约束的比例最高，其次是农工商经营领域，住房、汽车领域受到信贷约束的比例相对较低；普惠金融能够显著降低家庭面临的信贷约束比例，并且能够有效缓解信贷约束对家庭人均消费支出的不利影响，普惠金融还可以通过降低收入不确定性对家庭消费产生积极影响。④普惠金融指数存在一定的内生性问题，但并未显著改变普惠金融可以提高家庭消费支出水平和改善消费结构的结论。

本章的主要贡献在于，面对我国内需不足的困境，我们发现普惠金融有助于促进我国家庭消费增长和改善消费结构，并进一步解释了普惠金融对家庭消费的作用机制。本章结构安排如下：第一部分是引言，第二部分是数据和模型设定，第三部分是普惠金融对家庭消费的影响估计，第四部分是普惠金融指数的内生性问题，第五部分是普惠金融对家庭消费的作用机制分析，第六部分是稳健性检验，第七部分是本章小节。

4.2 数据和模型设定

4.2.1 数据

本章采用中国家庭金融调查 2015 年的数据。该调查项目采用三阶段分层的抽样方法，所抽样本在全国以及省份层面具有代表性（甘犁 等，2013）。调查样本覆盖全国 29 个省/自治区/直辖市（不含港澳台、新疆和西藏）、363 个县/区/县级市以及 1 439 个社区/村，共计收集了大约 40 000 户家庭的相关数据，主要包括家庭的人口统计特征、资产与负债状况、收入与支出情况以及社会保障和商业保险等信息。删除无效信息样本、相关变量缺失样本以及极端值样本之后，本书实证分析所用数据共计 1 362 个社区和 36 750 户家庭。

重要的是，中国家庭金融调查在 2015 年的社区问卷中，新增了反映社区金融机构情况的问题，询问了社区内银行网点数量、金融服务点数量、是否有社区/村镇银行及其数量、是否有小额贷款公司及其数量、是否有担保公司及其数量等，这为我们研究普惠金融对家庭消费的影响提供了强有力的数据支持①。基于这些金融机构信息，再结合社区内家庭的金融服务使用情况与其对

---

① 根据 CHFS 2015 问卷注释，银行营业网点包括国有商业银行、股份制商业银行、城市商业银行、农村商业银行、农村信用社以及邮政储蓄银行等的网点；金融服务网点包括自助银行、ATM 机等自助服务点以及惠农金融服务点。

金融服务的满意情况，就可以构建综合的普惠金融指数。

4.2.2 变量说明

除了普惠金融指数外，结合消费理论与现有文献，我们还控制了其他变量，包括家庭特征变量、户主特征变量、城乡特征变量、农村以及省份哑变量。其中，家庭特征变量主要有家庭净资产、家庭纯收入、民间借贷（Morduch，1995；甘犁 等，2007；朱信凯 等，2009）、关系指数（杨汝岱 等，2011；易行健 等，2012）、养老保险①及账户余额（白重恩 等，2012）、医疗保险及账户余额（甘犁 等，2010；臧文斌 等，2012）、家庭规模以及家庭抚养比（Modigliani et al.，2004；汪伟，2009；周绍杰 等，2009）；户主特征变量主要有受教育年限、性别（男性）、年龄（Modigliani et al.，1954）、婚姻状况（已婚）以及健康水平（自评健康差）（Gertler et al.，2002；何兴强 等，2014）等。表4-2对这些变量进行了详细说明。

表4-2　变量说明

变量	变量说明
家庭特征	
家庭净资产	净资产＝总资产-总负债
家庭纯收入	纯收入＝总收入-总成本
民间借贷	家庭通过民间途径获得了借款，该变量取值1，否则取值0
关系指数	采用因子分析法构建，反映家庭的关系网络或资源
养老保险	家庭成员参加了社会养老保险，该变量取值1，否则取值0
养老保险账户余额	首先计算社会养老保险个人账户余额，然后在家庭层面进行加总
医疗保险	家庭成员参加了社会医疗保险，该变量取值1，否则取值0
医疗保险账户余额	首先计算社会医疗保险个人账户余额，然后在家庭层面进行加总
家庭规模	家庭总人口数（删除了总人口数大于10的样本）
家庭抚养比	家庭抚养比＝（16岁以下人口数+65岁以上人口数）/家庭总人口数

---

① 如无特殊说明，本书中的"养老保险"和"医疗保险"都是指社会基本养老保险和基本医疗保险。

表4-2(续)

变量	变量说明
户主特征	
受教育年限	根据户主的文化程度,折算为受教育年限
男性	户主为男性,该变量取值1,否则取值0
年龄	删除了小于18岁或大于85岁的样本
已婚	户主已经结婚,该变量取值1,否则取值0
自评健康差	户主认为自己身体状况不好或非常不好,该变量取值1,否则取值0
城乡特征	
农村	家庭位于农村社区,该变量取值1,否则取值0

注:家庭资产来源包括农工商经营项目、房产与汽车、金融资产及其他非金融资产;家庭收入来源包括农业经营收入、工商业经营收入、工资性收入、财产性收入以及转移性收入等;构建关系指标所用到的指标包括家庭党员数量、家庭成员的工作单位类型、在工作中担任干部情况、夫妻双方的兄弟姐妹数量、去年参加扫墓祭祖活动情况以及遇到问题时求助的渠道数量;户主受教育年限折算标准是:没上过学=0、小学=6、初中=9、高中/职高/中专=12、大专=15、本科=16、硕士研究生=19、博士研究生=22。

需要说明的是,考虑到家庭净资产和纯收入存在负值,我们对这两个变量做了逆双曲线正弦函数(inverse hyperbolic sine,IHS)变换。采用该变换方法是因为:①样本中净资产为负值的家庭共计1 400多户,纯收入为负的家庭大约600户,如果采用一般的对数函数变换,这些样本将被删除,从而导致损失有效信息;如果将这些负值简单地替换为0,则会扭曲资产和收入的分布结构;②该变换方法已被文献证明适用于家庭资产变量的处理(Carroll et al.,2003;Pense,2006;Friedline et al.,2015),也被用于慈善捐赠(Newman et al.,2005)、研发支出(Carboni,2012)和对外出口(Kristjansdottir,2012)等问题。具体而言,逆双曲线正弦函数见式(4-1),其中 x 表示净资产或纯收入:

$$\mathrm{asinh}(x) = \ln\left(x + \sqrt{x^2 + 1}\right) \tag{4-1}$$

以净资产为例,图4-2绘制了经逆双曲线正弦函数变换后的净资产的曲线,左边是净资产小于0的观测值,右边是净资产大于0的观测值。为了方便绘图,我们在横轴上以万元标识了净资产,但是对净资产进行变换时仍旧采用以元为单位的原始变量。

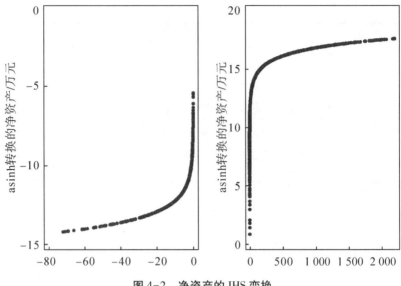

图 4-2　净资产的 IHS 变换

4.2.3　变量与消费状况的描述统计

表 4-3 对上述家庭特征变量和户主特征变量进行了描述统计。首先，经过逆双曲线正弦函数变换后，保留了家庭净资产和纯收入为负的样本，家庭净资产的标准差要大于家庭纯收入。其次，有 19.67% 的家庭参与了民间借贷，83.7% 的家庭参加了养老保险，93.29% 的家庭参加了医疗保险，每户家庭平均约有 3.37 个人，未成年人和老年人合计占比 30.21%。最后，户主受教育程度平均水平为初中（受教育年限的平均值约是 9.3），75.76% 的户主是男性，户主的平均年龄约是 53.06 岁，85.1% 的户主已婚，另外有 16.75% 的户主认为自己的健康水平不好或非常不好。

表 4-3　控制变量的描述统计

变量	观测值	均值	标准差	最小值	最大值
家庭特征					
家庭净资产	36 750	11.820 7	5.137 0	−14.180 6	17.599 7
家庭纯收入	36 750	10.546 3	3.431 9	−12.819 9	15.548 2
民间借贷	36 750	0.196 7	0.397 5	0	1
关系指数	36 750	15.544 1	15.170 9	0	100
养老保险	36 750	0.837 0	0.369 4	0	1

表4-3(续)

变量	观测值	均值	标准差	最小值	最大值
养老保险账户余额	36 750	3.406 5	3.966 3	0	11.225 3
医疗保险	36 750	0.932 9	0.250 2	0	1
医疗保险账户余额	36 750	2.410 8	3.202 3	0	9.615 9
家庭规模	36 750	3.366 7	1.573 2	0	10
家庭抚养比	36 750	0.302 1	0.320 7	0	1
户主特征					
受教育年限	36 750	9.300 9	4.134 8	0	22
男性	36 750	0.757 6	0.428 5	0	1
年龄	36 750	53.058 8	13.854 1	18	85
已婚	36 750	0.851 0	0.356 0	0	1
自评健康差	36 750	0.167 5	0.373 4	0	1

注：本书对一些变量的极端值进行了处理，删除了户主年龄小于18岁以及大于85岁的样本，删除了家庭规模大于10的样本。

表4-4对本章关注的家庭消费变量进行了描述统计。表4-4结果显示，2014年我国人均消费支出是19 571元（国家统计局数据是17 806元），城市人均消费支出是25 381元（国家统计局数据是25 449元），农村人均消费支出是11 563元（国家统计局数据是8 744元）。总体而言，中国家庭金融调查数据与国家统计局公布的结果相差不大，全国人均消费支出相差1 765元，城市人均消费支出相差-68元，农村人均消费支出相差2 819元。另外，从表4-4第（1）列还可以看出，我国家庭的人均食品支出均值是7 028元，人均非食品消费支出均值是12 543元，非食品消费支出占比（人均非食品消费支出/人均消费支出）的均值是54.41%。从表4-4第（2）—（3）列还可以看出，我国城市家庭在食品消费支出和非食品消费支出上都要显著多于农村家庭，而城乡家庭之间的非食品消费支出占比则差异不大。

表4-4　家庭消费变量的描述统计

变量	全国	分地区	
	（1）	（2）城市	（3）农村
人均消费支出/元	19 571	25 381	11 563
人均食品消费支出/元	7 028	9 147	4 108
人均非食品消费支出/元	12 543	16 234	7 456
非食品消费支出占比/%	54.41	53.96	55.02

依据普惠金融指数的四分位段，我们在图 4-3 中绘制了普惠金融指数不同分位段上的家庭消费支出情况。从图 4-3 中可知，随着普惠金融水平的提高（普惠金融指数取值逐渐增大），我国家庭的人均消费支出、人均食品消费支出以及人均非食品消费支出都显著增加。具体而言，普惠金融指数第一分位段的家庭，人均消费支出、人均食品消费支出以及人均非食品消费支出分别是 10 275 元、3 735 元和 6 540 元；在普惠金融指数第四分位段的家庭，人均消费支出、人均食品消费支出以及人均非食品消费支出分别是 32 458 元、10 580 元和 21 878 元，比第一分位段的家庭分别高出 22 183 元、6 845 元和 15 338 元，增加幅度分别约是 216%、183% 和 235%。

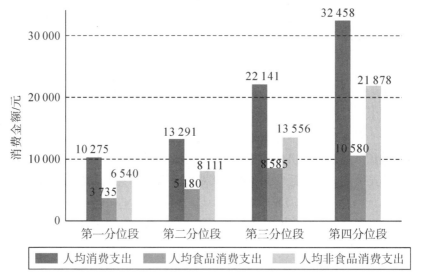

图 4-3　普惠金融指数不同分位段的家庭消费支出比较

4.2.4　模型设定

本章依据所研究的问题分别采用了普通最小二乘法（OLS）、似不相关回归模型（SUREG）以及 Heckman 两步法等。具体而言，在研究普惠金融对家庭消费支出和非食品消费占比的影响时，我们采用普通最小二乘法；在研究普惠金融对食品消费和非食品消费支出的影响时，考虑到二者之间存在相关性，我们采用了似不相关回归模型；在检验普惠金融通过缓解信贷约束对家庭消费产生的积极影响时，因为具有信贷需求的家庭才可能面临信贷约束，为了克服样本自选择问题，我们采用了 Heckman 两步法。三种模型的表达式分别是：

（1）普通最小二乘法，以人均消费支出为例：

$$\ln C_{ij} = \beta_0 + \beta_1 \text{Finculison\_index}_i + \beta_2 X_{ij} + \varepsilon_{ij} \tag{4-2}$$

其中，C_{ij} 表示社区 i 中家庭 j 的人均消费支出，$\text{Finculison\_index}_i$ 是社区 i 的普惠金融指数，X_{ij} 包括家庭特征变量、户主特征变量、农村哑变量以及省份固定效应，ε_{ij} 是误差项。同样，在研究普惠金融对家庭非食品消费支出占比的影响时，我们也采用普通最小二乘法。

（2）似不相关回归模型：

$$\begin{cases} \ln \text{FoodC}_{ij} = \beta_{10} + \beta_{11} \text{Finculison\_index}_i + \beta_{12} X_{ij} + \varepsilon_{1ij} \\ \ln \text{NFoodC}_{ij} = \beta_{20} + \beta_{21} \text{Finculison\_index}_i + \beta_{22} X_{ij} + \varepsilon_{2ij} \end{cases} \tag{4-3}$$

其中，FoodC_{ij} 表示社区 i 中家庭 j 的人均食品消费支出，NFoodC_{ij} 表示家庭 j 的人均非食品消费支出，$\text{Finculison\_index}_i$ 是社区 i 的普惠金融指数，X_{ij} 包括家庭特征变量、户主特征变量、农村哑变量以及省份固定效应，ε_{1ij} 和 ε_{2ij} 是误差项。当家庭面临外在冲击时，可能会通过调整食品或非食品消费支出以应对意外冲击造成的损失，所以不同消费之间存在一定的相关性，也就是 ε_{1ij} 和 ε_{2ij} 是相关的。鉴于此，我们在研究普惠金融对家庭食品消费和非食品消费的影响时，采用似不相关回归模型进行实证分析。

（3）Heckman 两步法，具体而言是 Heckman Probit 模型：

第一步是，检验家庭是否具有信贷需求：

$$P(\text{LoanNeed}_{ij} = 1) = \Phi(\eta_0 + \eta_1 \text{Finculison\_index}_i + \eta_2 X'_{ij} + \varepsilon_{ij}) \tag{4-4}$$

第二步是，检验家庭是否面临信贷约束：

$$P(\text{LoanConstraint}_{ij} = 1) = \Phi(\gamma_0 + \gamma_1 \text{Finculison\_index}_i + \gamma_2 X'_{ij} + \gamma_3 \lambda + \varepsilon_{ij}) \tag{4-5}$$

其中，LoanNeed_{ij} 是社区 i 中家庭 j 的信贷需求变量，取值 1 表示家庭 j 具有信贷需求；$\text{LoanConstraint}_{ij}$ 是社区 i 中家庭 j 的信贷约束变量，取值 1 表示家庭 j 面临信贷约束。$\text{Finculison\_index}_i$ 是社区 i 的普惠金融指数。结合相关文献，本书定义的信贷约束包括如下几类：没有获得正规贷款、获得的正规贷款不能满足需求以及通过非正规途径获得了民间借贷。所以，与前面的回归模型不同，此处回归模型中的 X'_{ij} 不包括民间借贷，λ 是逆米尔斯比率。

4.3 普惠金融对家庭消费的影响估计

4.3.1 普惠金融对消费增长与消费升级的影响

在本节，我们实证研究普惠金融对家庭消费的影响，关注对象是家庭消费支出水平和消费结构。其中，我们利用人均消费支出、人均食品消费支出以及人均非食品消费支出衡量家庭消费支出水平，利用非食品消费占比衡量家庭消费结构。

表4-5显示了普惠金融对家庭消费的影响的回归结果。结果显示，普惠金融对我国扩大消费需求及消费升级有显著的正向影响，即提高普惠金融水平有助于增加人均消费支出和提高非食品消费占比。具体而言，第（1）列结果显示，普惠金融指数对人均消费支出有显著的正向影响，普惠金融指数每提高1%，家庭人均消费支出增加1.2%[1]。CHFS 2015年的数据显示，我国人均消费支出的均值是19 571元，这就意味着普惠金融指数每提高1%将促使人均消费支出增加235元，而当普惠金融水平提高一个标准差（13.2）将促使人均消费支出大约增加3 100元，大约是人均消费支出均值的15.8%。第（2）—（3）列结果显示，普惠金融指数对人均食品消费支出和非食品消费支出都有显著的正向影响，但是对非食品消费的影响更大。普惠金融指数每提高1%，人均食品消费支出增加0.8%，人均非食品消费支出增加1.53%。CHFS 2015年的数据显示，我国人均食品消费支出和非食品消费支出的均值分别是7 028元和12 543元，这就意味着普惠金融指数每提高一个标准差，将促使人均食品消费支出大约增加739元，非食品消费支出大约增加2 534元。第（4）列结果显示，普惠金融对人均非食品消费占比也有显著的正向影响，普惠金融指数每提高1%，家庭的人均非食品消费占比将会增加0.16%，这意味着普惠金融指数每提高一个标准差，将有助于非食品消费占比大约增加2.1%。

从表4-5还可以得知：①家庭净资产和家庭纯收入可以显著增加家庭的人均消费支出、食品消费支出和非食品消费支出，并且对非食品消费的影响更大，也可以显著提高非食品消费占比。②民间借贷和关系指数可以显著增加家

---

[1] 表4-5的前三列回归属于半对数模型，被解释变量是对数形式，普惠金融指数是水平值。对于此类回归系数的解释是：$\%\Delta y = 100\beta_1 \Delta x_1$。本书对普惠金融指数进行了标准化，使其取值为[0，100]，所以普惠金融指数每增加1个单位，也就等于普惠金融指数增加1%。

庭的人均消费支出和人均非食品消费支出，对食品消费支出的影响则分别不显著和显著为负，二者对家庭非食品消费占比也都有显著的正向影响。③参加养老保险对提高人均消费支出有显著的正向影响，对食品消费的促进作用要大于对非食品消费，但是显著降低了家庭的非食品消费占比；参加医疗保险对人均消费支出和非食品消费占比没有显著的影响；养老保险账户余额对人均消费支出没有显著影响，而医疗保险账户余额可以显著增加人均消费支出。这可能反映了白重恩等（2012）的研究结论，即尽管增加养老保险的覆盖率有助于增加消费，但是养老金的缴费率可能会显著抑制家庭消费。④家庭规模和户主年龄对家庭消费支出的影响呈现先下降后上升的 U 形趋势，年龄效应符合生命周期假说。⑤家庭抚养比和户主身体状况对家庭消费都具有显著的负向影响；家庭抚养比对消费支出的负向影响主要体现在非食品消费支出上，而身体状况对消费支出的负向影响主要体现在食品消费支出上，户主身体状况差导致家庭食品消费支出显著下降 15.56%。⑥农村家庭的消费支出显著低于城市家庭。

表 4-5 普惠金融对家庭消费的影响①

变量	消费水平			消费结构
	（1）消费支出	（2）食品消费	（3）非食品消费	（4）非食品消费占比
普惠金融指数	0.012 0***	0.008 0***	0.015 3***	0.001 6***
	（0.000 8）	（0.000 4）	（0.000 5）	（0.000 2）
家庭净资产	0.016 1***	0.015 1***	0.018 9***	0.000 9***
	（0.001 0）	（0.000 8）	（0.001 1）	（0.000 2）
家庭纯收入	0.017 5***	0.014 1***	0.020 3***	0.001 1***
	（0.001 5）	（0.001 2）	（0.001 5）	（0.000 3）
民间借贷	0.133 9***	−0.015 2	0.224 0***	0.044 7***
	（0.011 7）	（0.010 3）	（0.013 7）	（0.003 1）
关系指数	0.000 6**	−0.000 9***	0.002 0***	0.000 6***
	（0.000 3）	（0.000 3）	（0.000 3）	（0.000 1）
养老保险	0.069 1***	0.081 2***	0.051 2***	−0.007 2**
	（0.013 1）	（0.011 7）	（0.015 6）	（0.003 6）
养老保险账户余额	−0.001 2	−0.004 3***	0.003 3**	0.001 7***
	（0.001 1）	（0.001 1）	（0.001 4）	（0.000 3）
医疗保险	0.023 9	0.041 0***	0.042 9**	0.001 1
	（0.018 9）	（0.015 6）	（0.020 8）	（0.004 9）

① 如无特殊说明，本章的家庭消费支出、食品消费支出、非食品消费支出以及非食品消费占比等都是人均的概念，下同。

表4-5（续）

变量	消费水平			消费结构
	（1）消费支出	（2）食品消费	（3）非食品消费	（4）非食品消费占比
医疗保险账户余额	0.012 8***	0.009 9***	0.014 9***	0.000 9**
	（0.001 4）	（0.001 3）	（0.001 7）	（0.000 4）
家庭规模	-0.292 2***	-0.323 1***	-0.247 7***	0.016 8***
	（0.011 6）	（0.009 4）	（0.012 5）	（0.002 9）
家庭规模平方	0.016 6***	0.018 0***	0.013 6***	-0.001 1***
	（0.001 3）	（0.001 1）	（0.001 4）	（0.000 3）
家庭抚养比	-0.093 5***	-0.042 7***	-0.133 6***	-0.016 2***
	（0.015 9）	（0.015 2）	（0.020 2）	（0.004 2）
受教育年限	0.034 3***	0.024 0***	0.044 0***	0.004 1***
	（0.001 4）	（0.001 2）	（0.001 6）	（0.000 4）
男性	-0.053 8***	-0.031 9***	-0.071 3***	-0.008 8***
	（0.009 3）	（0.009 3）	（0.012 4）	（0.002 7）
年龄	-0.020 7***	-0.003 8*	-0.031 9***	-0.006 1***
	（0.002 2）	（0.002 0）	（0.002 7）	（0.000 6）
年龄平方	0.000 1***	0.000 0	0.000 2***	0.000 0***
	（0.000 0）	（0.000 0）	（0.000 0）	（0.000 0）
已婚	0.042 8***	0.052 3***	0.044 2***	-0.002 6
	（0.012 5）	（0.011 8）	（0.015 8）	（0.003 5）
自评健康差	-0.057 9***	-0.155 6***	0.015 2	0.034 9***
	（0.011 2）	（0.010 6）	（0.014 1）	（0.003 2）
农村	-0.282 8***	-0.449 1***	-0.191 4***	0.049 7***
	（0.017 2）	（0.010 3）	（0.013 8）	（0.004 4）
常数项	10.010 6***	—	—	0.643 3***
	（0.082 1）			（0.024 7）
省份固定效应	已控制	已控制	已控制	已控制
观测值	36 750	36 750	36 750	36 750
R-squared	0.415 2	0.420 2	0.313 1	0.090 7

注：第（2）列和第（3）列是采用似不相关回归模型得到的估计结果。***、**、*分别代表1%、5%以及10%的显著性水平，括号内是聚类在社区层面的标准误。

4.3.2 普惠金融对家庭消费的城乡异质性影响

我们在本节研究普惠金融对家庭消费是否存在城乡异质性影响。我国城乡之间存在很大差距，出现这种差距既有自然条件的原因，也有二元体制的制度原因。在金融市场领域，尽管金融机构在农村布置了网点，但是金融资源却不断从农村流入城市。并且国有商业银行裁并县域网点和收缩农村信贷市场，以及邮政储蓄银行和农村信用社推进市场化改革，进一步加剧了农村金融资源的流失。鉴于此，普惠金融对于农村家庭而言就显得尤为重要。

表4-6显示了普惠金融对家庭消费影响的城乡异质性回归结果。第（1）列结果显示，对人均消费支出而言，普惠金融指数与农村的交互项在1%的水平上显著为正，表明普惠金融对促进农村家庭消费支出有明显的作用；普惠金融指数每提高1%，城市家庭的人均消费支出增加1.12%，农村家庭的人均消费支出则增加1.93%（1.12%+0.81%）。第（2）列结果显示，对人均食品消费而言，普惠金融指数与农村的交互项也显著为正，表明普惠金融对促进农村家庭的食品消费有明显的作用；普惠金融指数每提高1%，城市家庭食品消费增加0.68%，农村家庭食品消费增加1.93%（0.68%+1.25%）。第（3）列结果显示，对人均非食品消费而言，普惠金融指数与农村的交互项同样显著为正，与城市家庭的非食品消费相比，普惠金融对农村家庭的非食品消费有更大的正向影响；普惠金融指数每提高1%，城市家庭非食品消费支出增加1.47%，农村家庭非食品消费支出增加2.05%（1.47%+0.58%）。第（4）列结果显示，对非食品消费占比而言，普惠金融指数与农村的交互项显著为负，也就是与城市家庭相比，普惠金融对农村家庭的非食品消费占比的影响更小。实际上，从第（2）—（3）列可知，普惠金融指数与农村的交互项在食品消费的回归中系数更大，而在非食品消费回归中的系数则相对较小。在现实生活中，农村家庭往往会比城市家庭更容易遭受意外冲击，比如自然灾害引发的农业生产率下降、产业结构调整导致的农民工失业等；另外，农村社会保障体系也没有城市完善，当遭受意外冲击时，农村家庭可能会通过降低食品消费支出来支付意外冲击成本。更多的金融服务可以帮助其家庭降低调整成本，使得其家庭不一定需要通过降低食品消费来应对意外冲击。综上可知，与城市家庭相比，普惠金融对农村家庭的消费支出有更大的正向影响。

表4-6 普惠金融对家庭消费支出的城乡异质性影响

变量	消费水平			消费结构
	（1）消费支出	（2）食品消费	（3）非食品消费	（4）非食品消费占比
普惠金融指数	0.011 2***	0.006 8***	0.014 7***	0.001 7***
	（0.000 8）	（0.000 4）	（0.000 6）	（0.000 2）
普惠金融指数×农村	0.008 1***	0.012 5***	0.005 8***	−0.001 4***
	（0.002 6）	（0.001 1）	（0.001 5）	（0.000 4）
农村	−0.427 0***	−0.669 7***	−0.293 8***	0.074 4***
	（0.046 4）	（0.022 7）	（0.030 3）	（0.009 4）

表4-6(续)

变量	消费水平			消费结构
	(1)消费支出	(2)食品消费	(3)非食品消费	(4)非食品消费占比
控制变量	已控制	已控制	已控制	已控制
省份固定效应	已控制	已控制	已控制	已控制
常数项	已控制	已控制	已控制	已控制
观测值	36 750	36 750	36 750	36 750
R-squared	0.416 0	0.422 0	0.313 4	0.091 2

注：第（2）列和第（3）列是采用似不相关回归模型得到的估计结果。*** 代表1%的显著性水平，括号内是聚类在社区层面的标准误。控制变量与表4-5相同。

4.3.3 普惠金融对家庭消费的家庭异质性影响

在考察了普惠金融的城乡异质性影响之后，本节进一步研究普惠金融是否在家庭层面也存在异质性的影响。发展普惠金融的目的是让受到金融排斥的群体获得金融服务，所以普惠金融的重点服务对象主要是农民、城镇低收入家庭、贫困家庭、残疾人及老年人等群体①。一方面，由于信息不对称以及缺少足够的抵押物，这些弱势群体更加容易受到金融排斥；另一方面，面临意外冲击时，这些群体无法通过金融市场获得资金支持，所以他们的预防性储蓄也较高。鉴于此，普惠金融对容易受到金融排斥的家庭的应该有更大的影响。

我们从人力资本和社会资本的角度出发，通过构建普惠金融指数与相应变量的交互项，研究普惠金融对家庭消费支出的异质性影响。具体而言，以户主受教育年限和自评健康差度量家庭人力资本，以关系指数和民间借贷哑变量度量家庭社会资本，实证估计结果见表4-7。第（1）—（2）列结果显示，普惠金融指数与户主受教育年限的交互项显著为负，即普惠金融对户主受教育水平低的家庭有更大的正向影响。第（3）—（4）列结果显示，普惠金融指数与民间借贷的交互项显著为负，即普惠金融对没有获得民间借贷的家庭的影响更大；普惠金融指数与关系指数的交互项也显著为负，表明普惠金融更可以促进关系少的家庭的消费支出。总体而言，表4-7的结论表明，普惠金融对消费支出的影响在家庭层面也存在一定的异质性，普惠金融更加有助于促进人力资本和社会资本缺乏的家庭的消费支出。

---

① 《国务院关于印发推进普惠金融发展规划（2016—2020年）的通知》指出，普惠金融的重点服务对象包括农民、城镇低收入人群、贫困人群、残疾人与老年人等群体。

表 4-7　普惠金融对家庭消费支出的家庭异质性影响

变量	消费支出			
	人力资本		社会资本	
	（1）	（2）	（3）	（4）
普惠金融指数	0.013 8***	0.011 6***	0.012 3***	0.012 8***
	（0.001 4）	（0.000 8）	（0.000 8）	（0.000 9）
普惠金融指数× 受教育年限	−0.000 2**			
	（0.000 1）			
普惠金融指数× 自评健康差		0.000 2		
		（0.000 8）		
普惠金融指数× 民间借贷			−0.004 8***	
			（0.001 0）	
普惠金融指数× 关系指数				−0.006 2***
				（0.002 1）
民间借贷	0.129 3***	0.129 2***	0.235 0***	0.128 7***
	（0.011 8）	（0.011 8）	（0.025 2）	（0.011 8）
关系指数	0.000 4	0.000 3	0.000 3	0.002 0***
	（0.000 3）	（0.000 3）	（0.000 3）	（0.000 6）
受教育年限	0.037 6***	0.032 7***	0.032 5***	0.032 8***
	（0.002 7）	（0.001 3）	（0.001 3）	（0.001 3）
自评健康差	−0.047 1***	−0.053 4**	−0.049 5***	−0.048 1***
	（0.011 1）	（0.023 0）	（0.011 1）	（0.011 1）
控制变量	已控制	已控制	已控制	已控制
农村	已控制	已控制	已控制	已控制
省份固定效应	已控制	已控制	已控制	已控制
常数项	已控制	已控制	已控制	已控制
观测值	36 284	36 284	36 284	36 284
R-squared	0.425 5	0.425 4	0.425 9	0.425 6

注：*** 和 ** 分别代表1%和5%的显著性水平，括号内是聚类在社区层面的标准误。控制变量与表4-5相同。

4.4 普惠金融指数的内生性问题

实证分析中的内生性问题需要重点关注，因为变量的内生性会导致回归结果偏误。内生性主要源于以下三种可能的原因：①反向因果；②遗漏变量；③测量误差。首先，从反向因果上讲，一方面，社区内不同家庭之间存在着差异，单个家庭的消费状况对整个社区普惠金融状况的影响较小，不太可能出现反向因果的问题，许多文献也经常采用同社区内其他家庭的均值作为工具变量（Hong et al., 2004；罗楚亮，2010；齐良书，2011；程名望 等，2014；尹志超等，2015；张勋 等，2016）；但另一方面，家庭之间存在消费攀比现象（Duesenberry，1949；Carroll et al., 2000；陈利平，2005；杭斌 等，2013），某个家庭的高消费会导致其他家庭也增加消费，从而使整个社区的消费水平都上升，金融机构也就倾向于在该地区布置更多的金融网点，此时就可能存在一定的反向因果。其次，从遗漏变量上讲，一些无法控制的因素可能同时对社区普惠金融状况和家庭消费产生影响，比如消费文化或偏好等。最后，从测量误差上讲，在构建普惠金融指数时，我们有可能遗漏一些其他可以反映普惠金融发展水平的变量。鉴于以上原因，普惠金融指数对家庭消费的回归中可能存在内生性问题。

我们在本节通过选择合适的工具变量，采用工具变量法重新估计普惠金融对家庭消费的影响。合适的工具变量需要满足两个基本条件：第一个是工具变量与内生变量高度相关，第二个是工具变量与误差项不直接相关。参考现有文献，我们以同一地区内其他社区普惠金融指数的均值作为工具变量（Hong et al., 2004；罗楚亮，2010；齐良书，2011；程名望 等，2014；尹志超 等，2015；张勋 等，2016）。具体而言，我们选取"同县内其他社区的普惠金融指数的均值"作为工具变量，记为"工具变量1"。一方面，银行等金融机构会统筹县域内金融网点的布局，银保监会等监管机构也要求国有大型银行不能自行撤并县域网点，所以同一县内不同社区之间的普惠金融状况存在较强的相关性，工具变量1满足了所需的第一个条件；另一方面，其他社区的普惠金融水平与本社区家庭的消费状况不存在直接的关系，单个家庭的消费状况也很难影响到整个县域的普惠金融状况，所以工具变量1也满足了第二个条件。进一步地，为了得出更加稳健的结论，我们还扩大了县域范围，采用与县域工具变量相同的逻辑，将"同市内其他社区普惠金融指数的均值"作为第二个工具变量，记为"工具变量2"。

表4-8显示了工具变量估计结果。首先，普惠金融指数的内生性检验表明，除了采用同市范围内其他社区普惠金融指数的均值作为工具变量时，普惠金融指数对家庭非食品消费占比的回归不存在显著的内生性外，其他回归模型均存在较为显著的内生性问题。另外，Durbin-Wu-Hausman 检验至少在10%的显著性水平上拒绝了普惠金融指数不存在内生性的原假设，一阶段回归的 F 值大于一般性要求10，工具变量的 t 值也都大于8，并且 Cragg-Donald 检验的卡方值也超过了 Stock-Yogo 的临界值，由此拒绝了弱工具变量的原假设。其次，表4-8第（1）列和第（3）列结果显示，考虑了普惠金融指数的内生性之后，普惠金融指数对人均消费支出仍然有显著的正向影响。当采用同县范围内其他社区普惠金融指数的均值作为工具变量（工具变量1）时，普惠金融指数每增加1%，家庭消费支出增加2.38%。当采用同市范围内其他社区普惠金融指数的均值作为工具变量（工具变量2）时，普惠金融指数每增加1%，家庭消费支出增加3.04%。与没有考虑内生性问题时相比，此时普惠金融指数对家庭消费有更大的正向影响，说明内生性问题使得前文低估了普惠金融对人均消费支出的影响。第（2）列和第（4）列结果显示，考虑普惠金融指数的内生性之后，普惠金融指数仍然可以显著提高家庭的非食品消费占比。综上可知，通过采用合适的工具变量发现，虽然前文实证模型设定存在一定的内生性问题，但是并没有结论的异质性，普惠金融能够显著提高家庭消费支出水平和非食品消费占比。

表4-8　普惠金融指数的工具变量回归结果

变量	工具变量1		工具变量2	
	(1)消费支出	(2)非食品消费占比	(3)消费支出	(4)非食品消费占比
普惠金融指数	0.023 8***	0.002 4***	0.030 4***	0.001 37*
	(0.002 1)	(0.000 4)	(0.003 6)	(0.000 72)
控制变量	已控制	已控制	已控制	已控制
农村	已控制	已控制	已控制	已控制
省份固定效应	已控制	已控制	已控制	已控制
常数项	已控制	已控制	已控制	已控制
观测值	36 730	36 730	36 750	36 750
R-squared	0.401 2	0.089 6	0.381 6	0.090 6
工具变量 t 值	12.04	12.04	8.25	8.25
C-D 检验 F 值	144.992 4	144.992 4	68.101 3	68.101 3

表4-8(续)

变量	工具变量1		工具变量2	
	(1)消费支出	(2)非食品消费占比	(3)消费支出	(4)非食品消费占比
DWH 检验 chi-sq 值	55.522 7***	3.819 1*	43.820 6***	0.091 8
DWH 检验 p 值	0.000 0	0.050 7	0.000 0	0.761 9

注：***、*分别代表1%和10%的显著性水平，括号内是聚类在社区层面的标准误。回归采用的是Stata的ivreg2命令。弱工具变量检验分别显示了工具变量t值和Cragg-Donald（C-D）检验的F值（一阶段回归F值），对应的临界值是Stock-Yogo weak ID test critical values：10% maximal IV size=16.38，15% maximal IV size=8.96，20% maximal IV size=6.66，25% maximal IV size=5.53。内生性检验采用ivreg2命令的endog选项，表4-8显示了相应的Durbin-Wu-Hausman检验的chi-sq值以及p值。控制变量与表4-5相同。

4.5 普惠金融对家庭消费的作用机制分析

前文发现，普惠金融对提高家庭消费支出水平以及非食品消费占比有显著的正向影响。本节将继续研究普惠金融对家庭消费影响的作用机制，即普惠金融通过何种途径对家庭消费产生了积极影响。

首先，部分文献认为，我国家庭消费不足的一个重要原因是金融市场不发达导致信贷约束问题严重，家庭无法通过金融市场获得信贷支持，只能依靠自我储蓄来平滑消费，从而降低家庭消费率（张继海 等，2008；马小勇 等，2009；余泉生 等，2014）。普惠金融是为受到金融排斥的家庭提供必要的金融服务，包括提供正规信贷资金。那么，信贷约束状况的缓解就很可能是普惠金融促进家庭消费的重要途径。

其次，收入不确定性对家庭消费的负向影响已经得到文献的支持（万广华 等，2001；罗楚亮，2004；朱信凯，2005；王健宇 等，2010）。如果家庭可以通过金融市场获得信贷资金或保险服务等金融服务支持来应对不确定性，那么家庭消费就可以维持在一定的水平上。但是，如果家庭无法获得金融市场的支持，就只能通过增加自我储蓄来应对不确定性的冲击。此外，万广华等（2001）和朱信凯（2005）还发现，信贷约束和收入不确定性之间的交互影响会进一步加强两者对我国家庭消费的不利影响。那么，普惠金融为家庭提供金融支持，就可能会通过缓解收入不确定性促进我国家庭消费的增长。

4.5.1 降低信贷约束

表4-9对我国家庭的信贷需求情况进行了描述统计。本书根据如下三个标准确定家庭有信贷需求：从银行获得了贷款、从民间得到了借款、目前仍需要贷款。首先，从全国来看，表4-9第（1）列结果显示，20.95%的农业经营家庭有相应的信贷需求，26.23%工商业经营家庭有相应的信贷需求，16.54%的自有住房家庭有相应的信贷需求，11.01%的自有汽车家庭有相应的信贷需求，2.89%的家庭有教育信贷需求以及4.97%的家庭有医疗信贷需求①。整体而言，我国家庭目前的信贷需求主要集中在农工商经营项目上，然后是住房和汽车项目，教育和医疗项目的信贷需求相对较少。其次，分城乡样本来看，第（2）—（3）列结果显示，城市和农村家庭之间的农工商经营信贷需求差异不大，而城市家庭的住房和汽车信贷需求高于农村家庭，农村家庭的教育和医疗信贷需求则高于城市家庭。

表4-9　家庭信贷需求的描述统计

信贷需求	种类	全国	分地区	
		（1）	（2）城市	（3）农村
分类信贷需求	农业经营	0.209 5	0.186 8	0.213 1
	工商业经营	0.262 3	0.253 5	0.280 5
	住房	0.165 4	0.186 1	0.139 5
	汽车	0.110 1	0.097 1	0.142 6
	教育	0.028 9	0.017 4	0.044 8
	医疗	0.049 7	0.027 1	0.080 8
加总信贷需求	农工商经营	0.238 1	0.243 4	0.235 7
	住房和汽车	0.182 6	0.202 9	0.156 9
	教育和医疗	0.073 1	0.041 6	0.116 7
	总体需求	0.291 0	0.252 0	0.344 9

表4-10对我国家庭面临的正规信贷约束情况进行了描述统计。我们根据如下三个标准确定家庭面临的正规信贷约束：已获得的贷款不能满足需求、目

---

① 需要指出的是，住房和汽车项目的信贷需求可能存在低估，主要原因是：问卷设计中只询问了拥有住房和汽车的家庭，而没有询问无住房和无汽车的家庭的信贷情况。但是，考虑到目前我国家庭的自有住房率很高（中国家庭金融调查报告显示，我国自有住房率为89.68%），所以这一指标虽有偏差，但不会太大。

前仍然需要贷款、从民间渠道获得借款。首先，从全国来看，第（1）列结果显示，有农业经营信贷需求的家庭中，87.38%面临正规信贷约束；有工商业经营信贷需求的家庭中，76.38%面临正规信贷约束；有住房信贷需求的家庭中，54.96%面临正规信贷约束；有汽车信贷需求的家庭中，42.87%面临正规信贷约束；有教育和医疗信贷需求的家庭中，分别有81.43%和97.63%面临正规信贷约束。整体而言，在教育和医疗领域，家庭面临着最为严重的正规信贷约束，91.73%的家庭无法通过正规信贷渠道满足信贷需求；然后是农工商经营领域，而住房和汽车领域面临的信贷约束最小。其次，分城乡样本来看，第（2）—（3）列结果显示，无论是农工商经营、住房和汽车购买，还是教育和医疗支出，农村家庭都面临着比城市家庭更为严重的正规信贷约束；但是二者之间的差异在教育和医疗支出上最小，在住房和汽车项目上最大。总体而言，全国层面有70.57%的家庭面临信贷约束，分别是54.14%的城市家庭和87.13%的农村家庭。

表4-10　家庭正规信贷约束描述统计

信贷需求	种类	全国	分地区	
		（1）	（2）城市	（3）农村
分类信贷需求	农业经营	0.873 8	0.866 2	0.874 8
	工商业经营	0.763 8	0.750 2	0.789 0
	住房	0.549 6	0.369 5	0.850 5
	汽车	0.428 7	0.355 1	0.554 3
	教育	0.814 3	0.800 5	0.821 6
	医疗	0.976 3	0.979 1	0.975 0
加总信贷需求	农工商经营	0.832 1	0.774 9	0.859 6
	住房和汽车	0.542 9	0.375 9	0.817 3
	教育和医疗	0.917 3	0.909 7	0.921 1
	总体需求	0.705 7	0.541 4	0.871 3

注：表4-10采用的是在该项目上有信贷需求的样本。以农业经营为例，在有农业经营信贷需求的家庭中，87.38%面临正规信贷约束。

为了避免样本自选择问题导致估计结果出现偏误，我们利用Heckman Probit模型实证估计了普惠金融对家庭正规信贷约束的影响，表4-11显示了相关结果。第（1）—（2）列结果显示，普惠金融能够显著降低家庭在农工商经营、住房和汽车领域面临的正规信贷约束，普惠金融指数每提高1%，家庭在农工商经营上受到正规信贷约束的概率显著下降0.15%，在住房和汽车上受到正规信贷约束的概率显著下降0.42%。第（3）列结果显示，普惠金融指数对教育和医疗领域的正规信贷约束没有显著的影响，表明我国金融行业在解决教育和医疗领域的信贷约束问题上仍有较大空间。第（4）列结果显示，整体而言，普惠金融对家庭信贷约束的边际效应在1%的水平上显著为负，即普惠金融有助于显著降低家庭的信贷约束，普惠金融指数每提高1%，家庭受到正规信贷约束的概率下降0.35%。

表4-11　普惠金融对正规信贷约束的回归结果

变量	信贷约束			
	(1)农工商经营	(2)住房和汽车	(3)教育和医疗	(4)总体约束
普惠金融指数	-0.001 5**	-0.004 2***	0.001 0	-0.003 5***
	(0.000 7)	(0.000 7)	(0.000 9)	(0.000 5)
家庭净资产	-0.002 8**	-0.008 6***	0.000 3	-0.010 0***
	(0.001 3)	(0.001 6)	(0.000 7)	(0.001 2)
家庭纯收入	-0.004 9***	-0.006 8***	-0.004 5**	-0.010 3***
	(0.001 6)	(0.002 5)	(0.001 9)	(0.001 7)
关系指数	0.000 7*	0.000 2	-0.000 5	-0.000 3
	(0.000 4)	(0.000 4)	(0.000 4)	(0.000 3)
家庭抚养比	0.063 9**	0.013 3	0.171 2***	0.066 6***
	(0.029 3)	(0.028 4)	(0.032 0)	(0.021 3)
受教育年限	-0.006 7***	-0.021 1***	-0.005 1***	-0.018 9***
	(0.001 9)	(0.001 9)	(0.001 9)	(0.001 4)
自评健康差	0.076 0***	0.104 0***	0.042 2***	0.140 4***
	(0.017 7)	(0.019 6)	(0.013 8)	(0.015 1)
农村	0.011 5	0.139 9***	0.012 2	0.106 4***
	(0.016 5)	(0.019 1)	(0.016 2)	(0.014 9)
控制变量	已控制	已控制	已控制	已控制
省份固定效应	已控制	已控制	已控制	已控制
观测值	16 476	33 822	36 737	36 740

注：***、**、*分别代表1%、5%以及10%的显著性水平，表中显示的是条件边际效应，括号内是聚类在社区层面的标准误。该表控制变量中不包括民间借贷，其他与表4-5相同。

通过在实证模型中添加普惠金融指数与正规信贷约束的交互项，我们估计了普惠金融是否可以通过缓解正规信贷约束的机制对我国消费产生积极作用，表4-12显示了相关结果。表4-12第（1）—（2）列是基于有信贷需求的家庭样本的回归结果，第（3）—（4）列是基于全样本的回归结果。首先，从第（1）列可知，信贷约束对家庭人均消费支出有显著的负向影响，但是普惠金融指数和信贷约束的交互项显著为正，即随着普惠金融指数的提高，信贷约束对人均消费支出的负向影响逐渐降低，这表明普惠金融有助于缓解信贷约束对我国家庭消费的负向影响。其次，从第（2）列可知，对家庭非食品消费占比而言，普惠金融指数和信贷约束的交互项并不显著。最后，从第（3）—（4）列可知，在控制住家庭信贷需求的情况下，采用全样本估计与采用信贷需求样本估计可以得到类似的结论。总而言之，表4-11和表4-12的结论表明，普惠金融可以通过降低家庭信贷约束的机制促进人均消费支出的增加，但是其对非食品消费占比的影响不显著。

表4-12　正规信贷约束对家庭消费的回归结果

变量	信贷需求样本		全样本	
	(1)消费支出	(2)非食品消费占比	(3)消费支出	(4)非食品消费占比
普惠指数	0.008 9***	0.001 1***	0.013 1***	0.001 5***
	(0.001 1)	(0.000 3)	(0.000 8)	(0.000 2)
信贷约束	-0.233 7***	0.003 7		
	(0.042 0)	(0.010 2)		
普惠指数×信贷约束	0.004 1***	-0.000 2		
	(0.001 3)	(0.000 3)		
信贷约束			-0.150 1***	-0.002 9
			(0.039 7)	(0.009 8)
普惠指数×信贷约束			0.002 8**	-0.000 1
			(0.001 2)	(0.000 3)
信贷需求			0.436 7***	0.065 8***
			(0.035 5)	(0.009 0)
普惠指数×信贷需求			-0.006 7***	-0.000 3
			(0.001 0)	(0.000 2)
控制变量	已控制	已控制	已控制	已控制
农村	已控制	已控制	已控制	已控制
常数项	已控制	已控制	已控制	已控制
省份固定效应	已控制	已控制	已控制	已控制
观测值	10 678	10 678	36 750	36 750
R-squared	0.381 2	0.051 7	0.422 5	0.097 5

注：***、** 分别代表1%和5%的显著性水平，括号内是聚类在社区层面的标准误。为了简化表格，表中将"普惠金融指数"简写为"普惠指数"，将"正规信贷约束"简写为"信贷约束"。表中控制变量不包括民间借贷，其他与表4-5相同。

4.5.2 缓解收入不确定性对家庭消费的负向影响

在本节，我们研究普惠金融是否有助于缓解收入不确定性对家庭消费的不利影响。参考已有文献，本书以收入回归方程的残差平方作为收入不确定性的代理变量（罗楚亮，2004；钱文荣 等，2013）。收入回归方程中，被解释变量包括家庭纯收入，解释变量包括模型（5-2）中的其他家庭特征变量、户主特征变量、农村哑变量以及省份固定效应。

表4-13显示了普惠金融缓解收入不确定性对家庭消费产生的不利影响的估计结果。从第（1）列可知，收入不确定性对家庭消费有显著的负向影响，这与现有文献得到的结论相一致；普惠金融指数与收入不确定性的交互项则显著为正，表明收入不确定性对家庭消费支出的不利影响随着普惠金融水平的提高而降低。从第（2）—（3）列可知，普惠金融指数与收入不确定性的交互项回归系数在非食品消费的回归中更大，即普惠金融的提高更加有助于缓解收入不确定性对家庭非食品消费的不利影响。从第（4）列可知，虽然收入不确定性对家庭非食品消费占比没有显著的影响，但是普惠金融指数与收入不确定性的交互项仍然显著为正，即相比于收入不确定性低的家庭，普惠金融更加有助于提高收入不确定性高的家庭的非食品消费占比。总体而言，本节的研究表明普惠金融可以缓解收入不确定性对家庭消费的不利影响，并且这种积极作用不仅体现在提高家庭消费支出水平上，也体现在改善家庭消费结构上。

表4-13　普惠金融、收入不确定性与家庭消费

变量	消费水平			消费结构
	(1)人均消费	(2)食品消费	(3)非食品消费	(4)非食品消费占比
普惠金融指数	0.008 7***	0.005 5***	0.011 4***	0.001 3***
	(0.000 7)	(0.000 4)	(0.000 6)	(0.000 2)
收入不确定性	−0.021 0***	−0.020 5***	−0.025 8***	−0.001 3
	(0.003 8)	(0.003 1)	(0.004 1)	(0.001 0)
普惠金融指数×	0.000 9***	0.000 5***	0.001 1***	0.000 1***
收入不确定性	(0.000 1)	(0.000 1)	(0.000 1)	(0.000 0)
控制变量	已控制	已控制	已控制	已控制
农村	已控制	已控制	已控制	已控制
省份固定效应	已控制	已控制	已控制	已控制
常数项	已控制	已控制	已控制	已控制
观测值	34 919	34 919	34 919	34 919

表4-13(续)

变量	消费水平			消费结构
	(1)人均消费	(2)食品消费	(3)非食品消费	(4)非食品消费占比
R-squared	0.455 0	0.444 3	0.347 6	0.095 9

注：表中第（2）列和第（3）列是似不相关回归模型得到的估计结果。***代表1%的显著性水平，括号内是聚类在社区层面的标准误。控制变量与表4-5相同。

4.6 稳健性检验

我们在本节通过利用其他方法构建的普惠金融指数、控制其他层面的固定效应、添加社区控制变量以及采取其他方法处理家庭净资产和纯收入变量等方式，对结论进行稳健性检验。

4.6.1 采用其他方法构建的普惠金融指数

本书主要用因子分析法构建的普惠金融指数进行实证分析，我们在此小节对用Sarma2008指数、Sarma2012指数和主成分分析法构建的指数进行稳健性检验。其中，Sarma2008指数度量了现有普惠金融水平与最优点之间的差距；Sarma2012指数既考虑了现有普惠金融水平与最优点之间的差距，也考虑了其与最差点之间的差距。需要说明的是，无论是Sarma（2008）的方法还是Sarma（2012）的方法，在构建普惠金融指数的时候都是对普惠金融的不同维度采取主观赋权方法。鉴于这种主观赋权的方法太过主观，后续的文献大多采用变异系数法或者熵值法进行变量赋权，所以我们也以这两种赋权方法构建了Sarma2008指数和Sarma2012指数。我们还采用了主成分分析法构建普惠金融指数，虽然主成分分析法和因子分析法的内在逻辑不同，但是学者们在实际应用中很少对其进行区别对待。

利用其他普惠金融指数，表4-14显示了普惠金融对家庭人均消费支出的影响的估计结果。第（1）—（2）列结果显示，采用变异系数法赋权的Sarma普惠金融指数对人均消费支出有显著的正向影响，与因子分析法相比，变异系数法指数的回归系数相对较小。从第（3）—（4）列可知，采用熵值法赋权的Sarma普惠金融指数对人均消费支出同样有显著的正向影响，并且熵值法指数和因子分析法指数的回归系数很接近。从第（5）列可知，通过主成分分析法构建的普惠金融指数对人均消费支出也有显著的正向影响，并且回归系数也与利用因子分析法构建的普惠金融指数进行估计时基本相同。

利用其他普惠金融指数，表4-15显示了普惠金融对人均非食品消费占比的影响的估计结果。从第（1）—（2）列可知，根据变异系数法确定变量权重的Sarma普惠金融指数对人均非食品消费占比有显著的正向影响，但是此方法得到的回归系数要小于因子分析法指数的回归系数。从第（3）—（4）列可知，根据熵值法确定变量的Sarma普惠金融指数对人均非食品消费占比也有显著的正向影响，并且熵值法指数和因子分析法指数的回归系数很接近。从第（5）列可知，采取主成分分析法构建的普惠金融指数，对人均非食品消费占比同样有非常显著的正向影响，并且该回归系数也与利用因子分析法构建的普惠金融指数进行估计时大致相等。总体而言，表4-14和表4-15的结论表明，尽管采用不同方法构建普惠金融指数会得到不同的回归系数，但本章结论不变，改善普惠金融状况仍然有助于提高人均消费支出水平和非食品消费占比。

表4-14　其他普惠金融指数对人均消费支出的回归结果

变量	变异系数法		熵值法		主成分分析法
	（1）	（2）	（3）	（4）	（5）
Sarma2012 指数	0.006 8***				
	(0.001 1)				
Sarma2008 指数		0.006 0***			
		(0.001 0)			
Sarma2012 指数			0.013 7***		
			(0.000 6)		
Sarma2008 指数				0.012 0***	
				(0.000 5)	
主成分分析法指数					0.012 1***
					(0.000 7)
控制变量	已控制	已控制	已控制	已控制	已控制
农村	已控制	已控制	已控制	已控制	已控制
省份固定效应	已控制	已控制	已控制	已控制	已控制
常数项	已控制	已控制	已控制	已控制	已控制
观测值	36 864	36 864	36 864	36 864	36 750
R-squared	0.404 8	0.403 6	0.422 5	0.423 8	0.417 1

注：***代表1%的显著性水平，括号内是聚类在社区层面的标准误。控制变量与表4-5相同。

表 4-15　其他普惠金融指数对人均非食品消费占比的回归结果

变量	变异系数法		熵值法		主成分分析法
	（1）	（2）	（3）	（4）	（5）
Sarma2012 指数	0.000 9***				
	(0.000 2)				
Sarma2008 指数		0.000 7***			
		(0.000 2)			
Sarma2012 指数			0.001 9***		
			(0.000 2)		
Sarma2008 指数				0.001 7***	
				(0.000 1)	
主成分分析法指数					0.001 7***
					(0.000 2)
控制变量	已控制	已控制	已控制	已控制	已控制
农村	已控制	已控制	已控制	已控制	已控制
省份固定效应	已控制	已控制	已控制	已控制	已控制
常数项	已控制	已控制	已控制	已控制	已控制
观测值	36 750	36 750	36 750	36 750	36 750
R-squared	0.087 1	0.086 4	0.094 4	0.094 5	0.092 5

注：***代表 1% 的显著性水平，括号内是聚类在社区层面的标准误。控制变量与表 4-5 相同。

4.6.2　控制其他的固定效应

在正文的回归中，我们主要控制的是省份固定效应，这也是目前家庭金融领域比较常规的做法。但是，我国经济发展存在地域差异，即便是同一省份内的不同县市之间也可能存在较大差异，如江苏省内的苏南和苏北差异、广东省内的岭南和岭北差异、省会城市与地级市之间的差异、同省内百强县与非百强县的差异等。鉴于此，我们在本节通过控制县级层面的固定效应和市级层面的固定效应进行稳健性检验，实证估计结果见表 4-16。从第（1）—（2）列可知，在控制了县级层面的固定效应之后，普惠金融指数对人均消费支出和非食品消费占比仍有显著的正向作用，但是回归系数要比控制省份固定效应时略小。从第（3）—（4）列可知，在控制市级层面的固定效应之后，普惠金融指数仍可以显著增加人均消费支出和提高人均非食品消费占比，并且回归系数与控制省份固定效应时基本相同。由此表明，控制不同层级的固定效应，虽然会在一定程度上影响普惠金融指数的回归系数大小，但是不会改变普惠金融可以促进家庭消费的基本结论。

表 4-16　控制其他固定效应

变量	县级固定效应		市级固定效应	
	(1)消费支出	(2)非食品消费占比	(3)消费支出	(4)非食品消费占比
普惠金融指数	0.008 4***	0.001 0***	0.011 4***	0.001 6***
	(0.000 7)	(0.000 2)	(0.000 7)	(0.000 2)
其余控制变量	-0.274 7***	0.038 4***	-0.271 5***	0.049 0***
农村	(0.015 0)	(0.003 7)	(0.016 9)	(0.004 0)
县级固定效应	已控制	已控制	—	—
市级固定效应	—	—	已控制	已控制
常数项	已控制	已控制	已控制	已控制
观测值	36 750	36 750	36 750	36 750
R-squared	0.442 1	0.128 4	0.425 6	0.112 4

注：***代表1%的显著性水平，括号内是聚类在社区层面的标准误。控制变量与表4-5相同。

4.6.3　添加其他社区特征变量

在前文的回归研究中，我们主要控制了家庭特征、户主特征以及农村和省份哑变量。除了普惠金融指数外，其他的一些社区层面特征也可能对家庭消费产生影响。所以，我们在本节通过添加社区收入差距、社区基础设施指数以及社区基层治理指数变量进行稳健性检验。社区收入差距是利用收入基尼系数衡量，社区基础设施指数和社区基层治理指数是利用因子分析法所构建的综合性指数，估计结果见表4-17。首先，从表中可知，控制了这些社区特征之后，普惠金融指数对人均消费支出以及非食品消费占比的系数仍然显著为正，并且系数大小与不控制这些社区特征时相比差异很小，从而证实了本章结论的稳健性。其次，从表4-17中还可得知，社区收入差距会显著降低人均食品消费支出，并显著提高非食品消费占比，改善社区基础设施有助于增加人均消费支出以及提高非食品消费占比，完善社区基层治理不仅有助于增加人均食品消费，也有助增加人均非食品消费，但是对非食品消费占比则没有显著的影响。

表 4-17　添加社区层面的控制变量

变量	消费水平			消费结构
	（1）消费支出	（2）食品消费	（3）非食品消费	（4）非食品消费占比
普惠金融指数	0.011 8 ***	0.007 8 ***	0.015 1 ***	0.001 6 ***
	（0.000 8）	（0.000 4）	（0.000 5）	（0.000 2）
社区收入差距	-0.064 9	-0.238 1 ***	-0.004 2	0.048 4 ***
	（0.061 5）	（0.037 1）	（0.049 4）	（0.014 7）
社区基础设施指数	0.001 1 *	0.000 5	0.002 0 ***	0.000 3 *
	（0.000 65）	（0.000 4）	（0.000 6）	（0.000 17）
社区基层治理指数	0.002 7 ***	0.002 3 ***	0.003 0 ***	0.000 1
	（0.000 6）	（0.000 4）	（0.000 5）	（0.000 2）
控制变量	已控制	已控制	已控制	已控制
农村	已控制	已控制	已控制	已控制
省份固定效应	已控制	已控制	已控制	已控制
常数项	已控制	已控制	已控制	已控制
观测值	36 378	36 378	36 378	36 378
R-squared	0.417 8	0.422 2	0.315 7	0.092 8

注：*** 、* 分别代表1%和10%的显著性水平，括号内是聚类在社区层面的标准误。控制变量与表4-5相同。

4.6.4　采用其他方法处理家庭净资产和纯收入变量

前文中我们采用逆双曲线正弦变换方法处理了家庭净资产和纯收入变量，并结合相关文献阐述了该方法的优点。对于这两个变量的处理，文献中常用的方法是对其进行对数化或者设定哑变量。对数化处理会删除变量值为负数的样本，而设定哑变量虽然不会影响样本大小，但由于将处于某一分位段的样本设定了同样的取值，这样便会损失有效信息。为了检验这些不同的处理办法是否会显著改变本章的结论，我们在本节以变量对数化以及设定哑变量的方式进行稳健性检验，实证分析结果见表4-18。

从表4-18可知：①无论是采用对数化处理方式还是采用哑变量处理方式，普惠金融指数都有助于家庭增加人均消费支出以及提高非食品消费占比。②通过比较回归系数大小可知，对数化处理方式尽管删除了变量值为负的样本，但是普惠金融的回归系数与前文差异不明显；而设定哑变量方式得到的普惠金融系数要小于前文。从变量设定的逻辑上讲，虽然设定哑变量不会删除样本，但是会遗漏更多的样本信息，进而影响普惠金融指数的回归系数。比如说，处于净资产基准组的家庭，低净资产变量的取值都等于 1，但是这些家庭中既有净资产为负数的家庭，也有净资产为正数的家庭；再比如处于净资产最高分位区间的家庭，高净资产变量的取值都等于 1，但是这些家庭中既有净资产上千万元的家庭，也有净资产不足千万元的家庭，显然这些家庭之间有很强的异质性。总体来说，尽管不同处理方法会影响普惠金融指数的回归系数，但也没有显著改变本章结论。

表 4-18　控制其他方法处理的净资产和纯收入变量

变量	对数化处理		哑变量处理	
	(1)消费支出	(2)非食品消费占比	(3)消费支出	(4)非食品消费占比
普惠金融指数	0.010 4 ***	0.001 5 ***	0.008 2 ***	0.001 1 ***
	(0.000 7)	(0.000 2)	(0.000 6)	(0.000 2)
Log（净资产）	0.069 6 ***	0.007 4 ***		
	(0.002 5)	(0.000 6)		
Log（纯收入）	0.047 0 ***	0.003 5 ***		
	(0.002 4)	(0.000 6)		
较低净资产			0.120 1 ***	-0.003 2
			(0.011 6)	(0.003 3)
较高净资产			0.283 3 ***	0.007 3 **
			(0.012 6)	(0.003 5)
高净资产			0.479 6 ***	0.039 3 ***
			(0.015 0)	(0.003 9)
较低纯收入			0.145 3 ***	-0.005 7 *
			(0.011 3)	(0.003 2)
较高纯收入			0.272 4 ***	-0.003 6
			(0.012 1)	(0.003 5)
高纯收入			0.479 9 ***	0.042 9 ***
			(0.014 3)	(0.003 8)
控制变量	已控制	已控制	已控制	已控制
农村	已控制	已控制	已控制	已控制
省份固定效应	已控制	已控制	已控制	已控制
常数项	已控制	已控制	已控制	已控制
观测值	34 821	34 821	36 750	36 750
R-squared	0.452 7	0.098 6	0.464 9	0.104 1

注：***、**、* 分别代表 1%、5% 以及 10% 的显著性水平，括号内是聚类在社区层面的标准误。控制变量与表 4-5 相同。

4.7　本章小节

本章采用中国家庭金融调查 2015 年的数据，实证分析了普惠金融对我国扩大内需及消费升级的影响及其作用机制。研究发现，普惠金融对我国家庭消费有显著的正向影响，普惠金融指数每提高 1% 将促进我国人均消费支出增加 1.20%，人均非食品消费占比增加 0.16%，即普惠金融不仅有助于促进我国扩大内需，还有助于促进消费升级。进一步研究发现，相比于城市家庭，普惠金融更有助于农村家庭增加人均消费支出；相比于不易受到金融排斥的家庭，普惠金融对容易受到金融排斥的家庭有更大的影响。

本章的研究还发现，普惠金融可以通过如下两个渠道对我国家庭消费产生积极影响：一是普惠金融有助于缓解家庭正规信贷约束，二是普惠金融可以缓解收入不确定性对家庭消费的不利影响。考虑了普惠金融指数的内生性问题之后，普惠金融仍然有助于增加人均消费支出和提高非食品消费占比。稳健性检验结果表明，即使采用其他方法构建普惠金融指数、控制其他固定效应、添加社区特征变量以及使用其他方法处理净资产和纯收入变量，本章结论仍然成立。

结合本章的发现，我们提出如下政策建议：第一，大力发展普惠金融是解决我国内需不足的一个重要办法，提高普惠金融发展水平有助于促进家庭增加消费支出和改善消费结构。第二，优化金融网点布局，重点解决农村金融资源流失问题，重点关注受到金融排斥的群体的金融服务需求。第三，鼓励各类金融机构不断创新金融产品和提高金融服务质量，进一步缓解家庭面临的信贷约束，尤其是传统金融机构需要结合自身业务创新金融产品以满足家庭多样化的金融需求，比如创新贷款模式、开发新型保险产品等。第四，持续改善劳动力市场就业环境，创造条件增强中小企业经营活力并稳定宏观经济发展环境，进而降低家庭收入不确定性，避免预防性储蓄动机对扩大内需形成显著的不利影响。第五，鼓励消费金融、互联网金融、科技金融等新型金融机构发展，但同时需要对它们加强监管，以维护金融体系稳定和金融消费者权益。

5 普惠金融与全面建成小康社会：助力脱贫攻坚

5.1 引言

消除贫困、改善民生，逐步实现共同富裕，是我国社会主义制度的本质要求，同时消除贫困也是我国全面建成小康社会最艰巨的任务。此外，已有文献研究发现，贫困对创新潜力和经济增长会产生负向影响（李永友 等，2007；肖挺，2016），并且贫困还存在代际传递现象（林闽钢 等，2012），影响个人认知能力发展（Mani et al., 2013）、风险态度（Mosley et al., 2005）以及时间偏好（Laajaj, 2012）等。但是，截至 2015 年我国仍有较大规模的绝对贫困人口，贫困地区发展缓慢，脱贫人口重新返贫现象也时有发生，贫困问题已成为全面建成小康社会的短板。

为此，我国政府于 2015 年年底提出坚决打赢脱贫攻坚战的决定，目标是到 2020 年农村绝对贫困人口全部脱贫，贫困县全部摘掉贫困帽子，区域性贫困问题得到解决[①]。当时根据国家统计局公布的数据，2014 年我国有 7 017 万农村贫困人口，脱贫任务十分艰巨。图 5-1 利用中国统计年鉴数据绘制了我国农村绝对贫困状况图，从中可知，改革开放以来，我国虽然在不同时期采用了不同的贫困标准，但是农村绝对贫困状况得到了明显改善，绝对贫困发生率大幅下降。

---

① 具体内容见《中共中央 国务院关于打赢脱贫攻坚战的决定》。

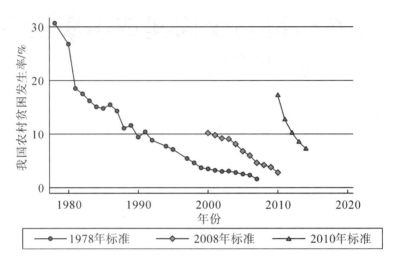

图 5-1　我国农村贫困状况

　　尽管农村绝对贫困问题受到了极大关注，但是也不能忽视城市存在的贫困现象。国有企业改革、社会保障制度不健全、流动人口多等原因，导致我国城市也有很多贫困家庭（李实 等，2002；夏庆杰 等，2007；都阳 等，2007；Park et al.，2010）。世界银行在 2009 年的报告中指出，以每天 2 美元消费标准计算，2003 年我国城市贫困率是 5.7%，大约有 2 010 万城市贫困人口。宋扬和赵君（2015）以每天 1.9 美元收入标准计算得出，2010 年我国城市贫困率是 3.92%，经等值规模调整后降低为 2.05%。2016 年，我国官方扶贫机构的一些负责人也指出，我国有几千万城镇困难户，在未来要将单一农村扶贫向城乡扶贫统筹①。所以，很多学者在研究贫困问题时并未将视角局限在农村贫困问题上，或单独研究城市贫困（张世伟 等，2008；高云虹 等，2011；都阳 等，2014），或将城乡贫困纳入统一范畴进行研究（宋扬 等，2015；郭熙保 等，2016）。鉴于此，本书也将城市家庭纳入研究范围，并且将之与农村家庭进行比较。

　　金融扶贫是重要的扶贫措施。一方面，金融扶贫是我国扶贫战略的重要组成部分，被认为有助于帮助贫困家庭实现脱贫致富。金融扶贫起初以向贫困地区发放贷款为主，但是这种扶贫模式存在贷款规模有限、贷款投向不精准以及贷款使用效率不高等问题（宁爱照 等，2013）。随着国有商业银行的股份制改

---

　　① 具体内容见 http://www.cpad.gov.cn/art/2016/3/18/art_624_46903.html 和 http://www.infzm.com/content/115467/。

革，中国农业银行等机构逐步撤并县域网点，农村信用社类机构向商业化转型，加剧了贫困地区金融资源的流失，造成金融体系难以为贫困地区提供充足的融资支持。另一方面，普惠、高效、稳定的金融体系则有助于降低贫困率和促进经济增长（世界银行，2016）。中国人民银行联合八部委发布的《关于金融助推脱贫攻坚的实施意见》提出，要以发展普惠金融为根基，全力推动贫困地区的金融服务落实到村、到户以及到人。陆磊（2016）指出，大力发展普惠金融是我国当前金融扶贫工作的重点，金融机构不能简单地根据静态贫困进行信贷决策，要注重与贫困人口脱贫致富的长期动态关系。

已有文献虽然研究了金融因素对贫困的影响，但是仍存在不足之处。第一，已有文献主要从金融发展和微型金融的角度出发，从普惠金融角度出发的研究则相对较少（Beck et al.，2007；崔艳娟 等，2012）。金融发展中存在的金融波动和金融资源分配不均等问题，以及微型金融机构主要开展贷款业务、利率过高和可持续经营的问题，使得相关研究并未就金融对贫困的影响得出一致的结论（Akhter et al.，2009；Ghosh，2013）。第二，已有文献主要聚焦于构建地区普惠金融指数和讨论普惠金融发展的地区差异，较少将其与贫困问题联系起来（Beck et al.，2006；Sarma，2008；郭田勇 等，2015；王修华 等，2016）。第三，普惠金融是包括储蓄、信贷、保险与支付的多维度概念，但是现有研究普惠金融对贫困的影响的文献大多从某个单一维度出发，而未将多种维度进行综合考虑（Burgess et al.，2005；Imai et al.，2010）。第四，部分文献虽然指出了普惠金融对贫困可能存在的作用机制，但受限于翔实的微观数据不足，这些研究并未给出严谨的实证分析证据（Jalilian et al.，2002；Marsden et al.，2013）。

为此，本章基于中国家庭金融调查2015年的数据，利用前文构建的普惠金融指数，实证研究普惠金融对我国家庭绝对贫困的影响及其作用机制：第一，采用不同的绝对贫困线计算我国整体贫困率、农村贫困率和城市贫困率，进而描述我国绝对贫困状况；第二，实证分析普惠金融对我国家庭绝对贫困的影响，并进一步考察普惠金融的城乡异质性影响和社区异质性影响；第三，结合我国精准扶贫的现实背景，基于绝对贫困家庭是否属于政府扶贫户进行样本分组，研究普惠金融对不同类别贫困家庭的差异性影响；第四，通过选取合适的工具变量，检验普惠金融指数的内生性，并采用工具变量法重新估计普惠金融对我国家庭绝对贫困的影响；第五，从促进家庭参与工商业经营和参与市场两个方面，讨论并检验普惠金融对家庭绝对贫困的作用机制；第六，通过利用其他贫困线、其他方法构建的普惠金融指数以及控制不同层级的固定效应等方法，为本章结论提供稳健性检验。

研究发现：①采用微观调查数据开展绝对贫困问题的研究时，基于消费贫困标准可以得到与国家统计局大致相同的贫困人口数量，而基于收入标准计算的贫困人口数量则偏差较大；我国在提出打赢脱贫攻坚战之初仍然存在相当数量的贫困人口，并且农村贫困状况比城市更加严重，但也不能忽视城市中存在的贫困问题。②普惠金融有助于降低我国绝对贫困发生率，并且相比于城市家庭，普惠金融对农村家庭有更大的影响；同时相比于贫困程度低的社区家庭，普惠金融对贫困程度高的社区家庭有更大的影响。③相比于得到政府扶持的贫困家庭（扶贫户），普惠金融对没有得到政府扶持的贫困家庭（非扶贫户）有更大的影响，即普惠金融有助于提高扶贫成效。④机制分析结果表明，普惠金融可以通过促进家庭参与工商业经营以及参与市场等渠道对解决我国绝对贫困问题发挥积极作用。⑤采用工具变量法进行估计，以及利用其他贫困线、其他普惠金融指数和控制不同层级的固定效应，可以得到与此一致的研究结论。

本章的主要贡献在于：首先，不同于以往文献从体现金融深度的金融发展和金融自由化等视角出发，本章从体现金融服务广度的普惠金融视角出发，研究了普惠金融对我国家庭绝对贫困的影响。其次，在我国精准扶贫的背景下，考察了普惠金融在精准扶贫中所能发挥的作用。最后，讨论并检验了普惠金融降低家庭绝对贫困发生率的作用渠道，解释了普惠金融为何有助于解决我国绝对贫困问题。

本章后文的结构安排如下：第一节是引言，第二节是数据与模型设定，第三节是普惠金融对家庭贫困的影响估计，第四节是普惠金融与精准扶贫问题研究，第五节是普惠金融指数的内生性问题，第六节是普惠金融对降低家庭贫困的作用机制分析，第七节是稳健性检验，第八节是本章小节。

5.2 数据与模型设定

5.2.1 数据

本章利用中国家庭金融调查 2015 年的数据（CHFS 2015）进行分析。该调查项目采用三阶段分层抽样方法，所抽样本在全国以及省份层面具有代表性（甘犁 等，2013），样本覆盖了全国 29 个省/自治区/直辖市（不含港澳台、新疆和西藏）、363 个县/区/县级市以及 1 439 个社区/村。家庭问卷详细询问了每户家庭的资产与负债、收入与支出、社会保障与商业保险等微观金融信息。删除无效信息样本、相关变量缺失样本以及极端值样本之后，共计剩余 1 362 个社区和 36 750 户家庭。

重要的是，CHFS 2015 社区问卷询问了每个社区的金融机构信息，包括银行网点数量、金融服务点数量、是否有社区/村镇银行及其数量、是否有小额贷款公司及其数量、是否有担保公司及其数量等。这些问题主要反映了金融机构在基层社区的渗透情况，再结合社区内家庭的金融服务使用情况与其对金融服务的满意情况，就可以构建出综合的普惠金融指数。所以，CHFS 2015 数据为我们研究普惠金融对家庭绝对贫困的影响提供了强有力的数据支持。

5.2.2 模型设定

本章主要利用 Probit 模型和 Mlogit 模型进行实证分析。具体而言，本章在研究普惠金融对家庭贫困的影响时利用 Probit 模型，在研究普惠金融与精准扶贫问题时，由于要基于扶贫户身份对贫困家庭进行分类，因此利用 Mlogit 模型。

Probit 模型如式（5-1）：

$$\mathrm{Pr}(\mathrm{Poverty}_{ij} = 1 \mid \mathrm{finclusion}_{\mathrm{index}\,i}, X_{ij}) =$$
$$\beta_0 + \beta_1 \mathrm{finclusion\_index}_i + \beta_2 X_{ij} + \varepsilon_{ij} \qquad (5-1)$$

其中，i 代表社区，j 代表家庭，被解释变量是家庭是否绝对贫困的哑变量，$\mathrm{Poverty}_{ij} = 1$ 表示社区 i 中的家庭 j 是绝对贫困的，解释变量是社区 i 的普惠金融指数 $\mathrm{finclusion\_index}_i$，$X_{ij}$ 是控制变量，包括家庭特征变量（净资产、纯收入、民间借贷、关系指数、家庭规模、家庭抚养比、养老保险和医疗保险）、户主特征变量（受教育年限、性别、年龄、婚姻状态以及自评健康状况）以及农村哑变量和省份固定效应。ε_{ij} 是误差项。

Mlogit 模型如式（5-2）：

$$\mathrm{Pr}(y_{ijk} = k \mid \mathrm{finclusion}_{\mathrm{index}\,i}, X_{ij}) =$$
$$\frac{\exp\left(\beta_{0k} + \beta_{1k} \mathrm{finclusion\_index}_i + \beta_{2k} X_{ij} + \varepsilon_{ijk}\right)}{\sum_{k=0}^{K} \exp\left(\beta_{0k} + \beta_{1k} \mathrm{finclusion\_index}_i + \beta_{2j} X_{ij} + \varepsilon_{ijk}\right)} \qquad (5-2)$$

其中，i 代表社区，j 代表家庭，$k = 0$ 表示非绝对贫困家庭，$k = 1$ 表示是绝对贫困家庭并且是政府扶贫户，$k = 2$ 表示是绝对贫困家庭但不是政府扶贫户。$\mathrm{finclusion\_index}_i$ 和 X_{ij} 分别是普惠金融指数和相关控制变量。

5.2.3 贫困指标和贫困现状

我们在本章主要利用世界银行基于消费定义的绝对贫困指标，分别是人均日消费 1.9 美元和人均日消费 3.1 美元两个标准。世界银行在 2015 年根据各国购买力平价，将极端贫困线从 1.25 美元上调至 1.9 美元，将根据发展中国家人均消费中位数确定的贫困线从 1.9 美元上调至 3.1 美元。根据世界银行公布的购买力平价数据和国家统计局公布的 CPI 数据计算之后，1.9 美元消费/天折算为 2014 年消费 2 611 元，3.1 美元消费/天折算为 2014 年消费 4 260 元①。我们根据世界银行的消费标准定义家庭贫困是因为：①微观调查数据中收入数据存在较大的偏差，而消费数据偏差相对较小，并且消费可以更好地反映家庭的福利得失（Deaton，1981）；②我国官方只公布了农村贫困线，缺少统一的城市贫困标准，不易将城乡贫困问题纳入统一范畴。

在稳健性检验中，我们采用国家贫困线定义农村家庭绝对贫困，以低保标准定义城市家庭绝对贫困。我国官方只公布了农村绝对贫困线，以 2010 年不变价 2 300 元计算，2014 年农村绝对贫困线大致是 2 800 元。需要指出的是，世界银行是基于消费定义绝对贫困标准，而我国则是基于收入定义农村绝对贫困线。

表 5-1 描述了我国家庭的绝对贫困状况。从表 5-1 中可知，采用世界银行 1.9 美元贫困标准，我国截至 2015 年年初仍有 6.75% 的绝对贫困家庭②；鉴于 1.9 美元只是世界银行定义的极端贫困标准，将贫困标准提高到 3.1 美元之后，我国则有 14.69% 的绝对贫困家庭。分城乡来看，农村地区的贫困问题要比城市严重，但不能忽视城市中存在的绝对贫困问题。具体而言，基于 1.9 美元贫困标准，我国农村贫困家庭占比 12.32%，城市贫困家庭占比是 2.71%；基于 3.1 美元贫困标准，我国农村贫困家庭占比 27.03%，城市贫困家庭占比是 5.73%。

通过表 5-1 中的贫困发生率，我们可以计算出基于 CHFS 数据得到的绝对贫困人口数量，进而与国家统计局公布的数据进行比较。由于我国官方只公布了农村贫困数据，我们就以农村样本展开分析。计算方法是：CHFS 农村绝对

---

① 购买力平价数据来源于世界银行，CPI 数据来源于国家统计局，2011 年的购买力平价是 1 美元等于 3.506 元人民币。

② 该表中的贫困率是以家庭为单位计算的，而非以人口为单位。

贫困人口数=农村家庭总户数×CHFS 农村家庭绝对贫困发生率×CHFS 农村每户人口数[1]。据此方法，1.9 美元贫困标准下我国的农村绝对贫困人口大约是 7 840 万人，比我国官方公布的数字大约多 800 万，但总体上相差不大，这契合了 Deaton（1981）提到的观点，即微观调查中应尽可能采用消费数据定义贫困和衡量家庭福利。

表 5-1　贫困状况的描述统计

区域	不同贫困线		
	（1）1.9 美元贫困标准	（2）3.1 美元贫困标准	（3）国贫收入标准
全国	0.067 5	0.146 9	0.196 0
城市	0.027 1	0.057 3	0.151 7
农村	0.123 2	0.270 3	0.257 2
东部	0.053 2	0.111 9	0.176 0
中部	0.079 3	0.182 4	0.193 2
西部	0.084 6	0.180 6	0.241 0

尽管我国官方尚没有统一的城市贫困数据，但是按照上述方法，可以计算出基于 CHFS 数据得到的我国城市绝对贫困人口数量。计算方法是：CHFS 城市绝对贫困人口数=城市家庭总户数×CHFS 城市家庭绝对贫困发生率×CHFS 城市每户人口数[2]。据此可得，在 1.9 美元贫困标准下我国城市绝对贫困人口大约为 1 995 万。世界银行 2009 年报告显示，在每天 2 美元标准下，2003 年我国城市贫困率是 5.7%，贫困人口大约是 2 000 万。与世界银行数据进行比较可知，尽管最近十多年来我国城市的绝对贫困率有所下降，但是绝对贫困人口数量并未显著降低。

在表 5-1 第（3）列，我们基于国家 2 800 元的人均年收入定义了农村绝对贫困标准，基于家庭所在社区/县定义了城市绝对贫困标准。结果显示，我国农村的家庭贫困率是 25.72%，与国家统计局公布的数据相差较大。造成该结果的原因，一方面可能是国家统计局与 CHFS 的收入口径不完全一致；另一方面也可能是微观家庭调查中收入数据存在较大偏差，受访者（尤其是高收

---

　　[1]　农村家庭总户数=CHFS 样本农村家庭占比×全国家庭总户数。国家统计局公布的《2015 年全国 1%人口抽样调查主要数据公报》显示，我国共有大约 40 947 万户。CHFS 数据显示，平均每户农村家庭有 3.7 人。

　　[2]　城市家庭总户数=CHFS 样本城市家庭占比×全国家庭总户数。CHFS 数据显示，平均每户城市家庭有 3.1 人。

入家庭）出现低报或瞒报收入的情况。鉴于此，我们在本章主要利用世界银行的消费贫困标准进行分析，而利用国家的收入贫困标准进行稳健性检验。

在图5-2中，我们对普惠金融指数进行四等分，分组描述了我国家庭的绝对贫困状况。结果显示，普惠金融与绝对贫困发生率负相关，随着普惠金融指数的提高，贫困发生率显著下降。在1.9美元贫困标准下，普惠金融指数最低组中有14%的贫困家庭，第二组中有9%的贫困家庭，第三组中有3%的贫困家庭，而在普惠金融指数最高组中则只有2%的贫困家庭。在3.1美元贫困标准下，可以得到类似的结果，普惠金融指数最低组中有30%的贫困率，最高组中则只有3%的贫困率。

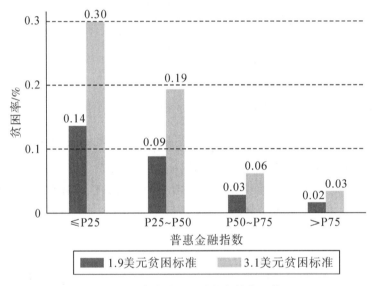

图5-2　普惠金融不同分位段的贫困状况

5.2.4　变量描述统计

表5-2对模型控制变量进行了描述统计。基于1.9美元贫困标准，我们将样本分为非贫困家庭和贫困家庭，并对两组家庭的变量进行了比较。整体而言，除了户主婚姻状况外，贫困家庭的状况都要显著差于非贫困家庭。从家庭特征来看，贫困家庭的净资产、纯收入、关系指数、养老保险及医疗保险变量都要显著小于非贫困家庭，而贫困家庭则更需要通过民间借贷获得融资支持，家庭规模以及家庭抚养比也要显著大于非贫困家庭；在户主特征中，贫困家庭的户主平均是小学文化，而非贫困家庭的户主平均是初中文化；贫困家庭的户主平均年龄约是58.6岁，非贫困家庭的户主平均年龄约是52.6岁；贫困家庭

中 27.35%的户主认为自己的身体状况不好或非常不好,而非贫困家庭中有 15.97%的户主认为自己的身体状况不好或非常不好。

表 5-2 控制变量的描述统计

变量	1.9 美元贫困标准			
	非贫困家庭	贫困家庭	t-value	p-value
家庭特征				
家庭净资产	11. 972 9	9. 612 9	22. 232 1	0
家庭纯收入	10. 613 7	9. 582 5	14. 515 6	0
民间借贷	0. 193 9	0. 238 6	−5. 409 4	0
关系指数	17. 709 9	15. 298 7	7. 660 4	0
养老保险	0. 841 1	0. 771 9	9. 021 7	0
养老保险账户余额	3. 444 4	2. 835 6	7. 401 0	0
医疗保险	0. 934 7	0. 902 4	6. 209 8	0
医疗保险账户余额	2. 473 8	1. 520 2	14. 390 7	0
家庭规模	3. 311 1	4. 151 8	−25. 952 3	0
家庭抚养比	0. 296 4	0. 380 4	−12. 651 9	0
户主特征				
受教育年限	9. 494 2	6. 553 0	34. 775 3	0
男性	0. 752 1	0. 828 9	−8. 644 0	0
年龄	52. 636 2	58. 636 1	−20. 988 7	0
已婚	0. 851 2	0. 849 4	0. 247 3	0. 804 7
自评健康差	0. 159 7	0. 273 5	−14. 732 9	0

注:我们删除了一些变量的极端值,包括家庭规模大于 10 的样本,户主年龄小于 18 岁和大于 85 岁的样本。

5.3 普惠金融对家庭贫困的影响估计

5.3.1 普惠金融对家庭贫困的影响

本书采用 Probit 模型进行实证分析,表 5-3 显示了普惠金融对家庭绝对贫困的影响的估计结果。第(1)—(2)列显示,在控制了家庭特征、户主特征以及地区哑变量之后,普惠金融指数对家庭绝对贫困的边际效应显著为负,普惠金融指数每提高1%，家庭在1.9美元贫困标准下发生贫困的概率显著下降0.13%，在3.1美元贫困标准下发生贫困的概率显著下降0.26%。第(3)—(4)列显示，添加了社区特征变量之后，普惠金融指数对家庭绝对贫困的影响仍然存在，边际效应虽有减小，但是变化不大。整体而言，普惠金融可以显著降低我国家庭绝对贫困发生率，推动普惠金融发展有助于改善我国的绝对贫困状况。

表5-3 普惠金融对家庭贫困的回归结果

变量	未控制社区变量		控制社区变量	
	(1)1.9美元 贫困标准	(2)3.1美元 贫困标准	(3)1.9美元 贫困标准	(4)3.1美元 贫困标准
普惠金融指数	−0.001 3***	−0.002 6***	−0.001 2***	−0.002 4***
	(0.000 3)	(0.000 4)	(0.000 3)	(0.000 4)
家庭净资产	−0.002 8***	−0.004 4***	−0.002 8***	−0.004 3***
	(0.000 2)	(0.000 3)	(0.000 2)	(0.000 3)
家庭纯收入	−0.002 1***	−0.004 5***	−0.001 9***	−0.004 3***
	(0.000 3)	(0.000 4)	(0.000 3)	(0.000 4)
民间借贷	−0.025 7***	−0.037 7***	−0.025 6***	−0.038 7***
	(0.003 4)	(0.004 4)	(0.003 4)	(0.004 4)
关系指数	−0.000 4***	−0.000 4***	−0.000 3***	−0.000 4***
	(0.000 1)	(0.000 1)	(0.000 1)	(0.000 1)
养老保险	−0.005 6	−0.013 4***	−0.004 6	−0.012 8**
	(0.003 6)	(0.005 1)	(0.003 6)	(0.005 1)
养老保险账户余额	−0.002 2***	−0.001 8***	−0.002 2***	−0.001 8***
	(0.000 4)	(0.000 5)	(0.000 4)	(0.000 5)
医疗保险	−0.028 7***	−0.044 6***	−0.029 1***	−0.044 7***
	(0.004 7)	(0.006 7)	(0.004 7)	(0.006 7)
医疗保险账户余额	−0.001 7***	−0.004 5***	−0.001 6***	−0.004 2***
	(0.000 5)	(0.000 7)	(0.000 5)	(0.000 7)
家庭规模	0.023 5***	0.042 2***	0.023 4***	0.042 5***
	(0.002 8)	(0.004 0)	(0.002 8)	(0.004 0)
家庭规模平方	−0.000 8***	−0.001 2***	−0.000 8***	−0.001 2***
	(0.000 3)	(0.000 4)	(0.000 3)	(0.000 4)
家庭抚养比	0.005 6	0.025 9***	0.004 3	0.025 3***
	(0.004 8)	(0.006 7)	(0.004 8)	(0.006 7)

表5-3(续)

变量	未控制社区变量		控制社区变量	
	(1)1.9美元 贫困标准	(2)3.1美元 贫困标准	(3)1.9美元 贫困标准	(4)3.1美元 贫困标准
受教育年限	−0.003 7***	−0.006 7***	−0.003 6***	−0.006 6***
	(0.000 4)	(0.000 6)	(0.000 4)	(0.000 6)
男性	0.005 9	0.013 4***	0.006 1*	0.012 7**
	(0.003 6)	(0.005 1)	(0.003 6)	(0.005 1)
年龄	0.001 7**	0.003 7***	0.001 6**	0.003 6***
	(0.000 8)	(0.001 1)	(0.000 8)	(0.001 1)
年龄平方	−0.000 0	−0.000 0	−0.000 0	−0.000 0
	(0.000 0)	(0.000 0)	(0.000 0)	(0.000 0)
已婚	−0.012 7***	−0.020 7***	−0.012 7***	−0.021 1***
	(0.004 0)	(0.005 5)	(0.003 9)	(0.005 5)
自评健康差	0.008 2***	0.014 2***	0.008 2***	0.014 4***
	(0.003 1)	(0.004 1)	(0.003 1)	(0.004 1)
收入差距			0.063 7***	0.067 2***
			(0.015 4)	(0.022 0)
基础设施指数			−0.000 3	−0.000 1
			(0.000 3)	(0.000 5)
基层治理指数			−0.000 4**	−0.000 6**
			(0.000 2)	(0.000 2)
农村	0.037 2***	0.087 2***	0.031 9***	0.082 3***
	(0.004 9)	(0.006 8)	(0.005 0)	(0.007 0)
省份固定效应	已控制	已控制	已控制	已控制
观测值	36 750	36 750	36 460	36 460

注：***、**、*分别代表1%、5%和10%的显著性水平，表中显示的是边际效应，括号内是标准误。

从表5-3中第（1）—（2）列我们发现与文献相一致的结论。比如，家庭净资产、家庭纯收入、关系指数对家庭绝对贫困有显著的负向影响，获得民间贷款使家庭发生绝对贫困的概率下降了2.57%，参与医疗保险使家庭发生绝对贫困的概率显著下降2.87%，受教育年限每增加一年则使家庭发生绝对贫困的概率下降0.37%，已婚也会显著降低家庭发生绝对贫困的概率，自评健康差则会显著提高家庭发生绝对贫困的概率。与城市家庭相比，农村家庭发生绝对贫困的概率更高。从第（3）—（4）列我们还发现，收入差距对家庭绝对贫困有显著的正向影响，即收入差距的扩大不利于我国完成脱贫攻坚的目标；基层治理指数对家庭贫困则有显著的负向影响，即改善基层治理有助于改善我国绝对贫困状况。

5.3.2　普惠金融对家庭贫困的城乡异质性影响

我国农村和城市都存在一定规模的绝对贫困人口。但不可否认的是，二者之间存在差异。首先，城市和农村的致贫因素不尽相同。农村贫困的原因包括自然条件恶劣、基础设施落后等导致家庭无法参与市场（章元 等，2009），农村地区教育和医疗条件差等导致家庭缺少足够的教育和医疗资源（程名望 等，2014）；而城市贫困的原因包括国有企业改革导致大量工人下岗失业，经济发展不平衡导致发展慢的地区和行业收入更低，社会保障程度不够以及城市中存在着大量流动人口等（李实 等，2002；Park et al., 2007；姚毅 等，2010；李晓红，2010；梁汉媚 等，2011）。其次，普惠金融发展状况在城乡之间存在差异，农村地区普惠金融发展状况要明显落后于城市地区。最后，城乡之间的经济发展水平、增长模式以及产业结构等存在差异，制度环境和关系网络也不尽相同，这就很可能导致同一个因素对城乡贫困的影响并不相同。

鉴于此，本节分样本研究普惠金融对家庭绝对贫困的影响是否存在城乡异质性。采用式（5-1）所示的 Probit 模型，以 1.9 美元贫困标准为例，实证估计结果见表 5-4。第（1）—（2）列结果显示，无论是城市还是农村，普惠金融对家庭绝对贫困都有显著的负向影响，但是普惠金融指数对农村绝对贫困的边际效应更强。具体而言，普惠金融指数每提高 1%，农村家庭发生绝对贫困的概率显著下降 0.31%，而城市家庭发生绝对贫困的概率则显著下降 0.05%。与之类似，其他控制变量也大多对农村绝对贫困的影响更大，比如民间借贷对农村家庭的边际效应是 -4.35%，对城市家庭的边际效应则是 -1.27%，关系指数只对农村家庭有显著的负向影响而对城市家庭则没有帮助。第（3）—（4）列结果显示，在控制了一些社区特征变量之后，普惠金融仍然有助于降低城乡家庭发生绝对贫困的概率，并且对农村家庭的边际效应更强。此外，估计结果还显示：收入差距对城乡绝对贫困都有显著的不利影响，收入差距扩大既不利于农村减贫也不利于城市减贫；基层治理指数只对改善农村绝对贫困有积极的影响，即改善农村基层治理状况有助于农村地区脱贫目标的实现。

表 5-4　普惠金融对家庭贫困的城乡分组回归

变量	未控制社区变量		控制社区变量	
	（1）农村	（2）城市	（3）农村	（4）城市
普惠金融指数	-0.003 1***	-0.000 5***	-0.002 8***	-0.000 5***
	(0.000 8)	(0.000 1)	(0.000 8)	(0.000 1)
家庭净资产	-0.004 2***	-0.001 8***	-0.004 1***	-0.001 8***
	(0.000 4)	(0.000 2)	(0.000 4)	(0.000 2)
家庭纯收入	-0.002 5***	-0.001 7***	-0.002 2***	-0.001 5***
	(0.000 6)	(0.000 3)	(0.000 6)	(0.000 3)
民间借贷	-0.043 5***	-0.012 7***	-0.043 4***	-0.013 2***
	(0.006 4)	(0.003 6)	(0.006 4)	(0.003 6)
关系指数	-0.000 8***	-0.000 1	-0.000 8***	-0.000 1
	(0.000 2)	(0.000 1)	(0.000 2)	(0.000 1)
养老保险	-0.010 1	-0.001 8	-0.009 2	-0.000 9
	(0.007 7)	(0.003 1)	(0.007 8)	(0.003 1)
养老保险账户余额	-0.003 2***	-0.001 4***	-0.003 3***	-0.001 4***
	(0.000 8)	(0.000 3)	(0.000 8)	(0.000 3)
医疗保险	-0.046 4***	-0.013 6***	-0.047 8***	-0.014 0***
	(0.010 6)	(0.003 4)	(0.010 7)	(0.003 4)
医疗保险账户余额	-0.001 3	-0.001 6***	-0.001 0	-0.001 5***
	(0.001 0)	(0.000 4)	(0.001 0)	(0.000 4)
家庭规模	0.039 0***	0.012 7***	0.038 6***	0.012 7***
	(0.005 8)	(0.002 6)	(0.005 8)	(0.002 6)
家庭规模平方	-0.001 4**	-0.000 5	-0.001 3**	-0.000 5*
	(0.000 6)	(0.000 3)	(0.000 6)	(0.000 3)
家庭抚养比	0.013 5	0.000 3	0.010 8	-0.000 4
	(0.009 7)	(0.004 3)	(0.009 7)	(0.004 3)
受教育年限	-0.005 9***	-0.001 8***	-0.005 9***	-0.001 7***
	(0.000 8)	(0.000 3)	(0.000 8)	(0.000 3)
男性	-0.002 8	0.006 9***	-0.002 0	0.006 7**
	(0.008 0)	(0.002 7)	(0.008 2)	(0.002 6)
年龄	0.002 3	0.001 2**	0.002 0	0.001 2*
	(0.001 7)	(0.000 6)	(0.001 8)	(0.000 6)
年龄平方	0.000 0	-0.000 0	0.000 0	-0.000 0
	(0.000 0)	(0.000 0)	(0.000 0)	(0.000 0)

表5-4(续)

变量	未控制社区变量		控制社区变量	
	(1) 农村	(2) 城市	(3) 农村	(4) 城市
已婚	-0.014 3*	-0.009 0***	-0.014 7*	-0.009 0***
	(0.008 3)	(0.003 3)	(0.008 3)	(0.003 3)
自评健康差	0.013 7**	0.003 4	0.014 1**	0.003 2
	(0.006 1)	(0.003 0)	(0.006 1)	(0.002 9)
收入差距			0.062 6*	0.051 2***
			(0.032 2)	(0.014 4)
基础设施指数			-0.001 2	0.000 1
			(0.000 7)	(0.000 2)
基层治理指数			-0.000 9**	-0.000 2
			(0.000 4)	(0.000 1)
省份固定效应	已控制	已控制	已控制	已控制
观测值	15 465	21 285	15 195	21 265

注: ***、**、*分别代表1%、5%和10%的显著性水平,表中显示的是边际效应,括号内是标准误。

5.3.3 普惠金融对家庭贫困的社区异质性影响

社区是我国基层治理单位,实践中很多政策是从社区层面落实到每个家庭的。但是,不同社区之间存在较强的异质性,有的社区绝对贫困问题比较严重,有的社区则绝对贫困问题比较小。如果家庭所处社区的整体贫困状况比较严重,可能更加不利于家庭实现脱贫。所以,对于处在不同贫困状况社区的家庭而言,普惠金融所发挥的作用可能存在差异。我国推行普惠金融的目的是通过金融服务使得经济实现包容性发展,如果普惠金融能够帮助处于贫困状况更严重的社区的家庭摆脱贫困,由此就可以更好地体现普惠金融的服务弱势群体的价值所在和提高金融服务实体经济的能力。

鉴于此,我们首先定义反映社区绝对贫困状况的指标。具体地,我们采用Foster 等(1984)提出的FGT指数刻画社区贫困状况,包括贫困率、贫困距以及贫困平方距,具体见公式(5-3)。其中,n 是社区家庭数量,q 是社区内绝对贫困家庭的数据,z 是绝对贫困线,y 是家庭消费。参数 α 是贫困厌恶程度:α 取值0是社区贫困率;取值1是社区贫困距,代表社区贫困深度;取值2是社区贫困距的平方,代表社区贫困强度。

$$P_{\alpha}(y;\ z) = \frac{1}{n}\sum_{i=1}^{q}\left(\frac{z - y_i}{z}\right)^{\alpha} \tag{5-3}$$

表5-5是社区绝对贫困状况的描述性统计结果。其中，第（1）列结果显示，我国社区层面的贫困率是8.19%、贫困距是3.13%、贫困平方距是1.76%。第（2）—（3）列结果还显示，我国农村社区绝对贫困状况要比城市社区更加严重，但是我国城市社区也存在一定的绝对贫困问题。

表5-5　社区贫困状况的描述统计

指标	（1）全国	（2）城市	（3）农村
贫困率	0.081 9	0.031 2	0.128 0
贫困距（贫困深度）	0.031 3	0.013 0	0.047 9
贫困平方距（贫困强度）	0.017 6	0.008 3	0.026 0

基于社区贫困指标的均值，我们对样本进行了分组，以反映社区不同的绝对贫困状况。表5-6显示了在绝对贫困状况不同的社区，普惠金融对家庭绝对贫困的异质性影响。首先，从第（1）—（2）列可知，在高贫困率社区，普惠金融指数可以显著降低家庭发生绝对贫困的概率，但是其在低贫困率社区的影响不显著。其次，从第（3）—（6）列可知，无论是在贫困距、贫困平方距高的社区，还是在贫困距、贫困平方距低的社区，普惠金融指数对家庭绝对贫困都有显著的负向影响。但是通过比较不同子样本的边际效应可知，普惠金融指数在贫困距、贫困平方距高的社区有更大的边际效应。以贫困距而言，在高贫困距社区，普惠金融指数对家庭贫困的边际效应是-0.001 9；在低贫困距社区，普惠金融对家庭贫困的边际效应则只有-0.000 2。最后，从第（7）—（12）列可知，利用3.1美元的绝对贫困标准可以得到与1.9美元绝对贫困标准基本一致的结论。

表5-6　普惠金融对家庭贫困的社区分组回归

变量	1.9美元贫困率		1.9美元贫困距		1.9美元贫困平方距	
	（1）高	（2）低	（3）高	（4）低	（5）高	（6）低
普惠金融指数	-0.001 3 ***	-0.000 0	-0.001 9 ***	-0.000 2 **	-0.001 9 ***	-0.000 4 ***
	(0.000 5)	(0.000 1)	(0.000 5)	(0.000 1)	(0.000 5)	(0.000 2)
控制变量	已控制	已控制	已控制	已控制	已控制	已控制
农村	已控制	已控制	已控制	已控制	已控制	已控制
省份固定效应	已控制	已控制	已控制	已控制	已控制	已控制
观测值	11 941	24 809	12 443	24 307	11 855	24 895

表5-6(续)

变量	3.1 美元贫困率		3.1 美元贫困距		3.1 美元贫困平方距	
	(7) 高	(8) 低	(9) 高	(10) 低	(11) 高	(12) 低
普惠金融指数	-0.003 3***	-0.000 2*	-0.003 3***	-0.000 5***	-0.003 5***	-0.000 9***
	(0.001 0)	(0.000 1)	(0.000 7)	(0.000 2)	(0.000 6)	(0.000 2)
控制变量	已控制	已控制	已控制	已控制	已控制	已控制
农村	已控制	已控制	已控制	已控制	已控制	已控制
省份固定效应	已控制	已控制	已控制	已控制	已控制	已控制
观测值	13 923	22 827	12 955	23 795	12 530	24 220

注: ***、**、*分别代表1%、5%和10%的显著性水平,表中显示的是边际效应,括号内是标准误。控制变量与表5-3前两列相同。

5.4 普惠金融与精准扶贫问题研究

我国自改革开放以来实施了一系列扶贫脱贫政策,包括输血式扶贫、开发式扶贫以及公共转移支付等,但是已有研究表明,有些扶贫政策存在着瞄准失误(都阳 等,2007;李佳路,2010)或者精英俘获(胡联,2015)等问题,一些非贫困家庭获得了针对贫困家庭的政策优惠或政府转移支付,一部分真正贫困的家庭却并未获得。为此,我国政府在脱贫攻坚时期制定并实施了精准扶贫战略,以期通过精准扶贫方式引导扶贫资源真正流向贫困村和贫困户,并最终提高扶贫成效[1]。为此,我们在本节研究普惠金融是否可以在精准扶贫中发挥一定的作用。首先,讨论绝对贫困家庭是否属于政府扶贫户的影响因素,用以分析扶贫精准性问题;其次,基于贫困家庭是否属于政府扶贫户来进行分组估计,研究普惠金融对不同类别贫困家庭的差异性影响,用以说明普惠金融在我国精准扶贫中可以发挥的作用。

CHFS 2015 问卷询问了受访户“您家是否为贫困户”。此处的贫困户是指需要经过基层民主评议、当地政府的审核,可以获得政府帮扶的家庭,其中既包括我国官方所说的贫困户也包括低保户和五保户等。为了行文方便,我们在本书中将该问题回答“是贫困户”的家庭统称为“政府扶贫户”,以反映他们

---

[1] 精准扶贫的官方文件包括《中共中央 国务院关于打赢脱贫攻坚战的决定》以及《建立精准扶贫工作机制实施方案》等。

的贫困身份经过了基层民主评议和当地政府的审核。关于该问题，CHFS 2015 共计回收了大约 2 万户家庭的有效数据，所以本节也基于这 2 万户家庭进行实证分析。

5.4.1 扶贫户的影响因素分析

基于贫困家庭样本，本节采用 Probit 模型分析绝对贫困家庭是否属于政府扶贫户的影响因素。根据贫困家庭是否属于政府扶贫户，我们将贫困家庭分为如下两类：第一类样本家庭 i 是基于绝对贫困标准界定的贫困家庭，而且还是经过了基层评议和政府审核的扶贫户，将其记为"扶贫户"；第二类样本家庭 i 同样是基于绝对贫困标准界定的贫困家庭，但并不是政府扶贫户，将其记为"非扶贫户"。实证模型设定中，被解释变量是"扶贫户"的哑变量，如果是扶贫户取值 1，否则取值 0；解释变量包括式（5-1）中的家庭特征、户主特征以及地区哑变量。

实证估计结果见表 5-7。第（1）列采用了 1.9 美元贫困标准下的贫困家庭样本，第（2）列采用了 3.1 美元贫困标准下的贫困家庭样本。从中可知，家庭净资产、受教育年限以及已婚等变量的边际效应显著为负，而自评健康差的边际效应显著为正，反映了经过民主评议和政府审核的扶贫户认定具有公正性和合理性。但是，表 5-7 中估计结果还显示，关系指数对贫困家庭成为扶贫户具有显著的正向影响，关系指数每提高 1%，贫困家庭成为扶贫户的概率显著增加 4.26%，即关系越多的贫困家庭越有可能成为扶贫户，这也反映了扶贫认定工作仍有改进空间。整体而言，当前精准扶贫下我国扶贫户认定具备精准性，能够反映贫困家庭的资产、教育和健康等信息，但是绝对贫困家庭能否成为政府扶贫户进而获得政府扶贫支持，除了自身禀赋因素外，也会依赖于家庭关系网络。

表 5-7 扶贫户的影响因素

变量	1.9 美元贫困标准下的样本 (1)	3.1 美元贫困标准下的样本 (2)
家庭净资产	−0.002 6**	−0.003 0***
	(0.001 2)	(0.000 8)
家庭纯收入	−0.002 5	−0.000 5
	(0.001 9)	(0.001 2)
民间借贷	0.001 2**	0.001 4***
	(0.000 5)	(0.000 4)

表5-7(续)

变量	1.9美元贫困标准下的样本 (1)	3.1美元贫困标准下的样本 (2)
关系指数	0.042 6 **	0.024 5 **
	(0.017 4)	(0.011 6)
养老保险	-0.014 0	-0.039 8 ***
	(0.019 3)	(0.013 4)
养老保险账户余额	-0.000 9	0.000 1
	(0.002 4)	(0.001 6)
医疗保险	-0.049 6 *	-0.018 1
	(0.027 9)	(0.019 0)
医疗保险账户余额	-0.001 2	-0.001 9
	(0.003 0)	(0.002 0)
家庭规模	-0.012 5	-0.028 8 ***
	(0.016 3)	(0.011 1)
家庭规模平方	0.000 7	0.002 4 **
	(0.001 6)	(0.001 1)
家庭抚养比	0.033 5	0.032 2 *
	(0.029 7)	(0.019 2)
受教育年限	-0.006 5 ***	-0.008 0 ***
	(0.002 1)	(0.001 5)
男性	0.031 1	0.039 8 ***
	(0.020 7)	(0.015 0)
年龄	-0.009 2 **	-0.004 1
	(0.004 5)	(0.003 0)
年龄平方	0.000 1 **	0.000 0
	(0.000 0)	(0.000 0)
已婚	-0.054 9 **	-0.043 2 ***
	(0.022 6)	(0.015 2)
自评健康差	0.075 0 ***	0.061 7 ***
	(0.016 2)	(0.011 3)
农村	0.128 0 ***	0.095 1 ***
	(0.024 2)	(0.018 0)
省份固定效应	已控制	已控制
观测值	2 435	5 356

注：***、**、*分别代表1%、5%和10%的显著性水平，表中显示的是边际效应，括号内是标准误。

5.4.2 普惠金融对扶贫户和非扶贫户的差异性影响

精准扶贫作为我国脱贫攻坚的重要举措,旨在解决以往扶贫实践中存在的瞄准失误和精英俘获等问题。与此同时,普惠金融作为我国脱贫攻坚的重要支撑保障,在我国精准扶贫中可以发挥何种作用,能否促进精准扶贫、提高扶贫成效是我们关心并试图进一步回答的问题。为此,我们基于"是否属于政府扶贫户"对绝对贫困家庭进行分组,分析普惠金融对不同绝对贫困家庭是否存在差异性影响。如果普惠金融对非扶贫户可以发挥更大的影响,那么反映了推行普惠金融不仅可以直接对解决绝对贫困问题发挥积极作用,还可以缓解政府转移支付过程中存在的瞄准失误和精英俘获等问题,从而能够提高扶贫效率。

就实证分析而言,本节将家庭分为三类样本。其中,第一类是依据消费标准定义的非贫困家庭,记为"非贫困家庭";第二类是依据消费标准定义的绝对贫困家庭,并且是经过民主评议和政府审核的贫困户,记为"扶贫户";第三类是依据消费标准定义的绝对贫困家庭,但并不是经过民主评议和政府审核的贫困户,记为"非扶贫户"。

本书利用式(5-2)多元 Logit 模型估计普惠金融对扶贫户和非扶贫户是否存在差异性影响,表5-8 显示了相关估计结果。从表5-8 中可知,在控制了相应的家庭特征和户主特征之后,相比于政府扶贫户,普惠金融对非政府扶贫户的影响更大。采用1.9 美元贫困标准时,普惠金融对扶贫户的边际效应是-0.1%,对非扶贫户的边际影响是-0.13%;采用3.1 美元贫困标准时,普惠金融对扶贫户的边际效应是-0.16%,对非扶贫户的边际效应是-0.27%。整体而言,相比于扶贫户而言,普惠金融对非扶贫户有更大的影响,体现了普惠金融在扶贫问题上的巨大潜力。如果这些未获得政府扶贫支持的绝对贫困家庭通过普惠金融获得了其所需的金融服务,则他们未能获得政府支持而造成的福利损失得到了弥补,由此可知,普惠金融可以作为我国精准扶贫和提高扶贫效率的一种重要方法。

表5-8　普惠金融对扶贫户和非扶贫户的差异性影响

变量	1.9 美元贫困标准		3.1 美元贫困标准	
	(1) 扶贫户	(2) 非扶贫户	(3) 扶贫户	(4) 非扶贫户
普惠金融指数	-0.001 0***	-0.001 3***	-0.001 6***	-0.002 7***
	(0.000 3)	(0.000 4)	(0.000 4)	(0.000 6)

表5-8(续)

变量	1.9美元贫困标准		3.1美元贫困标准	
	(1) 扶贫户	(2) 非扶贫户	(3) 扶贫户	(4) 非扶贫户
家庭净资产	−0.000 7***	−0.002 1***	−0.001 2***	−0.003 1***
	(0.000 1)	(0.000 3)	(0.000 2)	(0.000 4)
家庭纯收入	−0.000 6***	−0.001 5***	−0.000 9***	−0.003 4***
	(0.000 2)	(0.000 4)	(0.000 2)	(0.000 6)
民间借贷	−0.002 8	−0.028 7***	−0.004 4	−0.042 1***
	(0.002 3)	(0.004 6)	(0.003 3)	(0.005 9)
关系指数	0.000 0	−0.000 6***	0.000 2**	−0.000 9***
	(0.000 1)	(0.000 1)	(0.000 1)	(0.000 2)
养老保险	−0.003 0	−0.003 7	−0.010 7***	−0.008 5
	(0.002 4)	(0.005 0)	(0.003 7)	(0.007 0)
养老保险账户余额	−0.000 6**	−0.002 6***	−0.000 5	−0.002 4***
	(0.000 3)	(0.000 5)	(0.000 4)	(0.000 7)
医疗保险	−0.013 6***	−0.023 0***	−0.016 6***	−0.044 5***
	(0.003 6)	(0.006 4)	(0.005 1)	(0.009 4)
医疗保险账户余额	−0.000 3	−0.001 5**	−0.001 2**	−0.003 0***
	(0.000 4)	(0.000 6)	(0.000 5)	(0.000 9)
家庭规模	0.005 5***	0.026 5***	0.004 1	0.049 9***
	(0.002 0)	(0.003 5)	(0.002 9)	(0.005 2)
家庭规模平方	−0.000 2	−0.001 1***	0.000 1	−0.002 1***
	(0.000 2)	(0.000 4)	(0.000 3)	(0.000 5)
家庭抚养比	0.007 5**	0.003 4	0.018 1***	0.024 7***
	(0.003 7)	(0.006 6)	(0.005 1)	(0.009 1)
受教育年限	−0.001 5***	−0.003 2***	−0.003 2***	−0.004 9***
	(0.000 3)	(0.000 5)	(0.000 4)	(0.000 7)
男性	0.003 5	−0.004 9	0.013 0***	−0.001 9
	(0.002 8)	(0.004 8)	(0.004 4)	(0.006 8)
年龄	−0.000 5	0.002 8**	−0.000 1	0.005 9***
	(0.000 5)	(0.001 1)	(0.000 8)	(0.001 6)
年龄平方	0.000 0	−0.000 0	0.000 0	−0.000 0**
	(0.000 0)	(0.000 0)	(0.000 0)	(0.000 0)
已婚	−0.009 0***	0.000 5	−0.016 6***	0.003 5
	(0.002 7)	(0.005 7)	(0.004 0)	(0.007 8)

表5-8(续)

变量	1.9 美元贫困标准		3.1 美元贫困标准	
	（1）扶贫户	（2）非扶贫户	（3）扶贫户	（4）非扶贫户
自评健康差	0.010 0 ***	0.000 1	0.017 4 ***	−0.000 4
	(0.002 1)	(0.004 0)	(0.003 0)	(0.005 6)
农村	0.010 5 **	0.038 3 ***	0.015 9 **	0.093 3 ***
	(0.004 8)	(0.007 4)	(0.006 4)	(0.010 5)
省份固定效应	已控制	已控制	已控制	已控制
观测值	21 832	21 832	21 832	21 832

注：*** 和 ** 分别代表1%和5%的显著性水平，表中显示的是边际效应，括号内是标准误。普惠金融指数在第一组（被解释变量取值0）中的边际效应，等于第二组边际效应的负值加上第三组边际效应的负值。为了节省表格空间，本表没有显示第一组的回归结果。

5.5 普惠金融指数的内生性问题

本章的普惠金融指数反映的是整个社区的普惠金融状况。一般而言，单个家庭自身状况对社区整体的影响较小，文献中也常用某一内生变量的社区均值作为其工具变量（Hong et al.，2004；罗楚亮，2010；齐良书，2011；程名望等，2014；尹志超 等，2015），所以由反向因果造成内生性问题的可能性不大。但是，一些不可观测的变量可能同时影响社区普惠金融水平和家庭绝对贫困状况，从而造成前文的回归存在内生性问题。比如，家庭成员的认知能力以及对金融结构的信任程度或对金融产品的接受程度，可能会同时对普惠金融发展和家庭绝对贫困问题产生影响。同时本书构建的普惠金融指数可能遗漏其他可以反映普惠金融发展水平的因素，由此也可能导致前文的回归存在内生性问题。

鉴于此，我们利用工具变量法重新估计普惠金融对家庭绝对贫困问题的影响。具体而言，首先选取"同一县内其他社区普惠金融指数的均值"作为工具变量。从理论上讲，一方面，我国金融机构会在县域内统筹金融网点的布局，金融监管机构也会对金融机构的县域网点布局提出一定的要求，比如金融机构过去撤并了一些县域网点，以及银保监会要求大中型银行勿自行撤并县域网点等，都说明了金融机构统筹考虑全县内的网点布局状况，所以同县内不同社区之间的普惠金融状况存在相关性，满足了工具变量所需的第一个条件。另一方面，其他社区的普惠金融状况与本社区家庭的绝对贫困状况不存在直接的关系，单个家庭也很难直接影响县域整体的普惠金融水平，所以工具变量也满足了与误差项不相关的条件。按照同样的逻辑，我们还选取"同一市内其他社区普惠金融指数的均值"作为第二个工具变量，从而为本章结论提供更充分的稳健性检验。

表 5-9 显示了工具变量检验结果和估计结果。首先，工具变量 t 值、一阶段回归 F 值以及 Anderson-Rubin 检验都拒绝了弱工具变量的原假设，表明不存在弱工具问题。其次，内生性检验（Durbin-Wu-Hausman，DWH）结果表明，采用同县其他社区普惠金融指数的均值作为工具变量时，除了 3.1 美元贫困标准下普惠金融指数存在内生性问题以外，其他情况下普惠金融指数在统计上不存在显著的内生性问题。最后，在考虑了内生性之后，提高普惠金融水平仍然有助于显著降低我国家庭发生绝对贫困的概率，即普惠金融对解决我国绝对贫困问题和脱贫攻坚能够发挥积极作用。

表 5-9　普惠金融指数的工具变量回归结果

变量	工具变量 1		工具变量 2	
	(1)1.9 美元贫困标准	(2)3.1 美元贫困标准	(3)1.9 美元贫困标准	(4)3.1 美元贫困标准
普惠金融指数	−0.001 4 ***	−0.003 9 ***	−0.001 42 *	−0.003 6 ***
	(0.000 5)	(0.000 8)	(0.000 74)	(0.001 2)
控制变量	已控制	已控制	已控制	已控制
农村	已控制	已控制	已控制	已控制
省份固定效应	已控制	已控制	已控制	已控制
观测值	36 730	36 730	36 750	36 750
工具变量 t 值	81.56	81.56	46.25	46.25
一阶段回归 F 值	1 081.05	1 081.05	888.50	888.50
AR 检验 chi-sq 值	11.313 6 ***	46.337 0 ***	5.614 9 **	20.572 5 ***
AR 检验 p 值	0.000 8	0.000 0	0.017 8	0.000 0
DWH 检验 chi-sq 值	0.208 6	6.428 0 **	0.070 7	1.900 6
DWH 检验 p 值	0.647 8	0.011 2	0.790 4	0.168 0

注：***、**、* 分别代表 1%、5% 以及 10% 的显著性水平，括号内是聚类在社区层面的标准误。该表的回归结果采用的是 Stata 的 ivProbit 命令。弱工具变量检验采用的是 Stata 的 weakiv 命令，表 5-9 显示了相应的 Anderson-Rubin 检验的 chi-sq 值以及 p 值。控制变量与表 5-3 前两列相同。

5.6　普惠金融对降低家庭贫困程度的作用机制分析

5.6.1　促进家庭参与工商业经营

普惠金融除了可以通过为贫困家庭提供金融服务的直接渠道对降低贫困发挥作用以外，还可以通过促进地区经济增长、促进家庭参与工商业经营以及参与市场等间接渠道对降低贫困产生积极影响。现有文献在普惠金融促进经济增长方面得到了较为充分的经验证据，并且我国脱贫攻坚时期重在采用精准扶贫策略，同时新常态下我国经济增速下降和经济增长涓滴效应减弱，我们在本章主要讨论普惠金融促进家庭参与工商业经营和参与市场的间接作用机制。首先，非农经济活动参与率低是我国贫困家庭难以脱贫的一大障碍（朱农 等，2008；陈飞 等，2014）。其次，获取金融服务有助于促进家庭参与工商业经营。比如，世界银行的报告（2001）指出，改善贫困群体的金融服务状况有助于帮助他们积累生产性资产和提高生产率，从而增强持续性生存的潜力。Bruhn 和 Love（2014）发现，金融可及性能够促进中低收入群体创办小微企业和降低家庭失业的概率，有助于改善墨西哥的贫困状况。Park 和 Mercado（2015）认为，普惠金融有助于家庭参与生产性活动、制订长期计划和应对突发事件，从而降低发生贫困的可能性。此外，张海洋和袁雁静（2011）发现，村庄金融环境对农户的创业行为有积极促进作用，并且有助于已经创业的农户扩大生产经营规模。王珂英和张鸿武（2016）研究省级数据发现，农村金融包容发展对农户创业具有较强的正向促进作用。

鉴于此，我们首先从参与工商业经营的角度出发，研究普惠金融对家庭贫困的作用机制。表5-10显示了普惠金融对家庭工商业经营的回归结果，前三列的被解释变量是"家庭是否参与工商业经营"，如果是，则取值1，否则取值0；后三列的解释变量是"家庭工商业资产占比"。具体而言，我们采用Probit模型研究普惠金融对家庭参与工商业经营的影响，采用Tobit模型研究普惠金融对家庭工商业资产占比的影响。第（1）列结果显示，普惠金融指数对家庭参与工商业经营有显著的正向影响，普惠金融指数每提高1%，家庭参与工商业经营的概率显著增加0.09%。第（2）—（3）列结果显示，无论是采用1.9美元贫困标准，还是采用3.1美元贫困标准，普惠金融指数与贫困的交互项都显著为正，即相比于非贫困家庭，普惠金融对促进贫困家庭参与工商业经营有更大的影响。从第（4）—（6）列中可以得到与前三列一致的结论，普惠金融指数对家庭工商业资产占比也有显著的正向影响，并且相比于非贫困家庭，普惠金融更加有助于提高贫困家庭的工商业资产占比。总体而言，表5-10的结论表明，普惠金融不仅有助于促进家庭参与工商业经营，并且对贫困家庭的影响更大，表明促进家庭参与工商业经营是普惠金融助力脱贫攻坚的一个重要作用机制。

表5-10　普惠金融对家庭参与工商业经营的影响

变量	家庭参与工商业经营			家庭工商业资产占比		
	（1）	(2)1.9美元贫困标准	(3)3.1美元贫困标准	（4）	(5)1.9美元贫困标准	(6)3.1美元贫困标准
普惠金融指数	0.000 9***	0.000 8***	0.000 7***	0.000 3***	0.000 3***	0.000 2***
	（0.000 3）	（0.000 3）	（0.000 3）	（0.000 1）	（0.000 1）	（0.000 1）
普惠金融指数×贫困		0.001 9**			0.000 8**	
		（0.000 8）			（0.000 3）	
贫困		-0.105 0***			-0.029 7***	
		（0.018 5）			（0.006 5）	
普惠金融指数×贫困			0.002 0***			0.000 7***
			（0.000 6）			（0.000 2）
贫困			-0.117 9***			-0.033 3***
			（0.013 9）			（0.004 4）
控制变量	已控制	已控制	已控制	已控制	已控制	已控制
农村	已控制	已控制	已控制	已控制	已控制	已控制
省份固定效应	已控制	已控制	已控制	已控制	已控制	已控制
观测值	36 750	36 750	36 750	36 630	36 630	36 630

注：***、**分别代表1%和5%的显著性水平，括号内是聚类在社区层面的标准误。在该表的控制变量中，我们从家庭净资产中减去了工商业净资产，以避免被解释变量和解释变量中同时出现工商业经营的信息。由于工商业资产的信息不完整，故而该表后三列的观测值略微小于前三列。控制变量与表5-3前两列相同。

5.6.2　促进家庭参与市场

除了促进家庭参与工商业经营以外，普惠金融是否也可以通过促进家庭参与市场而对解决绝对贫困问题发挥积极作用？我国贫困人口主要生活在农村地区、中西部山区、少数民族地区和边疆地区，地理位置极大地限制了他们有效参与市场，也成了贫困问题的重要诱因。现有文献发现，参与市场有助于改善贫困状况，包括参与商品市场、劳动力市场等，而且经济增长对贫困的渗透效应也必须通过贫困群体参与市场才能实现（Ferrand et al.，2004）。国内学者研究发现，参与市场是我国农户减贫的必要条件（章元 等，2009），促进农户参与市场有助于优化土地和劳动力等生产要素配置，进而增加贫困农户收入（李飞 等，2015）。与此同时，普惠金融尤其是数字金融服务可以打破地理限制造成的有形市场壁垒，比如向边远地区的家庭提供手机银行服务，建设宽带设施帮助边远地区家庭通过互联网平台获得项目融资等；普惠金融还能够降低市场交易成本，促进市场资源有效配置，从而有助于家庭在市场中获得更加及时的信息、寻求更合适的职位、选择更具前景的项目以及形成更具规模的风险分担机制。

为此，我们以家庭所在社区与其所属的地级市之间的距离作为参与市场难易度的代理变量。一般而言，距离越远，家庭参与市场的成本越高，参与市场的难度就越大。基于该距离，我们将样本进行四等分，分别为"近距离""较近距离""较远距离""远距离"。以人均每天消费 1.9 美元为贫困线，实证分析结果见表 5-11。结果显示，普惠金融对家庭绝对贫困的积极影响随着市场距离的增加而提高，普惠金融对远距离子样本中的家庭影响最大。具体而言，普惠金融指数在近距离子样本中的影响不显著，对较近距离家庭的边际影响是 -0.10%，对较远距离家庭的边际效应是 -0.20%，对远距离家庭的边际影响则是 -0.42%。总体而言，普惠金融有效地消除了地理距离造成的有形市场障碍，从而降低了家庭发生绝对贫困的概率，表明促进家庭参与市场也是普惠金融助力脱贫攻坚的重要作用机制。

表 5-11　促进家庭参与市场

变量	社区与所属地级市的距离			
	（1）近距离	（2）较近距离	（3）较远距离	（4）远距离
普惠金融指数	-0.000 0	-0.001 0**	-0.002 0**	-0.004 2***
	(0.000 1)	(0.000 5)	(0.000 9)	(0.001 0)
家庭净资产	-0.001 8***	-0.003 1***	-0.003 4***	-0.003 2***
	(0.000 2)	(0.000 4)	(0.000 6)	(0.000 5)
家庭纯收入	-0.001 3***	-0.001 7***	-0.002 3***	-0.002 6***
	(0.000 4)	(0.000 5)	(0.000 9)	(0.000 8)
民间借贷	-0.011 3**	-0.024 7***	-0.044 8***	-0.028 9***
	(0.005 1)	(0.007 6)	(0.008 7)	(0.007 9)
关系指数	-0.000 1	-0.000 4*	-0.000 6***	-0.000 6**
	(0.000 1)	(0.000 2)	(0.000 3)	(0.000 3)

表5-11（续）

变量	社区与所属地级市的距离			
	（1）近距离	（2）较近距离	（3）较远距离	（4）远距离
养老保险	-0.000 4	-0.004 5	-0.007 0	-0.012 4
	(0.004 4)	(0.006 6)	(0.010 5)	(0.010 1)
养老保险账户余额	-0.001 1***	-0.001 6**	-0.003 5***	-0.003 5***
	(0.000 4)	(0.000 7)	(0.001 1)	(0.001 2)
医疗保险	-0.013 4***	-0.025 2***	-0.036 5***	-0.040 6***
	(0.004 7)	(0.007 7)	(0.013 2)	(0.014 8)
医疗保险账户余额	-0.001 4***	-0.001 8*	-0.001 6	-0.000 9
	(0.000 5)	(0.000 9)	(0.001 3)	(0.001 4)
家庭规模	0.008 4**	0.026 3***	0.037 1***	0.033 5***
	(0.003 4)	(0.004 8)	(0.007 8)	(0.007 7)
家庭规模平方	-0.000 0	-0.001 3***	-0.001 2	-0.001 4*
	(0.000 4)	(0.000 5)	(0.000 8)	(0.000 8)
家庭抚养比	0.001 5	0.012 6	-0.024 7**	0.034 1***
	(0.005 1)	(0.009 6)	(0.012 3)	(0.012 9)
受教育年限	-0.001 0**	-0.003 1***	-0.006 9***	-0.005 8***
	(0.000 4)	(0.000 7)	(0.001 1)	(0.001 1)
男性	0.003 0	-0.005 2	0.035 7***	-0.015 3
	(0.003 1)	(0.006 3)	(0.011 3)	(0.010 6)
年龄	-0.001 1*	0.002 8**	0.004 5*	0.004 1*
	(0.000 7)	(0.001 4)	(0.002 4)	(0.002 3)
年龄平方	0.000 0**	-0.000 0	-0.000 0	-0.000 0
	(0.000 0)	(0.000 0)	(0.000 0)	(0.000 0)
已婚	-0.006 4	-0.017 6***	-0.033 9***	0.007 4
	(0.004 1)	(0.006 8)	(0.011 9)	(0.010 7)
自评健康差	0.003 8	0.004 2	0.002 4	0.013 4*
	(0.003 4)	(0.005 8)	(0.009 3)	(0.007 8)
农村	0.022 9***	0.032 0***	0.040 3***	0.038 3**
	(0.005 9)	(0.007 9)	(0.013 4)	(0.015 3)
省份固定效应	已控制	已控制	已控制	已控制
观测值	11 698	8 434	7 114	7 610

注：***、**、*分别代表1%、5%以及10%的显著性水平，括号内是聚类在社区层面的标准误。

5.7 稳健性检验

本节利用其他贫困线、其他普惠金融指数以及控制其他固定效应，为本章结论提供稳健性检验。除世界银行公布的贫困线外，已有文献和社会实践中还有其他衡量绝对贫困的标准。

首先，我们以我国农村贫困线衡量农村家庭绝对贫困，该贫困线是人均纯收入 2 300 元（2010 年不变价），到了 2014 年大致是 2 800 元左右；并且利用社区所在地的低保标准作为城市家庭绝对贫困线（都阳 等，2007；都阳 等，2014）①。表 5-12 显示了采用其他贫困线的回归结果。第（1）列被解释变量是利用农村贫困线和城市低保线定义的全国绝对贫困指标，第（2）—（3）列被解释变量分别是利用农村贫困线和城市低保线定义的农村绝对贫困和城市绝对贫困指标。从表 5-12 中可知，利用其他贫困指标进行检验，普惠金融指数仍然可以显著降低家庭发生绝对贫困的概率，尤其是对农村家庭有更大的影响。

表 5-12 采用其他贫困线

变量	国贫标准和低保线		
	（1）全国样本	（2）农村样本	（3）城市样本
普惠金融指数	−0.001 1 ***	−0.002 9 ***	−0.000 4
	(0.000 3)	(0.000 9)	(0.000 3)
控制变量	已控制	已控制	已控制
省份固定效应	已控制	已控制	已控制
农村	已控制	—	—
观测值	36 750	15 465	21 285

注：*** 代表 1% 的显著性水平，括号内是聚类在社区层面的标准误。由于表中第（4）—（6）列的贫困指标是基于家庭纯收入确定的，所以第（4）—（6）列的控制变量中不包括家庭纯收入，其余控制变量则与表 5-3 前两列相同。

其次，我们利用其他方法构建的普惠金融指数为本章结论提供稳健性检验。其中，Sarma2008 指数反映的是该社区普惠金融水平与最优点之间的距

① 关于城市社区的贫困线，首先社区问卷中询问了该社区的最低生活保障标准是多少；其次，对于该数据缺失的城市社区，我们以社区所在县的城市低保标准予以确定。填补数据来源于民政部网站公布的县级以上城市低保标准。

离；Sarma2012 指数既考虑了社区普惠金融水平与最优点之间的距离，也考虑了其与最差点之间的距离；主成分法指数是通过主成分分析法构建的普惠金融指数。我们还分别通过变异系数法和熵值法确定了 Sarma 指数所需的变量权重。以 1.9 美元贫困标准为例，表 5-13 显示了利用其他普惠金融指数估计的普惠金融对家庭绝对贫困的影响的回归结果。从中可知，不同普惠金融指数的边际效应存在一定的差异，基于变异系数法构建的指数的边际效应与本章结论差距最大，而基于熵值法和主成分分析法构建的指数的边际效应与本章结论差距较小，但是利用其他方法构建的普惠金融指数并没有改变本章结论。

表 5-13　采用其他方法构造的普惠金融指数

变量	变异系数法		熵值法		主成分法
	（1）	（2）	（3）	（4）	（5）
Sarma2012 指数	−0.000 7**				
	（0.000 3）				
Sarma2008 指数		−0.000 5*			
		（0.000 3）			
Sarma2012 指数			−0.001 9***		
			（0.000 2）		
Sarma2008 指数				−0.001 6***	
				（0.000 2）	
主成分法指数					−0.001 5***
					（0.000 3）
控制变量	已控制	已控制	已控制	已控制	已控制
农村	已控制	已控制	已控制	已控制	已控制
省份固定效应	已控制	已控制	已控制	已控制	已控制
观测值	36 750	36 750	36 750	36 750	36 750

注：***、**、* 分别代表 1%、5% 以及 10% 的显著性水平，括号内是聚类在社区层面的标准误。控制变量与表 5-3 前两列相同。

最后，我们通过控制不同层级的固定效应进行稳健性检验。尽管我们在前文的回归中控制了省份固定效应，但是我国省份内部的不同地区间也存在一定的差距，所以将固定效应控制在省份内部也具有一定的现实意义。县域经济是国民经济的基本单元，在统筹城乡发展中能够起到重要作用，我国政府也逐步重视发展壮大县域经济，我国在扶贫过程中也确定了官方标准下的贫困县。通过控制县级固定效应，表 5-14 显示了普惠金融对家庭绝对贫困的影响的估计结果。从中可知，控制县级固定效应之后，虽然普惠金融指数对家庭绝对贫困的边际效应有所变化，但是也没有改变本章结论。整体而言，这些稳健性检验表明，普惠金融能够显著降低我国家庭发生绝对贫困的概率，进而能够助力我国完成脱贫攻坚行动。

表 5-14　控制其他固定效应

变量	县级固定效应	
	（1）1.9 美元贫困标准	（2）3.1 美元贫困标准
普惠金融指数	−0.001 4***	−0.002 4***
	（0.000 3）	（0.000 4）
控制变量	已控制	已控制
农村	已控制	已控制
县级固定效应	已控制	已控制
观测值	33 926	36 313

注：*** 代表 1% 的显著性水平，表中显示的是边际效应，括号内是聚类在县级层面的标准误。控制变量与表 5-3 前两列相同。

5.8　本章小节

本章利用中国家庭金融调查 2015 年的数据。首先，本章实证研究了普惠金融对我国家庭绝对贫困的影响及其作用机制，进而说明普惠金融对我国打赢脱贫攻坚战的帮助。研究发现，截至 2015 年年初我国仍然存在一定数量的绝对贫困人口，并且农村绝对贫困问题比城市更为严重，但也不能忽视城市存在的绝对贫困问题。具体而言，在人均每天消费 1.9 美元的绝对贫困线下，2014 年我国大致有 6.75% 的绝对贫困家庭，包括 2.71% 的城市绝对贫困家庭和 12.32% 的农村绝对贫困家庭。其次，实证估计结果表明，普惠金融可以显著降低我国家庭发生绝对贫困的概率，并且对农村家庭和深度贫困社区的家庭有更大的影响。具体而言，普惠金融指数每提高 1%，全国家庭发生绝对贫困的概率将会显著下降 0.13%，城市家庭发生绝对贫困的概率显著下降 0.05%，农村家庭发生绝对贫困的概率则显著下降 0.31%；普惠金融指数在低贫困率社区的边际效应相对较弱，而在高贫困率社区的边际效应更为明显。

进一步研究发现，家庭净资产少、户主受教育水平低和自评健康差的贫困家庭更可能成为政府扶贫户，反映了精准扶贫模式下政府扶贫户认定的合理性和公正性；但同时，关系网络越强的贫困家庭也更可能成为扶贫户，这一定程度上反映了精准扶贫工作仍有改进空间。另外，相比于得到政府扶贫支持的绝对贫困家庭而言（扶贫户），普惠金融对没有得到政府扶贫支持的绝对贫困家庭（非扶贫户）有更大的影响，表明普惠金融可以作为我国精准扶贫工作的重要内容，用以提高我国扶贫效率。

研究还发现，普惠金融可以通过促进家庭参与工商业经营和参与市场等渠道降低家庭发生贫困的概率。普惠金融指数每提高1%，全国家庭参与工商业经营的概率显著增加0.09%，贫困家庭参与工商业经营的概率显著增加0.08%。普惠金融对参与市场难度小的家庭没有显著的影响，但对于参与市场难度大的家庭的边际效应是-0.42%。利用工具变量进行的估计以及一系列稳健性检验，都证实了本章结论的一致性。

整体而言，本章研究表明普惠金融能够显著降低我国家庭发生绝对贫困的概率，并且对农村家庭和深度贫困地区家庭的影响更大，这表明普惠金融在我国打赢脱贫攻坚战的过程中起到了积极作用，并且促进家庭参与工商业经营和参与市场是普惠金融发挥作用的重要机制。根据本章结论，我们提出如下政策建议：第一，我国政府在解决农村绝对贫困问题的同时，不能忽略城市中存在的绝对贫困现象，并应在未来逐步统筹协调城乡扶贫治理工作；第二，推进普惠金融发展是一项系统性工程，我国应鼓励金融机构不断创新金融产品和提升金融服务质量以满足家庭多样化金融服务需求，除增加对贫困地区的信贷支持外，还应该帮助家庭建立正规银行账户、增加保险机构的基层服务网点、完善移动互联网等数字金融服务等；第三，我国应持续提高扶贫精准度，保证扶贫资源精准投向贫困家庭，同时建立扶贫动态退出机制，提高贫困家庭的脱贫积极性和主观能动性，防止形成扶贫资源依赖；第四，我国应大力改善工商业经营环境，并加强基础设施建设尤其是金融基础设施建设，这有助于充分发挥金融对脱贫攻坚的积极作用；第五，我国应加快推进贫困地区和贫困家庭的信用体系建设，减少金融市场上的信息不对称，进而助力解决金融减贫工作中长尾群体可能存在的信用风险问题。

6 普惠金融与全面建成小康社会：提高减贫质量

6.1 引言[①]

　　贫困问题是我国全面建成小康社会的突出短板，而贫困问题与脱贫攻坚的重点在农村，农村贫困人口不能全部脱贫，就不能实现全面建成小康社会。农村减贫关乎我国人民对美好生活的向往和我国经济实现高质量发展。在打赢脱贫攻坚战的过程中，减贫质量引起了社会各界的重视。减贫质量的高低不仅关乎我国能否解决剩余贫困人口的脱贫问题，更关系着我国能否守住来之不易的减贫成果，而只有切实提高减贫质量才能从根本上解决贫困问题。《中共中央 国务院关于打赢脱贫攻坚战三年行动的指导意见》和《中共中央 国务院关于实施乡村振兴战略的意见》都指出，要坚持把提高脱贫质量放在首位。普惠金融作为我国当前金融改革的重要内容，其是否有助于提高减贫质量是本章研究的核心问题。

　　本章将从多维贫困视角考察减贫质量，多维贫困视角的研究不仅契合了贫困问题的本质与内涵，还有助于为我国 2020 年之后的扶贫战略提供新思路。一方面，多维贫困视角摆脱了经济贫困（收入低等）只从货币维度衡量贫困的局限，进一步加入了可行能力的考量。正如 Sen（1999）指出，贫困问题的根源是对人们可行能力的剥夺，这种可行能力不仅包括收入增长，还包括教育、健康和生活质量改善等多维能力。我国农村贫困具有多发性和表现形式多

---

　　① 本章内容已经全文发表在《南方经济》2020 年第 10 期。具体可见：张栋浩，尹志超，隋钰冰，2020. 金融普惠可以提高减贫质量吗：基于多维贫困的分析［J］. 南方经济（10）：56-75.

样性的复杂特征，并不局限于收入或消费维度的经济贫困，还表现为教育、健康和生活质量等多维方面的匮乏。另一方面，随着 2020 年我国绝对贫困问题的解决，多维贫困和相对贫困问题将会逐渐凸显，我国扶贫战略思路需要对此进行相应方向的转变（陈志钢 等，2019）。

具体而言，我们利用"多维贫困"和"多维贫困脆弱性"衡量减贫质量。首先，多维贫困与经济贫困不同。经济贫困程度的下降主要表现为收入增长，但若缺少教育提升和健康改善等可行能力的支持，风险或意外事件仍可能导致家庭收入下降而重新陷入贫困。由此可知，经济贫困程度的降低难以准确刻画减贫质量，而多维贫困程度的降低可以通过改善可行能力的方式提高减贫质量。其次，我们进一步将贫困脆弱性的思想用于多维贫困概念之中，用以衡量农村家庭未来发生多维贫困的可能性。多维贫困只是静态变量，相比之下，多维贫困脆弱性可以动态、前瞻性地刻画减贫质量。檀学文（2018）在评价脱贫质量时考虑了"稳定可持续"问题，指出脱贫不能只是当前达标而未来有很大的脆弱性。与国内文献刻画贫困脆弱性时只考虑了经济贫困不同（樊丽明 等，2014；张栋浩 等，2018；涂冰倩 等，2018），多维贫困脆弱性还考虑了教育、健康和生活质量等多维度的贫困脆弱性，这有助于更加综合性地刻画减贫质量。借鉴 Chaudhuri 等（2002）基于预期贫困的脆弱性的概念（vulnerability as expected poverty），我们利用三阶段可行广义最小二乘法（FGLS）估计农村家庭未来发生多维贫困的概率，即多维贫困脆弱性。

普惠金融对促进我国农村减贫而言具有重要意义，它是基于机会平等的要求和商业可持续原则，以可负担的成本为有金融服务需求的社会各阶层和群体提供适当有效的金融服务，主要强调金融服务的广度，旨在从金融角度促进经济社会实现包容性发展。与之不同，传统金融主要强调金融服务的深度，比如加强金融深化或金融竞争等。传统金融发展模式下，随着金融竞争加剧，金融机构出于降低成本、控制风险或提高收益的考虑，撤并了大量农村基层网点，导致金融资源向城市或高收入群体转移，加剧了金融资源的地区分配不平等问题，由此导致农村减贫缺少足够的金融支持。比如，金融市场化作为提高金融竞争的方式，导致我国金融资源从农业部门向工业部门转移，显著地降低了农户正规信贷获得率（汪昌云 等，2014）。为建成与全面小康社会相适应的现代金融体系，近年来国家和社会各界开始加大推动普惠金融发展，我国农村普惠金融状况得到了明显改善，涉农贷款余额、农户贷款余额等不断增加，商业补充医疗保险覆盖等不断扩大（银保监会，2018），但农村普惠金融整体水平仍然较低。中国家庭金融调查2015年的数据显示：农村每千人银行网点数量为0.3个，ATM和惠农服务点数量为0.35个；农村家庭中只有不到10%获得正规贷款，9%拥有商业保险。

就普惠金融减贫效应而言，现有文献主要研究了普惠金融是否有助于实现减贫，而较少关注减贫质量高低的问题（Park et al.，2018；Inoue，2019；罗斯丹 等，2016；马彧菲 等，2017；武丽娟 等，2018）。理论上，普惠金融可以通过提供避险工具和风险共担等直接机制，以及促进人力与物质资本积累和地区经济发展等间接机制提高减贫质量。第一，普惠金融可以通过提供避险工具，帮助农村家庭合理、恰当地处置风险，避免意外事件发生导致内生发展动力减弱。如果农村家庭无法获取正规金融服务，在遭遇意外事件时则可能采用适龄儿童辍学、降低营养摄入和变卖资产等非正规方式进行应对，这将极易导致农村家庭返贫。第二，普惠金融可通过金融资源的跨时间和跨空间配置来帮助农村家庭融入社会、降低社会排斥，进而实现风险共担，降低返贫的可能性。当前我国家庭结构日趋小型化，传统人情网络已很难对潜在风险实现完全分散与共担，正规金融服务可对此进行有益补充。第三，普惠金融可通过降低交易成本和缓解信贷约束，促进农村家庭增加职业技能和减少失业以提升人力资本积累，进行农工商生产与扩大再生产以实现物质资本累积，进而增强内生发展动力（Bruhn et al.，2014；Popov，2014）；并且，与财政支持或低保等可能造成"养懒汉"不同，普惠金融的商业可持续原则具有还本付息机制，可激励农村家庭自主发展。第四，普惠金融还可通过促进地区经济发展，为提高农村减贫质量提供良好的外部环境，比如激活地区产业发展、创造更多就业机会和完善民生基础设施等。

为此，本章利用中国家庭金融调查2015年的数据，研究普惠金融对我国农村家庭减贫质量的影响，以期为我国守住来之不易的减贫成果提供一种可行的政策工具。本章研究内容主要有：第一，普惠金融能否有效降低我国农村家庭多维贫困及多维贫困脆弱性，进而提高减贫质量；第二，普惠金融是否发挥了"雪中送炭"的作用，同时普惠金融对不同贫困问题以及不同类型金融服务对减贫质量是否具有差异性影响；第三，村庄市场与制度环境、家庭需求环境如何作用于普惠金融的减贫质量效应；第四，普惠金融通过何种机制对减贫质量发挥积极作用。

6.2 数据、变量与模型设定

6.2.1 数据来源

本章采用中国家庭金融调查 2015 年的数据。该调查采用三阶段分层、与人口规模成比例的抽样方法，所抽样本具有良好的代表性，数据质量较高（甘犁 等，2013）。由于本章主要关注减贫质量，所以采用该数据中的农村样本，将无效样本、变量存在缺失或异常值的样本删除之后，得到将近 640 个村庄、13 000 多个观测值。

6.2.2 村庄普惠金融指数①

表 6-1 显示了构建村庄普惠金融指数所采用的指标。

表 6-1   渗透度、使用度和满意度的指标说明

维度	指标选取	指标定义
渗透度	银行营业网点	村庄平均每平方千米银行营业网点数量（个/平方千米）
		村庄平均每千人拥有银行营业网点数量（个/千人）
	金融服务点	村庄平均每平方千米金融服务点数量（个/平方千米）
		村庄平均每千人拥有金融服务点数量（个/千人）
	其他金融机构	村庄平均每平方千米其他金融机构数量（个/平方千米）
		村庄平均每千人拥有其他金融机构数量（个/千人）
使用度	储蓄存款	村庄内拥有银行存款账户的家庭数量占比（%）
		村庄平均每户家庭当年存款余额（万元）
	正规贷款	村庄内获得正规银行贷款的家庭数量占比（%）
		村庄平均每户家庭当年贷款余额（万元）
	商业保险	村庄内购买商业保险的家庭数量占比（%）
		村庄平均每户家庭去年保费支出额（万元）

---

① 本章构建村庄普惠金融指数的方法与前文构建社区普惠金融指数的方法相同，为节省篇幅，不再赘述。

表6-1(续)

维度	指标选取	指标定义
使用度	信用卡	村庄内持有信用卡的家庭数量占比(%)
		村庄平均每户家庭信用透支额(万元)
	数字金融服务	村庄内使用数字金融服务的家庭数量占比(%)
满意度	银行服务评价	村庄内对银行服务感到满意的家庭数量占比(%)

注：金融服务点是指自助银行、ATM 机和惠农服务点等，其他金融机构是指村镇银行等，数字金融服务包括移动银行服务、互联网理财服务及互联网融资服务。

本章基于《推进普惠金融发展规划（2016—2020）》的总体目标，从渗透度、使用度和满意度三方面选取金融服务指标，利用因子分析法构建了村庄普惠金融指数，用以直接反映我国金融资源在微观主体的分配状况和金融服务下沉状况。参考已有文献和数据可得性，本章分别从地理和人口角度选取渗透度指标（Sarma et al.，2011；Sarma，2015；Chakravarty et al.，2013；Ambarkhane et al.，2016），从银行账户、贷款、保险、信用卡和数字金融等方面选取使用度指标，从农村家庭对银行服务的主观评价角度选取满意度指标。特别地，就使用度问题，本章不仅选取了"户均存款余额"等均值意义的指标，还选取了"拥有存款账户的家庭数量占比"等比例意义的指标。如果只选用均值指标，将会忽略金融资源在不同微观主体之间的分布状况，均值水平高并不代表分配状况好，类似于人均收入无法刻画收入差距；为此，我们进一步加入了比例指标，用以直接刻画群体中使用金融服务的占比是多少，类似于以分位数方法考察收入分布。

6.2.3 减贫质量

首先，我们通过对多维贫困指标赋权加总的方式得到多维贫困变量，以此衡量农村家庭多维贫困（Feeny et al.，2016；Bucheli et al.，2017）。不同于已有文献主要刻画地区层面的多维贫困问题，本章直接刻画了农村家庭自身的多维贫困状况。多维贫困变量构建方法和指标见公式（6-1）和表 6-2，MPI_i 是家庭 i 的多维贫困剥夺得分，取值为 $[0,1]$，取值越大代表多维贫困越严重。本章借鉴已有文献的普遍做法和数据可得性，从收入、教育、健康和生活质量四个方面衡量农村家庭多维贫困，并为不同维度、同一维度内的不同指标赋予相等权重（UNDP，2010；王小林 等，2009；王春超 等，2014；郭熙保 等，

2016；陈国强 等，2018）[1]。等权重的好处在于，可以保证每个维度所刻画的可行能力对家庭减贫的同等重要性，无论教育还是健康等其他因素，都对家庭减贫和长期发展至关重要，而不因不同维度指标在地区间的差异而有所区别。

$$MPI_i = 0.25 \times Income_i + 0.25 \times Education_i + 0.25 \times Health_i + 0.25 \times Lquality_i$$

$$(6-1)$$

$$Education_i = 0.5 \times Eduyear_i + 0.5 \times Childdrop_i$$

$$Health_i = 0.5 \times Minsur_i + 0.5 \times Chronic_i$$

$$Lquality_i = 0.25 \times Harea_i + 0.25 \times Asset_i + 0.25 \times Water_i + 0.25 \times Fuel_i$$

其次，本章借鉴 Chaudhuri 等（2002）的贫困脆弱性思想和 Feeny、McDonald（2016）的做法，利用三阶段可行广义最小二乘法（FGLS）估计农村家庭多维贫困脆弱性，用以衡量未来发生多维贫困的可能性。如果多维贫困脆弱性较高，就反映这些家庭在未来仍有很大可能再次发生多维贫困，也即减贫质量不高。当家庭 i 未来发生多维贫困的概率值大于多维贫困发生率或50%时，定义其为相对脆弱性或严重脆弱性。家庭多维贫困脆弱性的估计式可表达为式（6-2）[2]。

$$\hat{V}_{MPI, i} = \hat{Pr}(MPI_i > k | X_i) = \Phi\left(\frac{X_i\hat{\beta}_{FGLS} - k}{\sqrt{X_i\hat{\theta}_{FGLS}}}\right) \qquad (6-2)$$

其中，$V_{MPI,i}$是估计出的家庭 i 在未来发生多维贫困的概率值，MPI_i 是家庭 i 多维贫困剥夺得分，k 是设定的多维贫困临界值（$k=1/4$ 或 $1/3$），Φ 是正态分布累计密度函数，$X_i\beta_{FGLS}$ 和 $X_i\theta_{FGLS}$ 分别是未来时期家庭多维贫困的期望值和波动的一致性估计值。进一步地，本章采用 Gunther 和 Harttgen（2009）的方法，基于多维贫困脆弱性的诱因，将多维贫困脆弱性分解为结构脆弱性和风险脆弱性。当家庭多维贫困期望值 $X_i\beta_{FGLS}$ 大于临界值 k 时，定义该家庭是结构脆弱性，反映了未来时期多维贫困的平均剥脱程度；而如果家庭多维贫困期望值 $X_i\beta_{FGLS}$ 小于临界值 k，但由于多维贫困方差 $X_i\theta_{FGLS}$ 过大导致了多维贫困脆弱性时，则定义该家庭是风险脆弱性，反映了其未来时期多维贫困的波动程度。

---

① 联合国开发计划署（UNDP）和牛津大学贫困和人类发展研究中心（OPHI）在 2010 年开发了多维贫困指数（MPI），并将其纳入人类发展指数报告。UNDP-MPI 包括健康、教育和生活质量三个维度，但考虑到我国扶贫是以农户收入为基本依据的，本章还加入了收入维度。

② 多维贫困脆弱性的具体估计过程，读者可参考 Feeny 和 McDonald 于 2016 年发表的文章，也可与作者联系。

表 6-2　家庭多维贫困指标

维度	指标	剥夺临界值	权重
收入 Income	收入水平 Income	人均年纯收入低于 2 800 元，取值 1	1/4
教育 Education	教育年限 Eduyear	16 岁及以上成年人受教育年限都小于 6 年，取值 1	1/8
	儿童失学 Childdrop	家中有 6~15 岁儿童失学，取值 1	1/8
健康 Health	医疗保险 Minsur	家中有成员无任何医疗保险，取值 1	1/8
	慢性疾病 Chronic	家中有成员患有非常严重的慢性疾病，取值 1	1/8
生活质量 Lquality	住房面积 Harea	1 人家庭人均建筑面积小于 20 平方米，或 2 人家庭人均建筑面积小于 15 平方米，或 3 人及以上家庭人均建筑面积小于 13 平方米，取值 1	1/16
	耐用消费 Asset	没有汽车和拖拉机等车辆，并且最多拥有照相机、电视机、洗衣机、冰箱、空调、电脑、音响、卫星接收器、乐器和手机中的一种，取值 1	1/16
	生活饮水 Water	做饭用水不是井水/山泉水、自来水、矿泉水/纯净水/过滤水等清洁水源，取值 1	1/16
	生活燃料 Fuel	做饭的主要燃料是柴草等非清洁燃料，取值 1	1/16

注：2014 年我国农村官方贫困线（收入标准）是 2 800 元；住房面积标准，来源于住房和城乡建设部颁布的《农村危房改造最低建设要求（试行）》；受限于 CHFS 数据可得性，生活饮水指标和生活燃料指标是村庄层面变量，即同一村庄内所有家庭的取值相同。

6.2.4　模型设定

本章针对不同问题设定了不同的计量模型，包括：采用 OLS 模型估计普惠金融对农村家庭多维贫困和多维贫困脆弱性的影响，采用分位数回归模型估计普惠金融对不同贫困家庭的差异性影响，采用多项 Logit 模型估计普惠金融对结构脆弱性和风险脆弱性的影响，等等。以 OLS 为例，式（6-3）显示了模型基本设定：

$$\text{MPI}_{ij} = \alpha_1 + \alpha_2 \text{Findex}_j + \alpha_3 X_{ij} + \alpha_4 Z_j + \varepsilon_{ij} \tag{6-3}$$

其中，MPI_{ij} 是村庄 j 家庭 i 的多维贫困变量；Findex_j 是村庄 j 的普惠金融指数，经过标准化处理之后，其取值为 $[0, 100]$；X_{ij} 是一系列家庭特征变量，Z_j 是村庄特征变量和省份固定效应。表 6-3 显示了变量描述统计结果。其中，村庄普惠金融指数的平均值是 14.95, 标准差是 8.77 (大约占均值的 58.67%), 表明不同村庄之间普惠金融状况存在较大差异; 农村家庭多维贫困剥夺得分的平均值是 0.17、标准差是 0.16, 即家庭多维贫困剥夺状况也存在明显差异; 以 1/4 设定多维贫困的临界值, 农村家庭未来发生多维贫困的平均概率是 27%。此外, 农村家庭之间金融知识和关系网络也存在较大差异: 80% 拥有社会养老保险, 养老保险余额平均为 1 500 元; 家庭规模平均 3.73 人, 家庭抚养比为 32%; 户主之中 88% 为男性, 平均年龄约 55 岁, 89% 已婚。村庄通往县城中心平均有 2.58 条道路, 距离县城中心 29.57 千米; 平均拥有 0.56 个幼儿园、1.42 个医疗点; 基层治理、公共服务和现代农业发展仍处于较低水平, 尤其是公共服务状况较差, 指数平均值只有 15.72; 42% 处于平原地区。

表 6-3　村庄普惠金融指数变量定义及描述性统计

变量	均值	标准差	最小值	最大值
普惠金融指数	14.95	8.77	0	100
多维贫困	0.17	0.16	0	0.94
多维贫困脆弱性 ($k=1/4$)	0.27	0.22	0	1
多维贫困脆弱性 ($k=1/3$)	0.22	0.20	0	1
家庭特征				
金融知识	42.67	26.46	0	100
关系网络	14.77	12.64	0	100
养老保险参与 (参与=1, 否=0)	0.80	0.40	0	1
养老保险账户余额 (对数值)	3.55	3.63	0	11.23
家庭规模 (人数)	3.73	1.77	1	10
家庭抚养比(小于 16 岁和大于 60 岁的成员占比)	0.32	0.32	0	1
户主男性 (男=1, 女=0)	0.88	0.32	0	1
户主年龄 (周岁)	55.57	12.01	18	85
户主已婚 (已婚=1, 未婚=0)	0.89	0.32	0	1
村庄特征				
通往县中心道路数 (条)	2.58	0.80	1	5
距县中心的千米数	29.57	26.62	0	220
幼儿园数量 (个)	0.56	0.93	0	7
医疗点数量 (个)	1.42	1.17	0	10

表6-3(续)

变量	均值	标准差	最小值	最大值
基层治理指数	50.21	10.19	0	100
公共服务指数	15.72	13.04	2.039 9	95.99
农业发展指数	44.52	24.09	0	100
平原地区（平原=1，否=0）	0.42	0.49	0	1

注：基层治理指数、公共服务指数和农业发展指数是采用因子分析法构建的。其中，基层治理指数包括村庄委员数等8个指标，公共服务指数包括村庄针对残疾人开展的措施等6个指标，农业发展指数包括村庄是否有新型农业经营主体等9个指标。限于篇幅，本书略去了指数构建过程，读者如有兴趣可与作者联系。

6.3 普惠金融对减贫质量的影响的主要估计结果

6.3.1 普惠金融对多维贫困的影响

本章首先通过研究普惠金融对农村家庭多维贫困的影响，分析普惠金融能否提高减贫质量。由于普惠金融指数是村庄层面变量而多维贫困是家庭层面变量，家庭个体状况很难对村庄整体产生影响，所以模型并不存在严重的反向因果问题。同时，模型中添加了通往县中心的道路数等一系列村庄特征变量，可进一步解决遗漏变量问题。但是，一些不可观测因素仍可能导致内生性问题，比如家庭脱贫意愿、户主认知与非认知能力等。本章采取工具变量法克服潜在内生性。其一，以同一县内其他村庄的普惠金融指数均值作为工具变量，记为"县级 IV"。县是我国金融改革举措的重要落实单位，银行网点撤并主要在县域开展，所以同一县内不同村庄的普惠金融状况存在相关性，而同一县内其他村庄普惠金融很难直接影响本村庄家庭的多维贫困，由此县级 IV 可满足相关性及外生性要求。其二，参考 Goetz 等（2016）、尹志超等（2019）的文献，本章继续往县级 IV 中加入村庄人口密度。金融机构倾向于在人口密度高的地区布局网点，而人口密度与多维贫困并不直接相关，二者依赖于地区经济发展。在经济发达地区，即使人口密度高，家庭也不大可能出现多维贫困；而在经济落后地区，即使人口密度低，多维贫困也可能比较严重，由此县级 IV 也可满足要求。表 6-4 显示了相关估计结果。

表 6-4　普惠金融对多维贫困的估计结果

变量	(1) OLS	(2) OLS	(3) 2SLS	(4) 2SLS	(5) 2SLS	(6) 2SLS
普惠金融指数	-0.000 8**	-0.000 6**	-0.002 2**	-0.002 3**	-0.003 1***	-0.001 4**
	(0.000 3)	(0.000 3)	(0.001 1)	(0.001 1)	(0.000 6)	(0.000 6)
金融知识	-0.000 8***	-0.000 8***	-0.000 8***	-0.000 7***	-0.000 7***	-0.000 7***
	(0.000 1)	(0.000 1)	(0.000 1)	(0.000 1)	(0.000 1)	(0.000 1)
关系网络	-0.000 6***	-0.000 6***	-0.000 6***	-0.000 6***	-0.000 5***	-0.000 6***
	(0.000 1)	(0.000 1)	(0.000 1)	(0.000 1)	(0.000 1)	(0.000 1)
养老保险参与	-0.033 6***	-0.032 2***	-0.034 8***	-0.033 2***	-0.035 3***	-0.032 8***
	(0.007 0)	(0.006 6)	(0.003 8)	(0.003 8)	(0.003 8)	(0.003 8)
养老保险账户余额	-0.000 7	-0.000 8	-0.000 7*	-0.000 9**	-0.000 7	-0.000 9**
	(0.000 5)	(0.000 5)	(0.000 4)	(0.000 4)	(0.000 4)	(0.000 4)
家庭规模	-0.028 8***	-0.028 6***	-0.027 8***	-0.027 6***	-0.027 7***	-0.027 8***
	(0.004 5)	(0.004 5)	(0.003 0)	(0.003 0)	(0.003 0)	(0.003 0)
家庭规模平方	0.002 8***	0.002 8***	0.002 7***	0.002 7***	0.002 7***	0.002 7***
	(0.000 5)	(0.000 5)	(0.000 3)	(0.000 3)	(0.000 3)	(0.000 3)
家庭抚养比	0.092 4***	0.090 5***	0.091 8***	0.090 1***	0.092 7***	0.091 2***
	(0.008 3)	(0.008 3)	(0.005 2)	(0.005 2)	(0.005 3)	(0.005 2)
男性	-0.002 4	-0.003 6	-0.003 4	-0.004 1	-0.004 4	-0.003 9
	(0.004 4)	(0.004 3)	(0.004 4)	(0.004 2)	(0.004 2)	(0.004 1)
年龄	-0.001 9*	-0.002 1**	-0.002 1**	-0.002 3***	-0.002 2**	-0.002 1**
	(0.001 0)	(0.001 0)	(0.000 9)	(0.000 9)	(0.000 9)	(0.000 9)
年龄平方	0.000 0**	0.000 0***	0.000 0***	0.000 0***	0.000 0***	0.000 0***
	(0.000 0)	(0.000 0)	(0.000 0)	(0.000 0)	(0.000 0)	(0.000 0)
已婚	-0.014 6**	-0.012 4**	-0.013 2***	-0.010 8**	-0.013 0***	-0.011 3***
	(0.006 0)	(0.005 7)	(0.004 4)	(0.004 4)	(0.004 4)	(0.004 4)
村庄特征	N	Y	N	Y	N	Y
省份固定效应	Y	Y	Y	Y	Y	Y
观测值	13 065	13 065	12 749	12 749	12 541	12 541
工具变量检验						
DWH-χ^2 值			1.99	2.43	16.52***	1.58
DWH-$\chi^2 P$ 值			0.16	0.12	0.00	0.21
县级均值 IV t 值			16.65	16.29	19.65	18.75
村庄人口密度 t 值			—	—	26.74	24.40
一阶段回归 F 值			91.65	77.70	105.89	96.01
Sargan-χ^2 值			—	—	1.38	1.229 3
Sargan-P 值			—	—	0.24	0.267 5

　　注：***、**、*分别代表1%、5%和10%的显著性水平，括号内是聚类在省份层面的标准误，表中显示了变量回归系数，村庄特征变量如表6-3所示。

表 6-4 第（1）—（2）列 OLS 结果显示，控制了家庭特征、村庄特征及省份固定效应后，普惠金融与农村家庭多维贫困显著负相关。第（3）—（4）列利用县级 IV 进行工具变量估计。结果显示，县级 IV 通过了弱工具检验，普惠金融指数不存在严重的内生性问题，且普惠金融能够显著降低多维贫困程度，普惠金融指数每增加一个标准差，我国农村家庭发生多维贫困的可能性将显著下降 0.22%。第（5）—（6）列进一步利用县级 IV 和村庄人口密度进行估计，结论基本保持一致，并且工具变量通过了弱工具检验和过度识别检验；控制了村庄特征后，普惠金融指数也不再存在显著的内生性问题。整体而言，研究表明推进农村普惠金融发展可以有效改善农村家庭可行能力，进而对提高减贫质量产生积极影响。另外，金融知识、关系网络、社会养老保险、已婚、道路数量、幼儿园数量和农业发展等有助于降低多维贫困程度，而家庭抚养比和到县城中心的距离不利于改善多维贫困。家庭规模和户主年龄对多维贫困呈现 U 形影响，这可能是由于家庭规模增加可以发挥规模经济效应，规模过大则会增加家庭负担；户主年龄增加会逐渐积累人力和物质资本，但年龄过大则会逐渐丧失人力资本优势和持续消耗物质资本积累。

6.3.2 普惠金融对降低多维贫困程度是否发挥了"雪中送炭"的作用？

本节研究普惠金融对多维贫困程度不同的农村家庭是否具有差异性影响。多维贫困越严重、减贫难度越大，这些家庭在未来返贫的可能性也越高，这也是我国打赢打好脱贫攻坚战中的硬骨头。如果普惠金融能对多维贫困严重的家庭发挥更大的作用，就意味着普惠金融在减贫中扮演了"雪中送炭"的角色；相反，则可能体现了普惠金融"嫌贫爱富"的特点。普惠金融若不能显著改善多维贫困问题严重家庭的可行能力，那么这些家庭即使当前收入有所改善，也极可能在未来再次陷入贫困。为此，本章通过如下两种方法揭示普惠金融在减贫中的角色：第一，基于农村家庭所在县是否国定贫困县进行分组回归；第二，采用分位数回归研究普惠金融对不同贫困程度的农村家庭的影响。和低分位点（25%）的农村家庭相比，处在高分位点（90%）的农村家庭多维贫困更为突出。表 6-5 显示了相关估计结果①。

从表 6-5 可知，普惠金融对贫困县家庭和多维贫困高分位点家庭有更大的影响，即普惠金融不仅可以显著降低农村家庭多维贫困程度，而且对减贫中

---

① 考虑到前文工具变量检验结果，在控制了相关变量尤其是村庄特征变量之后，村庄普惠金融指数不存在显著的内生性问题，本章余下部分便不再利用工具变量进行估计。但是，工具变量估计的结果显示，本章结论仍然不变。

的"硬骨头"发挥了更大的作用，这对提高减贫质量和防止返贫发生至关重要。在金融"嫌贫爱富"的传统认知与理解下，普惠金融发挥"雪中送炭"作用的原因在于：一方面，普惠金融促进了农村金融服务的渗透与使用，一定程度上弱化了传统金融发展对贫困家庭等弱势群体的排斥，如惠农服务点和农村金融综合服务站等金融基础设施建设增强了农村金融服务渗透，农户联保贷款、小额贷款、"两权"抵押贷款、农业保险、小额保险和数字金融服务等增加了农村家庭对金融服务的使用。另一方面，贫困家庭获得正规金融服务后可更加积极地使自身发展。与多维贫困不严重的家庭相比，多维贫困严重的家庭用于生产发展的自有物质资本和人力资本更少，应对意外事件或冲击的能力更差，并且贫困地区经济发展落后，也难以得到更多的发展机会，所以更加难以依靠自身禀赋摆脱贫困状态。这就需要有一定的金融支持帮助他们进行资本积累和生产发展，进而促使普惠金融发挥"雪中送炭"的积极影响。

表 6-5　普惠金融对不同家庭多维贫困的估计结果

Panel A	(1)	(2)	(3)	(4)
变量	扶贫开发重点县	非扶贫开发重点县	集中连片特困县	非集中连片特困县
普惠金融指数	−0.002 1 **	−0.000 6 *	−0.002 6 **	−0.000 5 *
	(0.001 0)	(0.000 3)	(0.001 1)	(0.000 3)
控制变量	Y	Y	Y	Y
观测值	2 577	10 488	2 770	10 295
Panel B	(5)	(6)	(7)	(8)
变量	25%分位点	50%分位点	75%分位点	90%分位点
普惠金融指数	−0.000 2 ***	−0.000 4 ***	−0.001 0 ***	−0.001 3 ***
	(0.000 0)	(0.000 1)	(0.000 2)	(0.000 3)
控制变量	Y	Y	Y	Y
观测值	13 065	13 065	13 065	13 065

注：***、**、* 分别代表1%、5%和10%的显著性水平，括号内是聚类在省份层面的标准误，表中显示了变量的回归系数，控制变量包括家庭特征、村庄特征和省份固定效应。

6.3.3　普惠金融能否降低"多维贫困脆弱性"？

多维贫困脆弱性衡量了农村家庭未来发生多维贫困的可能性，是刻画多维贫困动态变化的前瞻性指标。如果普惠金融在降低多维贫困程度的基础上能够进一步降低多维贫困脆弱性，那么普惠金融对我国守住脱贫成果将具有重要的现实意义。相反，如果普惠金融不能有效降低多维贫困脆弱性，则意味着普惠金融在防止农村家庭未来再次陷入多维贫困问题上无法发挥积极作用，通过推进农村普惠金融发展来有效提高减贫质量的目标也将难以实现。为此，本章利用多项式 Logit 模型（Multinomial Logit）分析普惠金融对农村家庭多维贫困脆弱性的影响。

表 6-6 显示了相关估计结果。从 Panel A 可知，在多维贫困剥夺得分不同临界值设定下或者不同的脆弱性定义下（以未来发生多维贫困的概率值衡量脆弱性，或者以多维贫困发生率和 50% 为门槛值设定哑变量衡量），普惠金融都可以显著降低农村家庭多维贫困脆弱性。这说明，除了改善农村家庭可行能力以外，普惠金融还可以通过降低农村家庭在未来发生多维贫困的可能性来提高减贫质量。

表 6-6　普惠金融对多维贫困脆弱性的估计结果

Panel A	(1) $k=1/4$	(2) $k=1/4$	(3) $k=1/4$	(4) $k=1/3$	(5) $k=1/3$	(6) $k=1/3$
变量	概率值	$\hat{V}$>贫困率	$\hat{V}$>50%	概率值	$\hat{V}$>贫困率	$\hat{V}$>50%
普惠金融	-0.001 3 **	-0.002 9 **	-0.002 5 ***	-0.001 2 **	-0.002 7 **	-0.001 6 ***
	(0.000 6)	(0.001 3)	(0.000 9)	(0.000 5)	(0.001 3)	(0.000 6)
控制变量	Y	Y	Y	Y	Y	Y
观测值	12 203	12 203	12 134	12 203	12 203	12 078
Panel B	(7) $k=1/4$	(8) $k=1/4$	(9) $k=1/4$	(10) $k=1/3$	(11) $k=1/3$	(12) $k=1/3$
变量	非脆弱性	结构脆弱性	风险脆弱性	非脆弱性	结构脆弱性	风险脆弱性
普惠金融	0.003 0 **	-0.002 4 **	-0.000 6	0.002 8 **	-0.001 4 **	-0.001 4
	(0.001 2)	(0.000 9)	(0.000 8)	(0.001 3)	(0.000 6)	(0.001 1)
控制变量	Y	Y	Y	Y	Y	Y
观测值	12 203	12 203	12 203	12 203	12 203	12 203

注：*** 、** 分别代表 1% 和 5% 的显著性水平，括号内是聚类在省份层面的标准误，第（1）列和第（4）列显示了回归系数，其他列显示了边际效应，控制变量包括家庭特征、村庄特征和省份固定效应，普惠金融是指村庄普惠金融指数。

进一步地，从 Panel B 可知，普惠金融显著降低了结构脆弱性，对风险脆弱性的影响相对较小。这是因为，相比于结构脆弱性问题，多维贫困的风险脆弱性是更深层次的难题。对降低多维贫困脆弱性而言，首先是能够切实降低多维贫困的剥夺程度（结构脆弱性），其次是降低多维贫困的波动程度（风险脆弱性），进而保证在当前减贫的基础上不再返贫。普惠金融对风险脆弱性的影响不显著：一方面说明需要继续推进农村普惠金融发展，尤其要提高农村基层组织和弱势群体的普惠金融水平；另一方面也说明，与收入或消费等方面的经济贫困不同，普惠金融尽管可以促进当前收入增加或消费平滑，但由于可行能力还涉及教育、健康和生活质量等问题，多维贫困脆弱性问题更难解决。

6.3.4 普惠金融对不同贫困问题是否存在差异性影响？

前文从总体上考察了普惠金融对农村家庭多维贫困的影响，证实了普惠金融对提升减贫质量的积极作用。下面我们进一步研究普惠金融对不同贫困问题是否存在差异性的影响，用于揭示普惠金融主要对何种贫困问题发挥了作用，又未能有效降低何种贫困的程度等问题，并从中分析当前普惠金融发展对提升减贫质量的不足之处，进而更具针对性地完善普惠金融发展机制和结合其他扶贫举措等切实解决不同的贫困问题和提高减贫质量。

表 6-7 显示了相关估计结果。首先，从 Panel A 可知，普惠金融显著降低了农村家庭收入贫困、教育贫困和生活质量贫困程度，对健康贫困则无显著的影响。这主要因为我国现阶段基本完成了社会医疗保险覆盖，无任何医疗保险的农村家庭已经很少，普惠金融通过扩大医疗保险覆盖面来降低多维贫困程度的渠道已不存在。同时身体健康需要长期积累过程，普惠金融很难短期内直接改善家庭成员的健康状况。其次，从 Panel B 还可知，普惠金融对教育贫困的影响主要体现在提升受教育年限，对生活质量贫困的影响主要体现在改善生活饮水和生活燃料，对儿童失学、住房面积和耐用消费的影响则不显著。这可能是由于：当前我国已基本实现义务教育的普及，儿童在义务教育阶段失学的可能性较低；住房贫困主要由住房和城乡建设部牵头利用财政资金进行解决，金融服务介入度相对较低；普惠金融在减贫中重在支持农村家庭的生产发展需求，对满足耐用消费品需求的支持则相对不足。由此，在推进我国普惠金融发展进程中需要进一步加强金融服务创新，建立对贫困家庭的长效支持机制，并加强与财政资金等其他扶贫工具的融合，进而切实解决不同类型的贫困问题和提高减贫质量。

表 6-7　普惠金融对不同贫困的估计结果

Panel A	(1)	(2)	(3)	(4)	
变量	收入贫困	教育贫困	健康贫困	生活质量贫困	
普惠金融指数	-0.001 1 **	-0.000 5 **	-0.000 1	-0.000 9 ***	
	(0.000 4)	(0.000 2)	(0.000 3)	(0.000 2)	
Panel B	(5)	(6)	(7)	(8)	(9)
变量	收入贫困	受教育年限不足	儿童失学	无医疗保险	慢性病
普惠金融指数	-0.001 1 **	-0.001 0 ***	-0.000 03	0.000 04	-0.000 3
	(0.000 43)	(0.000 38)	(0.000 2)	(0.000 4)	(0.000 4)
	(10)	(11)	(12)	(13)	
变量	住房面积	耐用消费	生活饮水	生活燃料	
普惠金融指数	-0.000 3	0.000 2	-0.000 8 ***	-0.002 5 ***	
	0.000 3	(0.000 2)	(0.000 2)	(0.000 4)	

注：***、** 分别代表1%和5%的显著性水平，括号内是聚类在省份层面的标准误，表中显示了变量的回归系数，控制变量包括家庭特征、村庄特征和省份固定效应。

6.3.5　不同类型金融服务对减贫质量是否存在差异性影响？

村庄普惠金融指数包含了反映金融服务渗透度、使用度和满意度的多项指标，各个指标刻画了普惠金融的不同内涵。考虑到农村家庭对不同类型金融服务的差异性需求和不同类型金融服务发展状况的差异，同时也为在普惠金融发展进程中采取针对性举措以最大化普惠金融的减贫质量效应，我们进一步研究不同类型金融服务对农村家庭减贫质量的影响，用以分析不同类型金融服务是否具有差异性影响。具体而言，我们从银行营业网点、金融服务点、其他金融机构、储蓄存款、银行贷款、商业保险、信用卡、数字金融服务和银行服务评价九个方面对此进行考察，并利用因子分析法将每个方面对应的子指标进行加总，通过线性标准化将其取值限定在 [0，100]。

表6-8显示了相关估计结果。从中可知：其一，在反映金融服务渗透度的各项指标中，银行营业网点和金融服务点增加可以显著提高减贫质量，而村镇银行等其他金融机构的作用则不明显。这可能是因为其他金融机构的规模较小，对农村家庭的支持力度相对有限，而多维贫困较消费贫困更加复杂，降低多维贫困程度及其脆弱性也更加困难，由此导致其他金融机构的多维减贫效应并不显著。其二，在反映金融服务使用度和满意度的各项指标中，储蓄、贷款、保险和数字金融可以显著提升减贫质量，信用卡和银行服务主观评价的影

响则不显著。这主要是因为：信用卡尽管可以为农村家庭提供一定的流动性支持和缓解信贷约束，但是在日常生活中信用卡主要作为支付工具使用，以及银行依据收入状况设定信用额度，这两者都限制了信用卡对减贫质量的影响；银行服务创新不足、难以满足家庭多样化金融服务需求等，导致服务评价有待提高，进而也限制了金融服务满意度对减贫质量的影响。

表 6-8 不同类型金融服务对减贫质量的估计结果

变量	多维贫困			多维贫困脆弱性		
	（1A）	（2A）	（3A）	（1B）	（2B）	（3B）
银行网点	-0.000 4**			0.000 1		
	(0.000 2)			(0.000 6)		
服务点		-0.000 3**			-0.000 8**	
		(0.000 1)			(0.000 4)	
其他机构			-0.000 2			-0.000 8
			(0.000 4)			(0.000 7)
	（4A）	（5A）	（6A）	（4B）	（5B）	（6B）
储蓄	-0.002 2***			-0.002 3**		
	(0.000 6)			(0.001 1)		
贷款		-0.001 3**			-0.000 3	
		(0.000 5)			(0.001 0)	
保险			-0.000 6***			-0.001 3***
			(0.000 1)			(0.000 4)
	（7A）	（8A）	（9A）	（7B）	（8B）	（9B）
信用卡	-0.000 5**			-0.000 7		
	(0.000 2)			(0.000 5)		
数字金融		-0.000 8***			-0.001 3***	
		(0.000 2)			(0.000 3)	
服务评价			0.000 1			0.000 1
			(0.000 1)			(0.000 5)

注：① ***、** 分别代表1%和5%的显著性水平，括号内是聚类在省份层面的标准误，表中显示了变量的回归系数，控制变量包括家庭特征、村庄特征和省份固定效应。②本表采用 $k=1/4$ 的概率值定义多维贫困脆弱性，设定 $k=1/3$ 可以得到与本表基本一致的结论。

6.4 普惠金融提高减贫质量的环境条件分析

金融体系并非独立地在经济系统中运行，而是依赖于其所处的环境条件（李扬 等，2005；Sahay et al.，2018；贝多广 等，2018；王国刚，2018）。由此可见，普惠金融对减贫质量的影响可能受到其所处环境条件的影响，当环境条件改善时，普惠金融可以更大程度地提高减贫质量，相反则可能抑制普惠金融的减贫质量效应。为此，本章基于《乡村振兴战略规划（2018—2022 年）》和《农业部关于推进农业供给侧结构性改革的实施意见》，从村庄市场制度环境和家庭需求环境出发，分析外部和内部环境条件如何作用于普惠金融的减贫质量效应①。

6.4.1 村庄环境改善与普惠金融的减贫质量效应

在村庄环境方面，本章主要考察村庄市场及制度环境如何影响普惠金融的减贫质量效应。一般而言，更好的市场及制度环境有利于普惠金融发挥积极作用。我们首先利用樊纲等编制的 2015 年各省份市场化指数在整体上刻画村庄市场及制度环境，然后分别从村庄治理机制、市场连接程度等方面选取指标进行细致分析。具体而言，如果村内有更多的公共宣传及交流渠道，则认为村庄治理机制更加完善；如果村内有特色产业或宽带网络覆盖，则认为村庄与市场连接程度更高。产业扶贫对农村长效减贫有重要的意义，普惠金融与产业发展相结合不仅可以避免农村家庭由于缺少生产投资途径而无法有效使用金融服务，也有助于通过产业发展增强贫困家庭内生脱贫动力；同时，宽带网络覆盖有利于解决农户信息不顺畅问题，提高农业生产与市场需求的协调程度和降低金融服务的下沉成本，进而促进普惠金融发挥减贫质量效应。

表 6-9 的 Panel A 显示了相关估计结果，表 6-9 基于市场化指数和公共宣传渠道的中位数进行了分组。第（1）—（2）列显示，普惠金融显著降低了市场化程度更高的地区的农村家庭多维贫困程度，而对低市场化地区农村家庭的影响虽然也为负，但并不显著。进一步地，第（3）—（8）列还显示，当村庄拥有更多公共宣传渠道、有特色产业和宽带网络覆盖时，普惠金融能够显

---

① 还可能存在其他影响普惠金融减贫质量效应的环境条件，比如金融创新环境。但是受限于数据，本章无法穷尽所有可能的环境因素，同时添加地区固定效应的做法，对这类宏观环境条件已进行了一定的控制。

著降低农村家庭多维贫困程度，相反则可能抑制普惠金融对减贫质量的积极影响。总体而言，研究表明普惠金融的减贫质量效应会受到村庄市场及制度环境的影响，通过推进地区市场化发展、完善村庄治理机制和增强村庄市场连接程度等，有助于促进普惠金融发挥减贫质量效应。

表6-9　环境条件与普惠金融的减贫质量效应

Panel A	村庄环境条件							
变量	(1) 高市场化	(2) 低市场化	(3) 多公共宣传	(4) 少公共宣传	(5) 有特色产业	(6) 无特色产业	(7) 有宽带覆盖	(8) 无宽带覆盖
普惠金融	-0.000 5*	-0.000 8	-0.000 6**	-0.000 5	-0.000 7*	-0.000 6	-0.000 6**	0.000 7
	(0.000 3)	(0.000 7)	(0.000 3)	(0.000 6)	(0.000 33)	(0.000 5)	(0.000 3)	(0.000 7)
控制变量	Y	Y	Y	Y	Y	Y	Y	Y
观测值	7 471	5 594	7 237	5 828	5 203	7 862	10 580	2 485
Panel B	家庭环境条件							
变量	(9)有规划	(10)无规划	(11)信任金融机构	(12)不信任金融机构	(13)信任专业人士	(14)不信任专业人士	(15)有信用	(16)无信用
普惠金融	-0.000 8**	-0.000 5*	-0.000 7**	-0.000 5	-0.000 7***	0.000 0	-0.005 5**	0.006 9
	(0.000 4)	(0.000 3)	(0.000 3)	(0.000 3)	(0.000 2)	(0.000 4)	(0.002 8)	(0.009 0)
控制变量	Y	Y	Y	Y	Y	Y	Y	Y
观测值	4 531	8 473	4 458	7 151	4 956	2 530	174	44

注：①***、**、*分别代表1%、5%和10%的显著性水平，括号内是聚类在省份层面的标准误，表中显示了变量的回归系数，控制变量包括家庭特征、村庄特征和省份固定效应，普惠金融是指村庄普惠金融指数；②CHFS社区问卷询问了村庄有哪些公共宣传和交流的平台，选项包括横幅海报、宣传栏公共栏等11个选项，据此可得村庄公共宣传渠道数量；本章以受访户是否计划过养老来衡量有无规划，如果计划过养老，则代表家庭有一定的规划安排，否则代表缺少规划安排；③由于问卷只询问了陕西农村受访户的个人信用状况，所以第（15）—（16）列的观测值较小；以多维贫困脆弱性衡量减贫质量，可以得到与此基本一致的结论。

6.4.2　家庭环境改善与普惠金融的减贫质量效应

在家庭环境方面，本章主要考察家庭规划安排、信任程度和信用水平对普惠金融减贫质量效应的影响。普惠金融产生经济社会效益不仅需要完善的基础设施，也需要高素养的金融消费者。首先，家庭基于自身生存发展制定规划安排，有助于其合理使用金融资源，进而可以最大化金融效应，如果缺少规划安排则可能造成金融资源浪费或使用扭曲。其次，信任对金融市场至关重要（Fungacova et al.，2019）。当农村家庭信任金融机构时，才会更加积极地使用储蓄、贷款和保险等各项金融服务，如此普惠金融才能显著提高减贫质量。最后，信用水平可以通过降低银行不良贷款率和融资成本对普惠金融的商业可持续性产生积极影响，而只有在商业可持续性的保证下，农村家庭才能持久稳定地从金融机构获得所需的金融服务，这对普惠金融从根本上发挥减贫质量效应具有积极意义。

表6-9的Panel B显示了相关估计结果。从中可知，普惠金融显著降低了有规划的农村家庭的多维贫困程度，对没有规划的农村家庭则无显著影响。此外，普惠金融有助于改善信任水平高和有信用的农村家庭的多维贫困状况，对信任水平低和无信用的农村家庭没有显著的影响。这表明，普惠金融的减贫质量效应还会显著受到家庭环境的影响，改善农村家庭规划能力、信任程度与信用水平有助于显著提高普惠金融的减贫质量效应，否则将会抑制普惠金融的积极影响。

6.5 普惠金融对提高减贫质量的作用机制分析

前文的理论分析表明，普惠金融可以通过提供避险工具和风险共担等直接机制，以及促进人力与物质资本积累和地区经济发展等间接机制提高减贫质量。据此逻辑，本节进一步从非农就业和村内财富差距刻画农村家庭人力与物质资本积累，从村庄经济和村庄人均收入状况衡量地区经济发展，进而实证检验普惠金融对减贫质量的作用机制。其中，从非农就业和村内财富差距出发是考虑到，人力资本积累有助于促进农村家庭实现非农就业，由此非农就业可在一定程度上代表农村家庭的人力资本积累；村内财富差距反映了不同家庭财富积累的差异，财富差距越小意味着贫困家庭更多地实现了财富积累，缩小了与富裕家庭的差距。另外，从村庄人均收入出发是因为，人均收入是反映地区经济发展状况的直接指标，村庄所在地区经济发展越好，人均收入水平也越高。就变量定义而言，如果家庭有成员的工作性质为受雇、个体经营、自由职业及临时性工作等，则定义该家庭进行了非农就业，变量取值1，否则取值0；村内财富差距为不同家庭之间的财富基尼系数；村庄经济为访员对村庄经济状况的主观评价，取值范围为1~10，取值越大，村庄经济状况越好；村庄人均收入为样本家庭人均收入的平均值。

利用中介效应模型，表6-10显示了普惠金融对减贫质量作用机制检验的估计结果。从第（1）—（3）列可知，非农就业增加和财富差距缩小有利于降低多维贫困程度，且当模型中加入非农就业和财富差距之后，普惠金融对家庭多维贫困的影响有所减弱，中介效应检验统计量在1%的水平上显著，证实了部分中介效应成立，中介效应大约可以解释普惠金融总体效应的23.87%。进一步地，从表6-10第（4）—（6）列可知，村庄经济发展和村庄人均收入增长有利于降低多维贫困程度。当模型加入村庄经济和村庄人均收入后，普惠金融对家庭多维贫困的影响减弱，中介效应同样在1%的水平上显著，且大约可以解释普惠金融总体效应的38.78%。特别地，考虑到非农就业和村庄经济、村庄人均收入等存在直接相关关系，尽管第（6）列中普惠金融的回归系数不再显著，但不能由此简单推断非农就业的部分中介效应不再存在，而是部分中介效应可能体现于村庄经济发展变量之中。总体而言，研究表明普惠金融可通过促进农村家庭人力及物质资本积累、地区经济发展等间接机制对减贫质量产生积极影响，进而证实了前文的理论分析。

表6-10　普惠金融对减贫质量的作用机制检验

变量	多维贫困					
	（1）	（2）	（3）	（4）	（5）	（6）
普惠金融	-0.000 51*	-0.000 56**	-0.000 42*	-0.000 56**	-0.000 48*	-0.000 40
	(0.000 27)	(0.000 24)	(0.000 23)	(0.000 27)	(0.000 26)	(0.000 25)
非农就业	-0.048 79***		-0.048 18***			
	(0.004 17)		(0.004 14)			
财富差距		0.102 63***	0.104 26***			
		(0.012 75)	(0.012 16)			
村庄经济				-0.006 77***		-0.006 27***
				(0.001 50)		(0.001 41)
村庄人均收入					-0.011 77***	-0.011 65***
					(0.003 42)	(0.003 37)
控制变量	Y	Y	Y	Y	Y	Y
观测值	13 021	12 652	12 610	13 065	13 065	13 065
中介效应检验						
Z值	-5.44***	-1.55	-5.31***	-5.73***	-5.43***	-7.28***
解释比例	18.84%	3.52%	23.87%	13.90%	26.16%	38.78%

注：***、**、*分别代表1%、5%和10%的显著性水平，括号内是聚类在省份层面的标准误，表中显示了变量的回归系数，控制变量包括家庭特征、村庄特征和省份固定效应；估计结果还显示，普惠金融可以显著促进农村家庭非农就业，缩小财富差距，促进村庄经济发展和人均收入增长。

6.6 普惠金融对提高减贫质量的稳健性检验

首先，我们通过控制县级固定效应、利用其他工具变量以及在原有县级
IV 基础上控制县级特征变量等方式进行稳健性检验，再次证实普惠金融对我
国农村家庭减贫质量有影响，表 6-11 显示了相关估计结果。其一，我们在书
中已经控制了省份固定效应，用于排除不同省份之间差异对估计结果的干扰，
但是相同省份、不同县域之间存在的差异也可能对普惠金融的影响造成干扰，
为此我们在回归模型中控制县级固定效应。第（1）—（2）列结果显示，在
不控制村庄特征的情况下，控制县级固定效应得到的回归系数要小于控制省级
固定效应得到的回归系数，但在控制了村庄特征之后，控制县级固定效应得到
的回归系数与控制省级固定效应得到的回归系数基本相同，说明相关村庄特征
在一定程度上排除了县域差异对估计结果的干扰，保证了回归系数的一致性。
其二，利用北京大学数字金融研究中心编制的县级数字普惠金融指数进行工具
变量再估计。数字普惠金融发展可推动农村地区普惠金融发展，所以县级数字
普惠金融指数与县内所属村庄普惠金融指数存在相关关系，并且在模型中控制
家庭及村庄特征的基础上加入人均地区生产总值等县级特征变量，能保证县级
数字普惠金融指数满足外生性要求。第（3）—（4）列结果显示，县级数字
普惠金融指数通过了工具变量检验，并且村庄普惠金融指数不存在严重的内生
性问题，普惠金融仍能显著降低农村家庭多维贫困程度。其三，利用县级 IV
和村庄人口密度作为工具变量的同时，在模型中加入人均地区生产总值等县级
特征变量，用以避免工具变量只反映县级经济发展程度的问题。第（5）—
（6）列结果显示，普惠金融仍能显著提高减贫质量，本章结论保持稳健。

表 6-11 部分稳健性检验的估计结果

变量	县级固定效应 OLS		县级 IV＝县级数字普惠金融		控制县级特征2SLS	
	（1）	（2）	（3）	（4）	（5）	（6）
普惠金融指数	-0.000 7**	-0.000 6*	-0.004 9*	-0.004 8*	-0.003 4***	-0.002 9***
	(0.000 3)	(0.000 3)	(0.002 6)	(0.002 6)	(0.001 1)	(0.000 8)
家庭特征	Y	Y	Y	Y	Y	Y
村庄特征	—	Y	Y	Y	Y	Y
县级特征	—	—	Y	Y	Y	Y

表6-11（续）

变量	县级固定效应 OLS		县级 IV = 县级数字普惠金融		控制县级特征 2SLS	
	（1）	（2）	（3）	（4）	（5）	（6）
省份固定效应	—	—	Y	Y	Y	Y
县级固定效应	Y	Y	—	—	—	—
观测值	13 065	13 065	9 414	9 414	10 647	10 518
内生性检验						
DWH-x^2 值			2.51	2.41	6.34 **	7.33 ***
DWH-x^2P 值			0.11	0.12	0.012	0.007
弱工具检验						
工具变量 $t1$ 值			7.04 ***	7.03 ***	17.10	20.38
工具变量 $t2$ 值			—	—	—	17.45
一阶段回归 F 值			51.68	50.68	52.02	59.69
C-D Wald F 值			49.52	49.41	292.43	364.04

注：① *** 、** 、* 分别代表 1%、5% 和 10% 的显著性水平，括号内是聚类在省份层面的标准误，表中显示了变量的回归系数。②第（3）列县级特征，包括人均第一产业增加值、人均第二产业增加值、人均规模以上工业总产值、人均城镇固定资产投资完成额、人均居民储蓄存款余额、人均金融机构各项贷款余额，第（4）—（6）列县级特征进一步加入人均地区生产总值。

其次，我们利用 Alkire 和 Foster（2011）的方法得到村庄层面的多维贫困指标，在村庄层面重新检验普惠金融的减贫质量效应。一方面，可以为本书构建的家庭多维贫困变量提供稳健性检验；另一方面，作为一种非正式制度的体现，中国存在较为典型的关系型社会特征，村庄层面分析则可以检验关系型社会特征下普惠金融是否仍存在显著的多维减贫效应。被解释变量包括村庄层面的多维贫困指数、多维贫困率和多维贫困强度，解释变量是前文回归中的村庄特征变量，利用 OLS 模型进行估计。表6-12 显示，普惠金融能够在村庄层面显著降低多维贫困程度，证实了本章结论的稳健性。

表6-12　利用村庄多维贫困指标进行再估计

变量	（1）多维贫困指数	（2）多维贫困率	（3）多维贫困强度
普惠金融指数	-0.001 4 ***	-0.003 5 ***	-0.000 7 **
	(0.000 5)	(0.001 2)	(0.000 3)

表6-12(续)

变量	（1） 多维贫困指数	（2） 多维贫困率	（3） 多维贫困强度
通往县中心的道路数	-0.006 0	-0.017 1*	-0.006 4*
	(0.003 7)	(0.008 9)	(0.003 7)
距离县中心的千米数	0.000 2**	0.000 5*	0.000 1
	(0.000 1)	(0.000 2)	(0.000 1)
幼儿园数量	-0.005 5**	-0.011 2	-0.003 4*
	(0.002 5)	(0.006 6)	(0.001 9)
医疗点数量	-0.001 3	-0.003 8	0.001 8
	(0.002 0)	(0.004 5)	(0.002 3)
基层治理指数	-0.000 3	-0.000 6	-0.000 2
	(0.000 3)	(0.000 6)	(0.000 2)
公共服务指数	-0.000 1	-0.000 2	0.000 0
	(0.000 2)	(0.000 5)	(0.000 1)
农业发展指数	-0.000 5***	-0.001 0**	-0.000 3***
	(0.000 1)	(0.000 4)	(0.000 1)
平原地区	-0.029 4***	-0.079 3***	-0.000 7
	(0.008 1)	(0.019 9)	(0.006 6)
省份固定效应	Y	Y	Y
观测值	638	638	638

注：① ***、**、* 分别代表1%、5%和10%的显著性水平，括号内是聚类在省份层面的标准误，表中显示了变量的回归系数。②设定 $k=1/3$ 可以得到一致的结论，普惠金融能够在村庄层面降低多维贫困程度。

再次，我们还通过更改家庭多维贫困变量的构建方法进行稳健性检验，表6-13显示了相关估计结果。①采用门槛值设定多维贫困的哑变量。②以家庭发生贫困的指标数或维度数衡量多维贫困，即家庭在多少项指标上或多少维度上是贫困的。③考虑到我国扶贫实践以收入为主要参考，所以以赋予收入贫困指标更大的权重（40%），其他三个维度赋予较小的权重（20%）；由于部分文献只从教育、健康和生活质量三个方面衡量多维贫困，本书也从多维贫困中删除收入贫困指标。④将教育程度指标"16岁及以上成年人受教育年限都小于6年"调整为"16~23岁成员中有人受教育年限小于6年"，以反映普惠金融对农村家庭学龄人群教育贫困的影响。⑤将医疗保险指标"家庭有成员无任何医疗保险"调整为"家庭有成员无任何社会医疗保险"，以反映社会医疗保险在健康贫困中的角色；考虑到多维贫困指标中医疗保险包括社会医疗保险，控制变量中又包括社会养老保险，二者都属于社会保险范畴，为避免回归可能存在同义反复，将控制变量中社会养老保险变量删除，利用村庄其他家庭社会养老保险参保率和保险账户余额进行工具变量估计。表 6-13 显示，无论是利用各指标变异系数，还是利用各维度变异系数进行赋权构建多维贫困变量，都得到了与前文一致的结论。

表 6-13　调整多维贫困指数定义方式进行再估计

变量	(1) 哑变量 $k=1/4$	(2) 贫困指标数相加	(3) 贫困维度数相加	(4) 收入 40%
普惠金融指数	−0.001 9**	−0.005 7**	−0.004 5*	−0.000 7**
	(0.000 8)	(0.002 6)	(0.002 3)	(0.000 3)
控制变量	Y	Y	Y	Y
观测值	13 065	13 065	13 065	13 065

变量	(5) 不含收入贫困	(6) 教育贫困	(7) 医疗贫困
普惠金融指数	−0.000 4***	−0.000 5*	−0.000 6**
	(0.000 1)	(0.000 3)	(0.000 3)
人均收入对数值	−0.009 1***	—	—
	(0.000 7)	—	—
控制变量	Y	Y	Y
观测值	13 065	13 065	13 027

注：***、**、* 分别代表 10%、5% 和 1% 的显著性水平，括号内是聚类在省份层面的标准误，表中显示了变量的回归系数，控制变量包括家庭特征、村庄特征和省份固定效应，第（1）列设定临界值 $k=1/3$ 可以得到一致的结论，第（4）—（7）列设定哑变量可以得到一致的结论。

　　最后，我们利用其他方法构建普惠金融指数进行稳健性检验，比如在等权重法、变异系数和熵值法对金融服务指标进行赋权的基础上，还使用 Sarma 和 Pais（2011）以及 Sarma（2015）的方法构建普惠金融指数。并且，为避免普惠金融指数和多维贫困变量的构建方法不一致对研究造成影响，本章除了都利用等权重法进行指标赋权以外，还利用主成分分析法分别构建了普惠金融指数和多维贫困变量，表 6-14 显示了相关估计结果。其中，Sarma15 和 Sarma11 分别是指利用 Sarma（2015）和 Sarma、Pais（2011）的方法构建的普惠金融指数，_Var 是对金融服务指标进行等值赋权，_Dim 是对金融服务维度进行等值赋权，_CV 是利用变异系数法对金融服务指标进行赋权，_EP 是利用熵值法对金融服务指标进行赋权。结果显示，采用其他方法构建普惠金融指数并未改变本章结论，提高村庄普惠金融水平有助于提高农村家庭减贫质量。

表6-14　利用其他方法构建普惠金融指数进行再估计

变量	多维贫困			
	（1）	（2）	（3）	（4）
Sarma15_Var	−0.001 5***			
	（0.000 3）			
Sarma11_Var		−0.001 3***		
		（0.000 2）		
Sarma15_Dim			−0.001 4***	
			（0.000 2）	
Sarma11_Dim				−0.001 2***
				（0.000 2）
控制变量	Y	Y	Y	Y
观测值	13 065	13 065	13 065	13 065
	（5）	（6）	（7）	（8）
Sarma15_CV	−0.000 6*			
	（0.000 3）			
Sarma11_CV		−0.000 6*		
		（0.000 3）		
Sarma15_EP			−0.001 4***	
			（0.000 2）	
Sarma11_EP				−0.001 1***
				（0.000 2）
控制变量	Y	Y	Y	Y
观测值	13 065	13 065	13 065	13 065

注：***、*分别代表10%和1%的显著性水平，括号内是聚类在省份层面的标准误，表中显示了变量的回归系数，控制变量包括家庭特征、村庄特征和省份固定效应。限于表格篇幅，本表只显示了利用其他方法构建普惠金融指数进行估计的部分结果。

6.7　本章小节

本章利用中国家庭金融调查 2015 年的数据，以多维贫困为切入点研究了普惠金融对我国农村家庭减贫质量的影响，以期为我国提高减贫质量和守住脱贫成果提供证据支持。首先，我们利用因子分析法，从金融服务渗透度、使用度和满意度方面选取指标构建了村庄普惠金融指数；其次，利用赋权加总方法得到多维贫困变量，并利用三阶段可行广义最小二乘法估计了多维贫困脆弱性。研究发现，普惠金融能够显著降低我国农村家庭多维贫困程度，且多维贫困问题越严重，普惠金融的多维减贫效应越好；进一步地，普惠金融还能显著降低多维贫困脆弱性，即普惠金融发展程度越高，农村家庭在未来发生多维贫困的可能性就越小。整体而言，研究表明普惠金融可以通过改善农村家庭可行能力和降低农村家庭未来发生多维贫困的可能性来提高减贫质量。

此外，区分不同类型的贫困和不同类型的金融服务之后我们发现，普惠金融显著降低了收入贫困、教育贫困及生活质量贫困程度，对健康贫困的影响则相对有限；银行营业网点与金融服务点渗透，以及储蓄存款、正规贷款、商业保险及数字金融服务使用可以提高减贫质量，而其他类型金融机构渗透、信用卡使用和银行服务评价的影响并不明显。进一步对环境条件的分析表明，改善村庄市场及制度环境和家庭需求环境有助于充分发挥普惠金融的减贫质量效应，否则可能抑制普惠金融的积极作用。渠道检验表明，普惠金融通过促进农村家庭人力与物质资本积累以及地区经济发展等机制显著提高了减贫质量。利用其他工具变量等一系列稳健性检验都证实了本章结论的一致性。

本章结论具有如下政策含义：第一，推进农村普惠金融发展需要不断加强金融服务创新，用以覆盖多维贫困严重的农村家庭等长尾群体，由此不仅可以满足多维贫困家庭的金融服务需求，也可增强普惠金融对减贫质量的积极作用；第二，推进农村普惠金融发展还需提升金融服务在基层组织的渗透功能，除转账和小额现金支取等日常生活所需金融服务外，还可通过完善征信体系建设和推动数字金融发展等进一步满足多维贫困家庭的生产、投资与发展需求；第三，建立完善的金融扶贫对多维贫困家庭的长效支持机制，增强金融扶贫与财政扶贫等其他机制的有效衔接与融合，进而切实改善健康贫困等不同维度贫困状况。第四，不断改善村庄市场及制度环境和家庭需求环境，通过推进村庄市场化发展、完善治理机制、增强市场连接，以及提高家庭规划能力、信任及信用水平等，充分发挥普惠金融的减贫质量效应。

7 普惠金融与全面建成小康社会：后脱贫时代战略转型

7.1 引言

2020 年年底我国脱贫攻坚战取得全面胜利，为全面建成小康社会做出了关键性贡献。现行贫困标准下的农村贫困人口全部脱贫，贫困县全部摘帽，贫困村全部出列，区域性整体贫困问题得到解决，完成了消除绝对贫困的艰巨任务①。但是，现行贫困标准下绝对贫困问题的解决，并不意味着我国贫困问题的消失，相对贫困仍将长期存在，脱贫摘帽不是终点，而是新生活、新奋斗的起点。在完成脱贫攻坚战和解决绝对贫困问题之后，我国将步入"后脱贫时代"，相对贫困问题会更加凸显。党的十九届四中全会提出要加快建立解决相对贫困问题的长效机制。相对贫困问题能否解决关乎我国能否解决不平衡不充分的主要矛盾和实现全体人民共同富裕的目标，也关系着我国能否提升人民群众获得感、幸福感以及分享社会主义经济发展的成果。本章将从理论和实证层面，研究普惠金融是否可以作为解决相对贫困问题的一种有效的政策工具。

与绝对贫困不同，相对贫困主要关注收入、财富和权利分配的不平等性，以及相对贫困群体的经济地位和体面生活。Townsend（1979）认为，绝对贫困概念虽然关注了饥饿与营养不良的贫困内核，但是忽视了"人类需要"的社会和文化嵌入性，"需要"和"贫困"都是社会建构之物，作者并据此提出了相对贫困概念，即当个人、家庭和群体缺乏足够的资源来获得他们所属社会的饮食类型、参加社会公认的活动或拥有得到广泛认可的生活条件和便利设施时，便是处于贫困之中，他们的资源严重低于一般个人或家庭所支配的资源，

---

① 内容来自习近平总书记在 2021 年 2 月 25 日全国脱贫攻坚总结表彰大会上的讲话。

并且被排斥在普通的生活模式和活动之外。Sen（1999）在饥饿与营养不良的贫困内核的基础上，将社会权利、社会参与机会等维度统一到"可行能力"的理论框架之下，提出了多维贫困概念，用以对贫困问题形成整体理解和认识。

相对贫困具有比较性、主观性、多元性和长期性的特征（罗必良，2020），这些特征决定了相对贫困治理更加复杂和困难。具体地，相对贫困是不同群体之间的对比，而这些对比不仅包括基本生存和基本生活需求，还包括接受教育、享受权利、参与社会生活以及贫困主体的主观感受等。欧盟虽然在2010年发布的"欧盟2020战略"文件中提出了明确的减缓相对贫困的目标，将欧盟生活在贫困线以下的贫困人口减少25%，但是欧盟国家贫困规模近十多年来并未显著下降，原定的2020年的减贫目标也难以实现。同时，相对贫困也并不等同于收入差距。一方面，收入差距缺少目标指向性，我们不能从这类指标中瞄准特定需求群体，扶贫或相关政策难以精准实施及发力，而相对贫困具备目标指向性，借助相对贫困概念及指标可以瞄准特定群体。另一方面，收入差距只是刻画了不同群体之间在收入维度上的对比，而相对贫困还具备多元性特征，更加完整地刻画了后脱贫时代贫困问题的本质和内涵。

金融是解决贫困问题的重要支撑保障。普惠金融作为我国当前金融供给侧结构性改革的重要内容，是否有助于解决相对贫困问题是一个重要的研究课题。这不仅关系我国金融改革发展的重要方向，同时也对我国金融行业有效服务实体经济、增强金融业综合实力应对未来国际挑战提出了要求。从理论层面而言，普惠金融与解决相对贫困问题之间具有内在逻辑的一致性，二者都以经济社会中的弱势群体为重点关注和服务对象。并且不同于政府转移性支付等福利政策，普惠金融有助于提高弱势群体的内生发展动力，促进群体金融能力建设和资产建设。Sherraden（1991）提出的资产建设理论认为，相比于以收入为主的社会政策，以资产建设为主的社会政策更能促进穷人持久地摆脱贫困状态。普惠金融旨在通过增加金融服务广度和外延，为小微企业、农民、城镇低收入人群、贫困人群和残疾人、老年人等特殊群体提供其所需的金融服务，而这些特殊群体由于自身资源禀赋不足，当遭遇内外部风险冲击时更可能陷入相对贫困。所以，普惠金融为弱势群体提供金融服务支持，有助于他们实现物质资本和人力资本积累，进而摆脱相对贫困。

现有文献主要研究了公共转移支付及转移政策、保险保障、劳动力市场及个人劳动状态、政治及土地制度等因素对相对贫困问题的影响。比如，Brady和Burroway（2012）通过对18个西方发达国家的多层次分析发现，除了就业、教育和年龄等个人特征之外，普遍性社会政策显著降低了单亲母亲的贫困程度，而针对性社会政策的效果很弱。Moller 等（2003）用卢森堡收入调查微观数据和1970—1997 年14 个发达资本主义国家的时间序列数据研究了税收和转移制度的减贫效果，发现尽管效果差别很大，但是所有国家的贫困水平都通过税收和转移制度得到了降低，福利国家越慷慨，减贫的程度就越高。李永友和沈坤荣（2007）发现，中国相对贫困的产生和日趋严重主要来自财富初始分配环节中劳动力要素价格在不同行业之间存在的较大差异，而财政在减缓初始分配环节造成的相对贫困方面作用非常有限，尤其是医疗卫生支出某种程度上还进一步提高了相对贫困水平。Vliet 等（2012）研究了经合组织 SOCX 和欧盟 SILC 数据库的面板数据，发现从公共养老金向私人养老金的转移与老年人收入不平等或贫困程度更高有关；但是 Been 等（2017）通过扩充样本国家和样本期限，并使用修订后的经合组织 SOCX 数据，并未发现一致性结论。孙武军和祁晶（2016）、黄薇（2019）分别研究了保险机制和医疗保险政策对相对贫困的影响。

此外，Graaf-Zijl 和 Nolan（2011）研究了欧盟各国家庭失业率的差异及其对相对贫困和欧盟减贫目标的影响，发现微观层面上家庭失业率对相对收入贫困或被剥夺的可能性有重大影响，但这些影响在一些国家比其他国家要大得多，而且在单个成人和多个成人家庭之间存在差异。Brady 等（2013）、Bose 等（2020）、Maldonado 和 Nieuwenhuis（2015）分别研究了工会组织、带薪休假、病假政策和家庭政策等因素对相对贫困的影响，周力和邵俊杰（2020）、罗明忠等（2020）和刘大伟（2020）研究了非农就业、职业技能培训、教育水平等因素对降低相对贫困程度的作用，姜明世（2017）、张自强（2020）分别研究了政党制度、土地制度对相对贫困的影响。

但是，现有文献就普惠金融对相对贫困的影响还未开展深入的研究，也未就普惠金融对相对贫困的作用机制给出充分的经验证据。一方面，Park 和 Mercado（2018）、Dabla-Norris 等（2021）、Celerier 和 Matray（2019）、Stein 和 Yannelis（2020）等发表的少数文献虽研究了普惠金融对收入差距和财富积累的影响，发现普惠金融有助于缩小收入差距和增加家庭财富积累，但是相对贫困并不等同于收入差距和财富积累；谭燕芝等（2017）、米运生（2009）、孙继国等（2020）国内学者发表的文献则从非正规金融、金融自由化和数字金融等方面考察了金融因素对相对贫困的影响。另一方面，文献也没有严谨地分析普惠金融、金融发展与金融竞争对降低相对贫困程度的差异性影响，这些不同的金融概念反映了不同的金融内涵，在解决相对贫困问题时可能具有不同的作用。比如，Turegano 和 Herrero（2018）利用国际面板数据实证研究发现，普惠金融有助于缩小收入差距，而以贷款占 GDP 比重衡量的金融发展却显著扩大了收入差距。

鉴于此，本章将从理论和实证层面研究普惠金融对相对贫困的影响及其机制，并进一步讨论和检验普惠金融、金融发展与金融竞争对相对贫困是否存在差异性影响。本章的主要贡献在于：第一，从普惠金融视角提供了解决我国相对贫困问题的一种可行方案，并从理论和实证层面严谨地分析了普惠金融对降低相对贫困程度的作用机制；第二，比较了普惠金融、金融发展与金融竞争对相对贫困的影响，揭示了普惠金融不同于以往金融发展的内涵及本质，并给出了相关经验证据，进而表明我国金融供给侧结构性改革的必要性；第三，既从收入相对贫困方面也从多维相对贫困方面讨论了普惠金融对相对贫困的影响，这更加契合了相对贫困问题的多维特征，也有助于更好地探索普惠金融作用于相对贫困的着力点和弥补普惠金融发展中的不足之处。本章余下的结构安排是：第二节是理论分析与研究假设，第三节是数据、变量与模型设定，第四节是基本实证结果，第五节是作用机制分析，第六节是进一步分析，第七节是本章小结。

7.2　理论分析与研究假设

7.2.1　普惠金融促进包容性发展

普惠金融有助于促进宏观经济增长。改革开放以来，我国金融业综合实力得到了极大提高，金融发展取得长足进步。但是以往我国在金融发展中主要关注了金融服务的深度和间接融资在金融体系中的作用，由此可能导致金融业过度扩张、脱实向虚以及中长期内实体经济杠杆率攀升，进而不利于宏观经济增长。但是，普惠金融可以向农民、城镇中低收入家庭或中小微企业等弱势群体充分提供其所需的金融服务，有助于弥补以往金融发展中存在的不足，进而促进宏观经济增长。第一，与高收入家庭相比，中低收入家庭的边际消费倾向更高，提供金融服务能够充分释放这些家庭的消费需求，尤其是发展性消费需求日益旺盛，由此普惠金融可以扩大内需和助力实现国内国际双循环。第二，中小微企业的数量众多且行业覆盖范围广，对我国税收、GDP、技术创新、劳动力就业等做出了重要贡献，但是中小微企业融资比例普遍较低且经营持续性较差，提供金融服务有助于中小微企业扩大生产经营规模、应对风险冲击和提高生存概率，进而从税收、技术创新和劳动力就业等多个方面助力我国经济增长。第三，普惠金融通过扩大金融体系服务范围和提供特色金融产品，还有助于促进金融机构或金融体系实现风险分散，增强金融体系稳定性，防止经济社会过度金融化，进而提升服务实体经济的能力和避免金融危机对经济增长的不利影响（Neaime et al.，2018）。

普惠金融还有助于缩小居民收入差距。中低收入家庭等弱势群体自身资源禀赋不足，在缺少充足金融服务的情况下，难以通过自身条件实现物质资本和人力资本的有效积累；并且其风险规避或风险防范工具有限，抵抗风险能力不足，在意外风险事故发生之后，更可能遭遇人力资本或物质资本损失，以致收入差距不断拉大。但是，普惠金融可以通过如下渠道缩小居民收入差距：第一，利用银行信贷或企业股票及债券等可以为个体工商户、私营企业等的生产经营提供资金支持，同时银行信贷也可以促进人力资本积累和提高劳动力市场竞争力，比如教育或医疗类信贷促进职业教育及医疗费用给付，由此可以增加经营性收入和工资性收入来源及金额；第二，利用保险服务还可以为弱势群体提供风险保障和损失补偿、增强其风险应对能力，避免风险事故的发生造成其大额经济损失或主观福利损失，由此可以增强弱势群体收入稳定性。

整体而言，宏观经济增长可以为中低收入家庭等弱势群体提供良好的外部经济发展环境，居民收入差距缩小还能够促使更多中低收入家庭分享经济发展成果。由此可见，普惠金融将有助于降低相对贫困程度。

据此，我们提出如下研究假设 H1：普惠金融可以通过促进包容性发展对解决相对贫困问题发挥积极作用。

7.2.2 普惠金融促进充分就业

普惠金融有助于降低成年人失业概率，促进成年人实现充分就业，进而有效缓解相对贫困问题。

首先，普惠金融能够提高成年人受雇的可能性，并避免成年人在劳动力市场失业。一方面，普惠金融可以促进成年人的人力资本积累，提高其在劳动力市场上的竞争力，进而使其更好地适应劳动力市场变化以及敢于接受劳动力市场挑战。另一方面，普惠金融还可以促进成年家庭实现平滑消费，进而在劳动力市场出现大幅变化或者家庭发生某些意外风险事故时，劳动者能够更加耐心地、更好地寻找到与之相匹配的工作岗位，提高受雇概率以及工作稳定性。

其次，普惠金融能够提高成年人从事个体户、私营企业等生产经营性工作的可能性。第一，信贷服务可以提供创业资金支持，使创业者将创业机会及灵感转化为创业实践活动，同时其还可以扩大生产经营活动规模，并通过应急短期贷款等方式提高其在生产经营活动中的抗风险冲击能力，降低其生产经营失败的概率。第二，保险服务可以为生产经营活动提供风险保障和损失补偿，比如财产保险可以降低企业固定资产损失对生产经营活动的影响，人身保险可以避免企业经营者健康变化对企业生产经营活动的不利影响。同时，为企业职工或雇员购买商业人身保险还可以增加员工的工作积极性，提高生产经营效率。第三，支付服务可以提高企业生产经营过程中与上下游企业交易的便利性、降低交易成本，以及使企业通过与上下游产业链整合提高自身生产经营过程中对市场需求的认知和了解，并据此及时调整生产经营策略以把握市场机会和适应市场变化。

最后，普惠金融降低了成年人从事农业工作的可能性。一方面，普惠金融通过促进农地流转和农业现代化规模化生产经营，释放了农业生产的劳动力需求；同时普惠金融还通过提供储蓄、信贷、保险和支付等多种金融服务增加农村劳动力的人力资本积累，提高了农村劳动力素质和竞争力，使其能够胜任非农工作。另一方面，普惠金融通过促进宏观经济发展为农村劳动力创造了就业岗位和机会，同时跨地区转账、汇款等支付便利类的普惠金融服务还能够促进农村劳动力向外流动，使其寻找收入更高和充分体现个人价值的工作。

整体而言，普惠金融可以降低成年人失业概率，在减少成年人从事农业工作可能性的同时，提高成年人受雇或从事生产经营活动的可能性，进而助力实现充分就业。成年人就业状况、就业稳定性及就业类型将会直接影响家庭相对贫困状况，而与务农工作相比，受雇工作和生产经营性工作可以在更大程度上提高家庭收入，从而降低家庭发生相对贫困的可能性。

据此，我们提出如下研究假设 H2：普惠金融可以通过促进成年人充分就业对解决相对贫困问题发挥积极作用。

7.2.3 普惠金融提高政府转移支付效率

针对中低收入家庭的政府转移支付有助于解决相对贫困问题，但是现有证据表明，政府转移支付存在瞄准失当、精英俘获等问题，转移支付效率仍有待进一步提高。如何有效提高政府转移支付效率是社会各界普遍关心的重要问题，而普惠金融是一种值得考虑的政策工具。一方面，普惠金融可以简化政府转移支付方式，比如直接将资金划拨至对应居民家庭的银行账户，而非通过地方政府层层下拨发放，甚至让居民领取现金，由此将会减少地方或基层政府截留转移支付资金的可能性。另一方面，普惠金融通过向中低收入家庭提供金融服务，还能够将这些传统金融排斥的群体纳入金融服务体系和征信范围，借助储蓄、信贷、支付等多方面金融交易活动更加真实、完整地记录中低收入家庭的资产负债及收支情况，由此能够更加有效地识别政府转移支付对象，避免发生瞄准失当或精英俘获等问题。

据此，我们提出如下研究假设 H3：普惠金融可以通过提高政府转移支付效率对解决相对贫困问题发挥积极作用。

7.2.4 普惠金融、金融发展与金融竞争的差异性影响

普惠金融、金融发展与金融竞争对相对贫困可能存在差异性的影响。与普惠金融的衡量方法不同，已有文献和社会实践普遍利用贷款余额占 GDP 比重衡量金融发展，利用赫芬达尔指数衡量金融竞争。从理论上讲，三者反映了不同的金融发展侧重点或内涵，代表了金融体系与实体经济的不同耦合方式；从技术上讲，三者的衡量方法或刻画指标并不相同，传统意义的金融发展或金融竞争指标也不等同于普惠金融。

首先，由于以下原因，金融发展对相对贫困的影响可能小于普惠金融。第一，以往金融发展主要强调信贷在金融体系中的角色和作用，这在中长期可能会导致实体经济债务积累和杠杆率攀升，从而抑制企业生产投资与居民家庭消费需求，债务通缩效应导致的经济衰退将会对中低收入家庭等弱势群体造成更大的不利影响，由此会弱化金融发展对解决相对贫困问题的积极作用。第二，过度注重信贷服务会在很大程度上忽视居民家庭的多样化金融服务需求，造成金融体系不同金融部门之间发展不平衡，比如直接融资与间接融资之间的相对失衡以及风险保障与风险投资之间的相对失衡等。中低收入家庭由于自身资源禀赋不足，难以有效应对多样化、多来源、多途径的风险事故发生及其蔓延。第三，忽视弱势群体的金融发展还可能导致金融业快速扩张和过度金融化，导致金融体系"脱实向虚"，进而不利于实体经济发展；同时随着我国经济增长转入新常态阶段，经济增长的涓滴效应也在不断减弱，这将不利于中低收入群体更多地分享经济发展成果。

其次，考虑到以下原因，金融竞争对相对贫困的影响也可能小于普惠金融。金融竞争加剧可能对降低相对贫困程度产生积极影响，也可能产生消极影响。第一，金融竞争可以促使金融机构创新金融产品、降低金融服务成本、提升金融服务质量以及提高经营效率，进而更好地服务实体经济，为中低收入家庭等弱势群体摆脱相对贫困状态创造良好的金融和经济环境。第二，金融竞争有助于形成多层次金融服务体系，促使不同金融机构根据自身优势及特点寻求

差异化市场定位，这样中小金融机构通过扎根本地市场、充分发挥自身优势可以更多地服务于中低收入家庭等弱势群体，进而对降低相对贫困程度发挥积极作用。第三，金融竞争加剧还可能导致金融机构为了追逐商业利润或控制风险敞口，将更多的金融服务或金融资源瞄准发达地区及高收入家庭，比如金融机构在经济落后地区的基层网点收缩、特色金融产品或金融服务有效供给不足，这将会加剧中低收入家庭的金融服务缺失，不利于他们实现物质资本及人力资本积累，进而不利于解决相对贫困问题。第四，金融竞争加剧还可能导致金融投机性或高风险交易活动增加，这样金融体系脆弱性将会增强并诱发金融系统性风险问题，极端情况下还可能导致金融危机爆发；中低收入家庭面临金融危机冲击时有效的风险规避及应对手段更少，这也将不利于解决相对贫困问题。

据此，我们提出如下研究假设 H4：普惠金融对解决相对贫困问题的积极作用最大，而金融发展和金融竞争的作用相对较小。

7.3 数据、变量与模型设定

7.3.1 数据来源

本章利用中国家庭金融调查 2015 年的微观数据，并辅以从国家统计局资料、金融统计年鉴、原银监会年报和 OECD data 等找到的宏观数据进行分析。其中，CHFS 2015 年的数据包含了详细的家庭人口学特征变量，以及资产与负债、收入与支出、保险与保障等信息，特别是包含了可用于衡量社区普惠金融发展水平的金融网点渗透和金融服务使用情况的信息。另外，由于相对贫困问题不局限于城镇或者农村其中之一，本章将使用包含城镇和农村在内的全部样本进行分析。

7.3.2 相对贫困的定义

相对贫困的衡量方法目前仍缺少统一的界定。在国际社会反贫困实践中，英国、欧盟和 OECD 等普遍采用收入比例法，即根据居民收入中位数或均值的一定比例来定义相对贫困，当居民收入低于该比例所对应的收入时即为相对贫困。其中，欧盟和 OECD 是以收入中位数的 50% 作为相对贫困线，英国则是以收入中位数的 60% 作为相对贫困线。此外，近年来学者们也讨论了如何科学设定相对贫困线。究其原因，以中位数或平均数的一定比例设定相对贫困线，一定程度上忽略了居民家庭对绝对收入的重视。同时这样的相对贫困线也难以用于国际相对贫困问题的比较，因为不同国家的居民收入水平不同，以其中位数或平均数一定比例的参照对象也就不同。据此，Atkinson 和 Bourguignon（2001）、Ravallion 和 Chen（2011）、Ravallion 和 Chen（2019）等提出了弱相对贫困线或综合相对贫困线的概念，进而用于相对贫困的国际问题比较。

我国当前缺少明确统一的相对贫困界定方式。2016 年广东省出台的《中共广东省委 广东省人民政府关于新时期精准扶贫精准脱贫三年攻坚的实施意见》，采用了 2014 年农村居民年人均可支配收入（12 246 元）的 33%（约 4 000 元）作为相对贫困标准，并规定相对贫困的脱贫标准为人均可支配收入不低于当年全省农村居民人均可支配收入的 45%。现有文献针对国内相对贫困线也给出了不同的建议。比如，陈宗胜等（2013）建议用上一年农村居民的平均收入乘以均值系数作为下一年农村相对贫困线，并将 0.4～0.5 的均值系数作为界定相对贫困的标准；孙久文和夏添（2019）、沈扬扬和李实（2020）建议采用居民收入中位数的 40% 作为相对贫困线，檀学文（2020）则建议采用居民收入中位数的 50% 作为相对贫困线。

鉴于相对贫困线当前仍缺少统一的定义方式，以及本章实证分析中不会对相对贫困问题进行国际比较，所以我们采用国家社会实践和文献中普遍接受的收入比例法来衡量相对贫困。表 7-1 显示了相对贫困的描述统计结果。其中，"全国相对贫困线"是利用全国居民收入中位数或均值的一定比例作为相对贫困标准，"城市相对贫困线"是利用城市居民收入中位数或均值的一定比例作为相对贫困标准，"农村相对贫困线"是利用农村居民收入中位数或均值的一定比例作为相对贫困标准，"全国相对贫困线——城市"和"全国相对贫困线——农村"则分别是利用全国相对贫困线作为城市和农村的相对贫困标准。另外，Panel A 是不对家庭规模进行尺度调整计算得到的相对贫困率发生率，即通过为每个家庭成员赋值 1 来计算家庭人均可支配收入（居民收入），进而利用收入比例法计算相对贫困发生率；Panel B 是利用 OECD 国家常用的修正尺度方法对家庭规模进行调整后计算得到的相对贫困发生率，即通过为户主赋值 1、其他成年人赋值 0.5 和小孩赋值 0.3 来计算家庭人均可支配收入（居民收入），进而再利用收入比例法计算相对贫困发生率。比如，对于两个成年人和一个小孩的三口之家，不对家庭规模进行尺度调整时居民收入等于家庭总收入除以 3，利用修正尺度对家庭规模进行调整时居民收入则等于家庭总收入除以 1.8。

从表 7-1 中可知：首先，当全国层面采用唯一的相对贫困线时，我国相对贫困问题主要出现在农村，而较少出现在城市。以居民收入中位数的 50% 为例，此时全国相对贫困发生率为 30.8%，而城市和农村相对贫困率分别是 18.5% 和 47.7%，这反映了我国农村居民收入与城市居民收入存在着较大差距。其次，当根据城市居民收入和农村居民收入分别设定二者的相对贫困线时，城市相对贫困发生率有所上升。以居民收入中位数的 50% 为例，此时城市和农村相对贫困率分别是 26.9% 和 31.4%，这反映了采用全国相对贫困线可能会低估城市相对贫困问题。由此可知：①无论根据何种方式设定相对贫困线都存在一定的不足，利用全国相对贫困线会导致农村相对贫困问题非常严重，而利用城市或农村相对贫困线不利于解决城乡差距问题。出于综合考虑，我们在研究全国层面相对贫困问题时利用全国相对贫困线，而在分别讨论城市和农村相对贫困问题时则利用城市相对贫困线和农村相对贫困线。②对家庭规模是否进行尺度调整基本不会影响相对贫困发生率的估计结果，所以下文主要采用不对家庭规模进行尺度调整时得到的相对贫困来进行实证分析，然后利用 OCED 尺度调整后得到的相对贫困来进行稳健性检验。

表 7-1　相对贫困的描述统计

指标	居民收入中位数			居民收入均值		
Panel A	40% rp_p40	50% rp_p50	60% rp_p60	40% rp_m40	50% rp_m40	60% rp_m40
全国相对贫困线	0.264	0.308	0.349	0.390	0.459	0.516
城市相对贫困线	0.220	0.269	0.322	0.328	0.397	0.463
农村相对贫困线	0.268	0.314	0.356	0.375	0.438	0.492
全国相对贫困线——城市	0.158	0.185	0.212	0.243	0.304	0.356
全国相对贫困线——农村	0.411	0.477	0.536	0.591	0.672	0.737
Panel B（OECD-scale）						
全国相对贫困线	0.267	0.308	0.349	0.375	0.440	0.501
城市相对贫困线	0.211	0.257	0.304	0.308	0.390	0.457
农村相对贫困线	0.273	0.320	0.361	0.383	0.441	0.493

注：如果采用全国相对贫困线，即以全国居民收入中位数或均值的一定比例定义相对贫困，然后分城乡样本进行描述统计，会发现农村相对贫困率高达 41%~74%，这对我国在未来扶贫工作中降低相对贫困程度将会非常困难，所以我们在下文讨论城市或农村相对贫困问题时将分别采用城市和农村居民收入中位数或均值的一定比例定义相对贫困，即城市相对贫困线和农村相对贫困线。

利用 OECD data 数据库，表 7-2 显示了世界主要国家的相对贫困状况，相对贫困线是各国居民收入中位数的 50%。首先，利用 OECD 修正尺度计算居民收入，中国 2011 年相对贫困发生率为 28.8%，这和我们利用 CHFS 2015 年数据计算出的结果相近。与世界上主要国家相比，我国相对贫困问题较为突出，这说明了我国当前仍然是最大的发展中国家，居民收入与发达国家相比仍存在一定的差距，反映出我国在 2020 年解决了绝对贫困问题之后加快构建解决相对贫困问题的长效机制的重要性。其次，在世界主要国家中，南非、巴西、印度和美国的相对贫困发生率较高，而荷兰、德国和法国的相对贫困发生率较低。就世界不同地区而言，南美国家、北美国家和东亚国家的相对贫困问题较为突出，欧洲国家和大洋洲国家的相对贫困问题则较小。最后，通过观察世界主要国家相对贫困状态的历年变化可知，德国、荷兰和美国的相对贫困问题有所加重，加拿大、墨西哥和澳大利亚的相对贫困问题有所减缓，而其他国家则变化不大，这反映了解决相对贫困问题将会是一个长期过程。

表 7-2　世界主要国家的相对贫困状况

地区和国家		年份								
		2010	2011	2012	2013	2014	2015	2016	2017	2018
东亚	中国		0.288							
	日本			0.161			0.157			
	韩国						0.175	0.176	0.173	0.167
北美	美国				0.172	0.175	0.168	0.178	0.178	
	加拿大	0.131	0.131	0.133	0.133	0.126	0.142	0.124	0.120	0.118
	墨西哥			0.189		0.167		0.166		
欧洲	英国	0.110	0.104	0.105	0.104	0.105	0.109	0.111	0.119	0.117
	法国			0.085	0.079	0.081	0.081	0.083	0.081	0.085
	德国		0.087	0.084	0.091	0.095	0.101	0.104	0.104	
	意大利	0.134	0.128	0.130	0.133	0.137	0.144	0.137	0.139	
	荷兰		0.066	0.069	0.079	0.078	0.078	0.083		
	葡萄牙	0.109	0.114	0.130	0.135	0.135	0.125	0.125	0.107	0.104
	西班牙	0.139	0.147	0.141	0.159	0.153	0.153	0.156	0.148	0.142
大洋洲	澳大利亚			0.140		0.128		0.121		0.124
	新西兰		0.098	0.099		0.109				
金砖国家	印度		0.197							
	巴西		0.209		0.2					
	俄罗斯		0.146					0.127		
	南非						0.266			

注：数据来源于 OECD data，链接 https://data.oecd.org/inequality/poverty-rate.htm#indicator-chart。

7.3.3 普惠金融与相对贫困的分组描述统计

将社区普惠金融指数进行五等分组。图 7-1 显示了普惠金融发展水平与相对贫困发生率的关系，左图是利用全国居民收入中位数的 40% 定义相对贫困，右图是利用全国居民收入中位数的 50% 定义相对贫困。从中可知，随着普惠金融发展水平的提高，相对贫困发生率不断降低，这表明普惠金融与相对贫困问题之间存在着负向关系。具体而言，利用全国居民收入中位数的 40% 定义相对贫困，从普惠金融发展水平的最低组别到最高组别，相对贫困发生率分别是 45.3%、41.7%、31.4%、16.6% 和 13.3%；再利用全国居民收入中位数的 50% 定义相对贫困，从普惠金融发展水平的最低组别到最高组别，相对贫困发生率则分别是 52.5%、48.4%、36.7%、19.8% 和 12.9%。

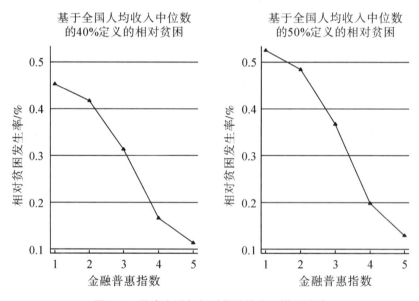

图 7-1　普惠金融与相对贫困的分组描述统计

7.3.4 模型设定

本章主要采用 Probit 模型实证分析普惠金融对相对贫困的影响，并利用 OLS 模型、工具变量法和安慰剂检验等方法进行稳健性检验。同时，在研究普惠金融对相对贫困的影响机制时，我们还将利用 Multinomial Logit 模型讨论普惠金融对充分就业的影响，以及利用 Tobit 模型讨论普惠金融对政府转移支付效率的影响。

Probit 模型如式（7-1）：

$$\Pr(\text{RPoverty}_{ij} = 1 \mid \text{findex}_i, X_{ij}) = \beta_0 + \beta_1 \text{findex}_i + \beta_2 X_{ij} + \varepsilon_{ij} \quad (7-1)$$

其中，i 代表社区，j 代表家庭，被解释变量是家庭是否相对贫困的哑变量，$\text{RPoverty}_{ij} = 1$ 表示社区 i 中的家庭 j 产生了相对贫困问题，解释变量是社区普惠金融指数 findex_i。X_{ij} 是一系列控制变量，主要包括家庭特征变量（净资产、工商业经营、风险偏好、民间借贷、关系指数、社会养老保险及其余额、社会医疗保险及其余额、家庭规模及其平方、成年人失业率、家庭抚养比）、户主特征变量（受教育年限、性别、年龄及其平方、婚姻状态以及自评健康状况）以及农村哑变量和省份固定效应，ε_{ij} 是误差项。特别地，与前述章节利用家庭消费衡量绝对贫困不同，本章采用收入比例法衡量相对贫困，为了避免模型出现反向因果问题或同义反复的估计结果，我们在控制变量中将不再包含家庭纯收入。同时，我们新增了与家庭收入存在紧密关联的三个变量，即工商业经营、风险偏好和成年人失业率，用于尽量避免遗漏变量。为了更加清晰地对实证结果的经济意义进行解读，我们还对社区普惠金融指数进行线性标准化使其取值为［0，100］。此时社区普惠金融指数变动一个单位，即意味着指数提高 1%。

OLS 模型如式（7-2）：

$$\text{RPoverty}_{ij} = \beta_0 + \beta_1 \text{findex}_i + \beta_2 X_{ij} + \varepsilon_{ij} \quad (7-2)$$

其中，i 代表社区，j 代表家庭，被解释变量 RPoverty_{ij}、解释变量 findex_i 和控制变量 X_{ij} 与前述模型（7-1）相同。由于被解释变量 RPoverty_{ij} 是取值 0 或 1 的变量，所以此时 OLS 模型也可认为是线性概率模型。与 Probit 这类非线性概率模型相比，线性概率模型的一个重要缺陷是模型拟合值可能小于 0 或大于 1；但是，与非线性概率模型相比，线性概率模型也存在一些优点，比如很少出现估计不收敛的问题，并且对被解释变量的数据结构也不会过于敏感。

Multinomial Logit 模型如式（7-3）：

$$\Pr(\text{Works}_{ijp} = k \mid \text{findex}_i, X_{ij}) = \frac{\exp(\beta_{0k} + \beta_{1k} \text{findex}_i + \beta_{2k} Z + \varepsilon_{ij})}{1 + \sum_{k=1}^{K} \exp(\beta_{0k} + \beta_{1k} \text{findex}_i + \beta_{2k} Z + \varepsilon_{ij})}$$

$$(7-3)$$

其中，i 代表社区，j 代表家庭，p 代表个人，被解释变量 Works_{ijp} 代表成年人 p 的工作状态，$k=0$ 表示失业，$k=1$、2、3 和 4 分别表示成年人从事受雇于他人或单位、个体户及私营企业、务农、自由职业及其他工作。解释变量 findex_i 与前述模型（7-1）相同。控制变量 Z 包括个体特征（年龄、年龄平方、男性、自评健康差、受教育年限、已婚、中共党员、兄弟姐妹数量）、家庭特征

（家庭规模、家庭规模平方、家庭抚养比）、社区特征（农业发展指数、特色产业指数、基层治理指数、公共服务指数、社区和市中心的距离、平原地区）以及农村和省份哑变量。

Tobit 模型如式（7-4）：

$$\text{Publictf}_{ij}^* = \beta_0 + \beta_1 \text{findex}_i + \beta_2 D_i + \beta_3 \text{findex}_i \times D_i + \beta_4 X_{ij} + \varepsilon_{ij} \quad (7-4)$$
$$\text{Publictf}_{ij} = \max (0, \text{Publictf}_{ij}^*)$$

其中，i 代表社区，j 代表家庭，被解释变量 Publictf_{ij}^* 是潜变量、代表家庭获得的政府转移支付额，findex_i 同上，D_i 是家庭收入四等分组的哑变量（包括收入最低组、收入较低组、收入较高组和收入最高组），$\text{findex}_i \times D_i$ 是社区普惠金融指数与家庭收入四等分组哑变量的交互项。当以收入最高组作为参照组时，$\beta_3 > 0$ 表示普惠金融促进低收入家庭获得了更多的政府转移支付额。控制变量 X_{ij} 同前述模型（7-1）。

表 7-3 显示了变量描述统计结果。从中可知，5.8% 的样本家庭的净资产小于或等于 0，并且 16.1% 参加了工商业经营，9.2% 是风险偏好型，19.7% 拥有民间借贷，83.7% 拥有社会养老保险，93.3% 拥有社会医疗保险；家庭规模平均为 3.367 人，年龄大于 16 岁的家庭成员中有 37.6% 没有参加工作，家庭关系指数的平均值为 17.544、标准差为 15.171，表明不同家庭之间的社会资本存在较大差异。此外，样本家庭的户主平均受教育年限约为 9.3 年，75.8% 为男性，平均年龄约为 53 岁，85.1% 已婚，并有 16.7% 的户主感觉身体状况较差。

表 7-3　变量的描述统计

变量	观测值	均值	标准差	最小值	最大值
普惠金融指数	36 750	25.364	13.201	0	100
家庭特征					
家庭净资产	36 750	11.821	5.137	−14.181	17.600
工商业经营	36 750	0.161	0.368	0	1
风险偏好	36 750	0.092	0.289	0	1
民间借贷	36 750	0.197	0.397	0	1
关系指数	36 750	17.544	15.171	0	100
养老保险	36 750	0.837	0.369	0	1
养老保险账户余额	36 750	3.406	3.966	0	11.225
医疗保险	36 750	0.933	0.250	0	1

表7-3(续)

变量	观测值	均值	标准差	最小值	最大值
医疗保险账户余额	36 750	2.411	3.202	0	9.616
家庭规模	36 750	3.367	1.573	1	10
成年人失业率	36 750	0.376	0.352	0	1
家庭抚养比	36 750	0.302	0.321	0	1
户主特征					
受教育年限	36 750	9.301	4.135	0	22
男性	36 750	0.758	0.429	0	1
年龄	36 750	53.059	13.854	18	85
已婚	36 750	0.851	0.356	0	1
自评健康差	36 750	0.167	0.373	0	1

注：工商业经营，是指家庭目前从事工商业生产经营项目，包括了个体户、租赁、运输、网点、企业经营等；风险偏好，是指家庭投资项目时更愿意投资高风险、高回报的项目，以及略高风险、略高回报的项目；成年人失业率，是指16岁以上、没有参加工作的家庭成员占16岁以上所有家庭成员的比例。其他变量定义同前述章节。

7.4 基本实证结果

7.4.1 普惠金融对家庭相对贫困的影响估计结果

利用 Probit 模型，表7-4 显示了普惠金融对我国家庭相对贫困的影响估计结果。其中，第（1）—（3）列分别是利用全国居民收入中位数的40%、50%和60%定义相对贫困，而第（4）—（6）列分别是利用全国居民收入均值的40%、50%和60%定义相对贫困。从表7-4中可以得知，无论采用哪种相对贫困的衡量方式，普惠金融都可以显著降低家庭发生相对贫困的概率。以全国居民收入中位数的50%定义相对贫困为例，普惠金融指数每提高1%（一个标准差，即13.201），将会促进家庭发生相对贫困的概率显著下降0.32%（4.22%）；考虑到此种相对贫困标准下我国相对贫困发生率为30.8%，推进普惠金融发展不仅在统计意义上而且在经济意义上，都可以对相对贫困问题产生积极作用。鉴于文献中的普遍做法和不同收入比例下普惠金融都可以显著降低家庭发生相对贫困的概率，我们在下文将主要采用全国居民收入中位数或均值的50%作为相对贫困标准进行实证分析。

此外，从表7-4中还可得知：①提高家庭净资产、关系指数、养老保险和医疗保险及其账户余额，延长户主受教育年限和户主结婚可以显著降低家庭发生相对贫困的概率。家庭净资产代表了家庭财富积累状况，关系指数反映了家庭社会资本，社会养老保险和社会医疗保险具有风险保障和损失补偿功能；提高户主受教育年限可以帮助家庭更多地积累人力资本；户主结婚不仅可以促进家庭实现规模经济，还可以通过配偶及其亲戚扩大社会网络实现风险分担。②民间借贷、养老保险账户余额、成年人失业率、家庭抚养比以及户主自评健康差等因素则显著提高了家庭发生相对贫困的概率。与正规借贷不同，民间借贷的贷款利率更高、期限更短、额度也更小，由此很难对缓解相对贫困问题产生积极作用；如果是大额民间借贷则可能由于利率高企而导致家庭落入债务陷阱，进而也不利于缓解相对贫困问题。养老保险账户余额刻画了家庭成员历年缴纳社会养老保险保费形成的剩余积累部分，养老保险缴费会直接减少中低收入家庭当前可支配收入，尤其是养老保险缴费率较高时更可能提高中低收入家庭出现相对贫困的概率。成年人失业率、家庭抚养比和户主自评健康反映了家庭的劳动力状况，劳动力的数量越多、身体越健康，家庭越不可能发生相对贫困问题。③家庭规模对相对贫困呈现 U 形影响，表明家庭成员过少或过多都更可能发生相对贫困问题；而户主年龄对相对贫困呈现倒 U 形影响，表明年轻家庭和老年家庭都具有更高的概率出现相对贫困。

表 7-4　普惠金融对家庭相对贫困的影响估计结果

变量	(1) rp_p40	(2) rp_p50	(3) rp_p60	(4) rp_m40	(5) rp_m50	(6) rp_m60
普惠金融指数	−0.002 7***	−0.003 2***	−0.003 4***	−0.003 6***	−0.004 0***	−0.004 2***
	(0.000 4)	(0.000 4)	(0.000 4)	(0.000 4)	(0.000 4)	(0.000 4)
家庭净资产	−0.005 5***	−0.005 9***	−0.006 1***	−0.006 8***	−0.008 2***	−0.008 6***
	(0.000 4)	(0.000 5)	(0.000 5)	(0.000 5)	(0.000 6)	(0.000 6)
工商业经营	−0.003 8	−0.008 1	−0.014 2**	−0.023 8***	−0.032 3***	−0.042 3***
	(0.006 5)	(0.006 8)	(0.007 0)	(0.006 9)	(0.007 0)	(0.006 8)
风险偏好	−0.005 8	−0.015 6**	−0.016 5**	−0.025 9***	−0.037 9***	−0.048 2***
	(0.007 7)	(0.007 9)	(0.008 0)	(0.008 0)	(0.008 1)	(0.007 9)
民间借贷	0.030 4***	0.035 9***	0.039 1***	0.039 1***	0.037 4***	0.033 9***
	(0.005 5)	(0.005 7)	(0.005 7)	(0.005 9)	(0.006 2)	(0.006 2)
关系指数	−0.001 8***	−0.001 9***	−0.001 9***	−0.001 9***	−0.002 0***	−0.001 8***
	(0.000 2)	(0.000 2)	(0.000 2)	(0.000 2)	(0.000 2)	(0.000 2)
养老保险	−0.138 4***	−0.146 5***	−0.146 5***	−0.143 1***	−0.131 9***	−0.127 5***

表7-4（续）

变量	(1) rp_p40	(2) rp_p50	(3) rp_p60	(4) rp_m40	(5) rp_m50	(6) rp_m60
	(0.006 3)	(0.006 7)	(0.006 9)	(0.007 1)	(0.007 4)	(0.007 4)
养老保险账户余额	0.002 6***	0.003 1***	0.003 4***	0.003 0***	0.002 8***	0.002 8***
	(0.000 6)	(0.000 7)	(0.000 7)	(0.000 7)	(0.000 7)	(0.000 6)
医疗保险	-0.047 2***	-0.047 7***	-0.047 0***	-0.044 8***	-0.041 4***	-0.036 2***
	(0.008 4)	(0.008 9)	(0.009 1)	(0.009 2)	(0.009 4)	(0.009 3)
医疗保险账户余额	-0.008 1***	-0.008 6***	-0.009 5***	-0.010 4***	-0.011 7***	-0.012 0***
	(0.000 8)	(0.000 8)	(0.000 8)	(0.000 8)	(0.000 8)	(0.000 8)
家庭规模	-0.026 5***	-0.019 9***	-0.011 3*	0.003 4	0.023 9***	0.042 2***
	(0.005 4)	(0.005 6)	(0.005 8)	(0.006 0)	(0.006 1)	(0.006 2)
家庭规模平方	0.003 2***	0.002 9***	0.002 4***	0.001 4**	0.000 0	-0.001 4*
	(0.000 6)	(0.000 6)	(0.000 6)	(0.000 7)	(0.000 7)	(0.000 7)
成年人失业率	0.124 9***	0.121 1***	0.117 0***	0.119 7***	0.118 7***	0.115 5***
	(0.008 3)	(0.008 6)	(0.008 8)	(0.008 8)	(0.008 9)	(0.008 7)
家庭抚养比	0.077 0***	0.082 4***	0.090 5***	0.095 6***	0.083 1***	0.081 7***
	(0.008 3)	(0.008 7)	(0.008 9)	(0.009 0)	(0.009 4)	(0.009 3)
受教育年限	-0.012 0***	-0.014 3***	-0.016 4***	-0.017 6***	-0.018 8***	-0.019 3***
	(0.000 7)	(0.000 7)	(0.000 7)	(0.000 7)	(0.000 7)	(0.000 7)
男性	0.023 8***	0.025 5***	0.022 3***	0.026 5***	0.022 8***	0.016 8***
	(0.005 5)	(0.005 7)	(0.005 8)	(0.005 8)	(0.005 6)	(0.005 5)
年龄	-0.001 1	-0.000 1	0.001 0	0.002 4*	0.004 0***	0.005 5***
	(0.001 2)	(0.001 3)	(0.001 3)	(0.001 3)	(0.001 3)	(0.001 3)
年龄平方	-0.000 0	-0.000 0**	-0.000 0***	-0.000 1***	-0.000 1***	-0.000 1***
	(0.000 0)	(0.000 0)	(0.000 0)	(0.000 0)	(0.000 0)	(0.000 0)
已婚	-0.003 0	-0.011 3	-0.015 4**	-0.022 8***	-0.036 4***	-0.037 6***
	(0.006 7)	(0.006 9)	(0.007 1)	(0.007 1)	(0.007 4)	(0.007 1)
自评健康差	0.063 0***	0.069 8***	0.074 1***	0.079 5***	0.084 5***	0.084 1***
	(0.005 3)	(0.005 6)	(0.005 7)	(0.006 1)	(0.006 4)	(0.006 5)
农村	0.111 9***	0.120 5***	0.127 2***	0.130 1***	0.124 1***	0.122 3***
	(0.008 1)	(0.008 5)	(0.008 7)	(0.008 7)	(0.008 1)	(0.008 5)
省份	已控制	已控制	已控制	已控制	已控制	已控制
观测值	36 750	36 750	36 750	36 750	36 750	36 750

注：***、**、*分别代表1%、5%和10%显著性水平，表中显示的是边际效应，括号内是社区聚类标准误。

7.4.2　普惠金融对城乡家庭相对贫困的差异性影响

党的十九大报告指出，我国社会主要矛盾已经转化为人民日益增长的美好生活需要和不平衡不充分的发展之间的矛盾。同时，《中共中央 国务院关于全面推进乡村振兴加快农业农村现代化的意见》指出：解决好发展不平衡不充分问题，重点难点在"三农"，迫切需要补齐农业农村短板弱项，推动城乡协调发展。与城市相比，我国农村相对贫困问题更为突出，这将不利于我国扩大农村需求和畅通城乡经济循环，同时也不利于提高农民获得感、幸福感和安全感。为此，我们在本节实证分析普惠金融对城乡家庭相对贫困是否存在差异性影响，尤其是普惠金融能否对降低农村家庭相对贫困程度发挥更大的作用，进而推动我国城乡协调发展。

表7-5显示了相关估计结果，第（1）—（2）列分别是利用城市居民收入中位数的50%和农村居民收入中位数的50%定义的城乡相对贫困，第（3）—（4）列则分别是利用城市居民收入均值的50%和农村居民收入均值的50%定义的城乡相对贫困。从中可知，两种定义下普惠金融都对降低农村家庭相对贫困程度有更大的影响。以第（1）—（2）列为例，普惠金融指数每提高1%（标准差），城市家庭发生相对贫困的概率将会显著下降0.28%（3.70%），而农村家庭发生相对贫困的概率将会显著下降0.39%（5.15%）。之所以如此，一方面是因为我国传统金融发展时更多地将金融资源投向了城市地区和工业产业，"三农"得到的金融资源较为有限，而普惠金融发展通过扩展金融服务外延有助于改变这一局面，农村家庭也可以得到比以往更多的金融服务支持；另一方面是因为，与城市家庭相比，我国农村家庭物质资本、社会资本和人力资本的积累较少，若要摆脱贫困状态和提升福利水平则更加需要金融服务支持，由此一定单位的金融资源对农村家庭带来的边际收益也更高。

此外，从表7-5中还可得知：①提高家庭净资产、工商业经营、关系指数、养老保险和医疗保险及其账户余额、户主受教育年限等可以显著缓解城市和农村家庭相对贫困问题，而民间借贷、成年人失业率和户主自评健康差则不利于解决城市和农村家庭相对贫困问题。②风险偏好可以显著降低城市家庭发生相对贫困的可能性，对农村家庭则无显著影响，这可能是因为城市家庭可以选择的投资项目或资产种类更多，而农村家庭可以选择的投资项目或资产种类相对较少，风险偏好很难对降低农村家庭相对贫困程度发挥作用。③养老保险账户余额显著提高了城市家庭发生相对贫困的可能性，对农村家庭则无显著影响，这是因为农村家庭缴纳的社会基本养老保险保费很低，比如"新农保"，并不足以显著降低农村家庭可支配收入；而城市家庭缴纳的社会基本养老保险保费相对更高，比如城乡居民基本养老保险（简称"城居保"）或者城镇职工医疗保险（简称"城职保"），一定程度上减少了城市家庭可支配收入，尤其是城市中低收入家庭。④家庭抚养比显著提高了农村家庭发生相对贫困的概率，对城市家庭则无显著影响，这是因为相比于农村家庭，城市家庭生育的小孩数量更少且老年人更多地拥有离退休养老金和其他工资性或转移性收入，所以城市家庭的抚养比更低，而且相同抚养比下城市家庭也具备更多的收入来源和更高的收入能力，由此也更不可能发生相对贫困问题。

表 7-5　普惠金融对城乡相对贫困的差异性影响估计结果

变量	（1） rp_p50u	（2） rp_p50r	（3） rp_m50u	（4） rp_m50r
普惠金融指数	-0.002 8***	-0.003 9***	-0.004 0***	-0.004 8***
	(0.000 3)	(0.001 0)	(0.000 4)	(0.001 2)
家庭净资产	-0.006 7***	-0.005 8***	-0.009 4***	-0.006 6***
	(0.000 6)	(0.000 6)	(0.000 8)	(0.000 8)
工商业经营	0.002 7	-0.054 7***	-0.025 8***	-0.080 1***
	(0.007 8)	(0.012 3)	(0.008 5)	(0.012 9)
风险偏好	-0.029 3***	0.004 5	-0.057 1***	-0.016 0
	(0.009 3)	(0.013 7)	(0.009 9)	(0.014 4)
民间借贷	0.041 5***	0.034 1***	0.038 3***	0.040 8***
	(0.007 9)	(0.008 6)	(0.008 7)	(0.009 3)
关系指数	-0.001 8***	-0.002 2***	-0.001 8***	-0.002 6***
	(0.000 2)	(0.000 3)	(0.000 2)	(0.000 3)
养老保险	-0.176 5***	-0.082 8***	-0.177 8***	-0.090 1***
	(0.008 7)	(0.010 5)	(0.009 9)	(0.011 2)
养老保险账户余额	0.003 7***	-0.000 9	0.002 8***	-0.001 2
	(0.000 7)	(0.001 2)	(0.000 8)	(0.001 2)
医疗保险	-0.035 3***	-0.031 0**	-0.008 2	-0.029 4*
	(0.010 4)	(0.015 8)	(0.011 9)	(0.017 1)
医疗保险账户余额	-0.011 1***	-0.004 1***	-0.012 7***	-0.005 0***
	(0.000 9)	(0.001 4)	(0.000 9)	(0.001 5)
家庭规模	0.024 7***	0.001 9	0.089 8***	-0.015 3*
	(0.008 2)	(0.009 0)	(0.009 2)	(0.009 2)

表7-5(续)

变量	(1) rp_p50u	(2) rp_p50r	(3) rp_m50u	(4) rp_m50r
家庭规模平方	0.001 2	0.000 1	-0.003 7 ***	0.001 6
	(0.001 0)	(0.000 9)	(0.001 1)	(0.001 0)
成年人失业率	0.140 7 ***	0.209 6 ***	0.159 8 ***	0.190 2 ***
	(0.011 6)	(0.013 4)	(0.012 3)	(0.014 8)
家庭抚养比	0.016 0	0.128 5 ***	-0.009 5	0.171 9 ***
	(0.011 2)	(0.013 9)	(0.011 9)	(0.015 2)
受教育年限	-0.017 9 ***	-0.009 5 ***	-0.023 5 ***	-0.012 7 ***
	(0.000 9)	(0.001 2)	(0.000 9)	(0.001 3)
男性	0.014 8 **	0.047 8 ***	0.002 4	0.066 0 ***
	(0.006 1)	(0.011 2)	(0.006 4)	(0.012 5)
年龄	0.005 7 ***	0.000 1	0.008 7 ***	0.003 2
	(0.001 5)	(0.002 3)	(0.001 6)	(0.002 6)
年龄平方	-0.000 1 ***	-0.000 0	-0.000 1 ***	-0.000 0 *
	(0.000 0)	(0.000 0)	(0.000 0)	(0.000 0)
已婚	-0.042 4 ***	0.004 3	-0.067 5 ***	0.012 3
	(0.008 3)	(0.011 8)	(0.009 1)	(0.012 8)
自评健康差	0.062 2 ***	0.067 1 ***	0.072 1 ***	0.084 8 ***
	(0.008 6)	(0.008 2)	(0.009 4)	(0.009 1)
省份	已控制	已控制	已控制	已控制
观测值	21 285	15 465	21 285	15 465

注: ***、**、*分别代表1%、5%和10%显著性水平, 表中显示的是边际效应, 括号内是社区聚类标准误。基于全国居民收入中位数或均值的一定比例定义相对贫困, 然后区分城乡样本进行回归, 也可以得到一致的结论, 即普惠金融对降低农村家庭相对贫困程度具有更大的作用。

7.4.3　普惠金融不同维度对家庭相对贫困的差异性影响

推进普惠金融发展包括提高金融服务的覆盖率、可得性和满意度等不同维度的内涵, 目的是促使最广大人民群众公平分享金融改革发展的成果。这些内涵不仅刻画了普惠金融的不同方面, 反映了普惠金融发展的方向和着力点, 也明确了普惠金融发展与传统金融发展的区别。普惠金融主要强调扩大金融服务的广度和外延, 不仅要提高金融服务在农村地区或经济落后地区的覆盖率, 而且还要增强金融服务在农村家庭或城市中低收入家庭等弱势群体的可得性和满意度。与之不同，传统金融发展过程中，金融体系主要强调金融深化，金融机构则过度追求商业收益和控制风险敞口，广大农村地区或经济落后地区的金融机构或金融网点不仅被裁撤兼并，而且由于当地家庭对金融服务使用不充分，金融机构或金融网点还加剧了当地金融资源外流，造成金融资源的地区差异扩大。由此，本节通过区分普惠金融渗透度和使用度，讨论普惠金融不同维度是否都有助于缓解我国家庭相对贫困问题，二者是否存在差异性影响，以及如何理解这种差异性影响，进而为通过普惠金融发展解决相对贫困问题提供政策参考。

表 7-6 显示了普惠金融的使用度和渗透度对我国家庭相对贫困的差异性影响的估计结果。首先，我们基于使用度指标和渗透度指标，利用因子分析法，构建了使用度子指数和渗透度子指数，并对这两个子指数进行线性标准化，使其取值范围为 [0, 100]。其次，第（1）—（3）列的被解释变量分别是利用全国、城市和农村居民收入中位数的 50% 定义的相对贫困，第（4）—（6）列的被解释变量分别是利用全国、城市和农村居民收入均值的 50% 定义的相对贫困。

从表 7-6 中可知：一方面，普惠金融渗透度和使用度都可以显著降低家庭相对贫困程度。由此可知，在推进普惠金融发展过程中，既需要提高金融服务覆盖率，也需要提升金融服务使用度，从而多举措、多方面地充分发挥普惠金融对缓解家庭相对贫困问题的积极作用。另一方面，相比于普惠金融渗透度，使用度对降低相对贫困程度发挥了更大的作用。以第（1）列结果为例，渗透度子指数每提高 1%，家庭发生相对贫困的概率显著下降 0.11%，而使用度子指数每提高 1%，家庭发生相对贫困的概率将会显著下降 0.35%。这说明，提升金融服务使用度对我国建立解决相对贫困问题的长效机制而言更加重要：一方面，从金融体系供给侧结构性改革而言，虽然渗透度和使用度都是普惠金融发展的重要内容，但是要注重金融服务渗透度与使用度的有机结合，否则在渗透度增强而使用度未显著改善的情况下可能加剧地区金融资源外流和金融资源地区分配不均衡的问题，从而在长期内不利于解决相对贫困问题。另一方面，从家庭需求侧而言，在我国金融服务渗透度不断提高的背景下，我国家庭尤其是中低收入家庭需要增强对金融机构和金融体系的接受度和信任感，增进对金融产品及其功能的理解与认知，进而更广泛、合理地利用金融工具或金融服务进行风险规避与资本积累，并最终摆脱相对贫困状态和实现福利提升。

表 7-6　普惠金融不同维度对家庭相对贫困的差异性影响的估计结果

变量	(1) rp_p50	(2) rp_p50u	(3) rp_p50r	(4) rp_m50	(5) rp_m50u	(6) rp_m50r
渗透度	-0.001 1 ***	-0.001 1 ***	-0.000 7	-0.001 2 ***	-0.001 4 ***	-0.001 0
	(0.000 4)	(0.000 3)	(0.000 6)	(0.000 3)	(0.000 3)	(0.000 8)
使用度	-0.003 5 ***	-0.003 0 ***	-0.005 1 ***	-0.004 0 ***	-0.004 4 ***	-0.006 2 ***
	(0.000 4)	(0.000 3)	(0.001 2)	(0.000 4)	(0.000 4)	(0.001 3)
控制变量	已控制	已控制	已控制	已控制	已控制	已控制
省份	已控制	已控制	已控制	已控制	已控制	已控制
观测值	36 750	21 285	15 465	36 750	21 285	15 465

注：*** 代表 1% 的显著性水平，表中显示的是边际效应，括号内是社区聚类标准误，控制变量同表 7-4。

7.4.4　内生性讨论与稳健性检验

7.4.4.1　工具变量估计

普惠金融指数可能存在一定的内生性问题。一方面，相对贫困家庭更可能出现在经济落后地区，金融机构出于经营收益或风险控制等原因，更不可能在这些地区进行网点布局；同时相对贫困家庭由于收入较低且缺少足够的可抵押资产，更可能遭遇金融服务排斥问题，由此可能导致普惠金融与相对贫困出现反向因果问题。普惠金融指数是社区层面变量，相对贫困是家庭层面变量，由于单个家庭很难对社区整体产生较大影响，这可以在一定程度上缓解反向因果问题，但是一些没有控制的地区因素或家庭特征仍可能导致内生性问题，比如地区经济增长前景和金融消费文化、家庭脱贫能力和机会等。另一方面，普惠金融具有多方面的内涵，本书所选指标可能无法全面刻画普惠金融状况，特别是受限于数据可得性，满意度方面的指标较少，由此可能造成社区普惠金融指数存在一定的测量误差。

鉴于此，我们拟采取工具变量法重新进行估计。首先，已有文献常用的做法是，采用家庭所在城市其他社区的普惠金融指数的均值作为工具变量（记为"均值 IV"）。因为金融机构通常会在同一城市的区县层面统筹布局金融网点或金融资源，所以相同城市内不同社区之间的普惠金融发展状况存在很强的相关性；但是，其他社区普惠金融发展状况很难对本社区家庭相对贫困产生直接影响，而更多是通过影响本社区普惠金融发展来发挥作用，所以该工具变量可以满足与内生变量相关、与误差项不相关的基本要求。其次，我们以"各省份推进普惠金融发展进程的时间 × 地区普惠金融发展状况"的交乘项构建工具变量（记为"省级政策 IV"）。省级行动可以促进省内社区普惠金融发展，并且对微观家庭而言更加外生，所以该工具变量也可满足与内生变量相关、与误差项不相关的要求。该交乘项意味着，当省级层面推动了普惠金融发展，并且同一城市其他社区普惠金融发展水平高于全国平均水平时，更可能外生地改善本社区普惠金融发展状况。为此，我们收集了历年《中国金融年鉴》各地金融篇和《中国银行业监管管理委员会年报》普惠金融篇的内容。如果各地金融篇中某省份提到了普惠金融，或者普惠金融篇中列出了某省份案例，则认为该省份当年在省级层面推动了普惠金融发展。2013 年《中共中央关于全面深化改革若干重大问题的决定》正式提出了发展普惠金融，因此我们以2013 年为起点整理出了各省份 2013—2014 年推动普惠金融发展的情况。如果某省份 2013 年推动了普惠金融发展，则将其推进普惠金融发展进程的时间设定为 2（2015-2013=2），如果某省份 2014 年推动了普惠金融发展，则将其推进普惠金融发展进程的时间设定为 1，否则设定为 0。此外，"地区普惠金融发展状况"为哑变量，即如果"家庭所在城市其他社区的普惠金融指数的均值"大于该变量在全国范围的平均值，则取值 1，否则取值 0。

表 7-7 显示了工具变量估计结果。其中，第（1）列是利用均值 IV 进行估计，第（2）列是利用均值 IV 和社区人口密度进行估计，第（3）—（5）列分别是利用《中国金融年鉴》各地金融篇中的信息、《中国银行业监管管理委员会年报》普惠金融篇中的信息，以及综合利用两者信息构建省级政策 IV 进行估计。从表 7-7 中可知，Wald 检验显示普惠金融指数存在内生性问题，弱工具变量检验显示各个工具变量都不存在弱工具变量的问题，同时工具变量估计结果显示，无论利用均值 IV 还是省级政策 IV，普惠金融指数的内生性问题并未显著改变研究结论的一致性，普惠金融对降低我国家庭相对贫困程度仍然具有显著的积极作用。

表 7-7　工具变量估计结果

变量	（1）rp_p50_iv1	（2）rp_p50_iv2	（3）rp_p50_iv3a	（4）rp_p50_iv3b	（5）rp_p50_iv3c
普惠金融指数	$-0.010\,9^{***}$	$-0.008\,4^{***}$	$-0.012\,8^{***}$	$-0.006\,9^{*}$	$-0.009\,3^{***}$
	$(0.001\,6)$	$(0.001\,0)$	$(0.003\,5)$	$(0.003\,8)$	$(0.002\,7)$
控制变量	已控制	已控制	已控制	已控制	已控制
省份	已控制	已控制	已控制	已控制	已控制
观测值	36 730	36 073	36 730	36 730	36 730

表7-7(续)

变量	(1) rp_p50_iv1	(2) rp_p50_iv2	(3) rp_p50_iv3a	(4) rp_p50_iv3b	(5) rp_p50_iv3c
内生性检验					
Wald test χ^2	25. 621 6	39. 128 6	7. 189 4	0. 979 8	5. 370 2
P 值	0. 000 0	0. 000 0	0. 007 3	0. 322 2	0. 020 5
弱工具检验					
IV1 t 值	46. 16	40. 31			
IV2 t 值		63. 35			
IV3 t 值			18. 55	16. 8	23. 94
一阶段 F 值	852. 14	1 036. 97	778. 46	775. 91	787. 91

注：***、*分别代表1%和10%显著性水平，表中显示的是边际效应，括号内是社区聚类标准误，控制变量同表7-4。IV1 表示均值 IV，IV2 表示社区人口密度 IV，IV3 表示省级政策 IV。

7.4.4.2　安慰剂检验

除了工具变量估计以外，我们在本节还采用安慰剂检验方法再次检验普惠金融对家庭相对贫困的影响。具体而言，我们打乱社区普惠金融指数的原有取值，并通过随机抽样方法为各个社区普惠金融指数重新赋值，最后利用赋值之后的普惠金融指数，实证估计普惠金融对家庭相对贫困的影响。图7-2显示了安慰剂检验结果，随机抽样次数为 200 次，其上图为重新赋值之后的普惠金融指数的边际效应分布图，下图为重新赋值之后的普惠金融指数的 t 值分布图。从中可知，重新赋值之后的普惠金融指数的边际效应的均值为 0，即在平均意义上重新赋值之后的普惠金融指数对家庭相对贫困并无显著影响，这证实了原有普惠金融指数对降低家庭相对贫困程度的积极影响确实是普惠金融发展带来的，而不是其他混淆因素的影响。

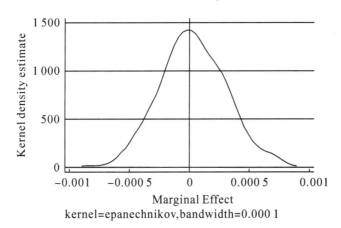

Kernel density estimate

Marginal Effect
kernel=epanechnikov,bandwidth=0.000 1

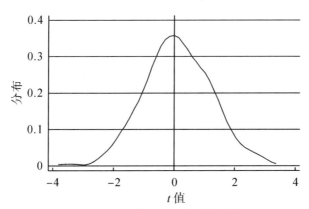

Kernel density estimate

kernel=epanechnikov,bandwidth=0.340 5

图 7-2 安慰剂检验结果（随机抽样 200 次）

7.4.4.3 利用线性概率模型进行估计

尽管 Probit 模型能够避免概率预测值出现小于 0 或大于 1 的情形，但是它还存在对数据更为敏感、回归时可能难以收敛等问题，当前国际主流文献在面对哑变量形式的回归问题时也广泛采用了线性概率模型（OLS）进行估计。为此，本节采用线性概率模型进行稳健性检验，表 7-8 显示了相关估计结果。其中，第（1）—（3）列是利用全国居民收入中位数的 50% 定义相对贫困，第（4）—（6）列则是利用全国居民收入均值的 50% 定义相对贫困；第（1）、（4）列是 OLS 估计结果，第（2）、（5）列是利用"均值 Ⅳ"和社区人口密度作为工具变量的估计结果，第（3）、（6）列是利用"省级政策 IV"（综合采用《中国金融年鉴》各地金融篇和《中国银行业监管管理委员会年报》普惠金融篇中的信息构建省级政策 IV）作为工具变量的估计结果。从表 7-8 可知，普惠金融指数仍然显著为负，并且回归系数大小与非线性概率模型的边际效应近似相等。总体上，利用线性概率模型进行估计没有改变研究结论的一致性，普惠金融发展有助于降低我国家庭相对贫困程度。

表 7-8　线性概率模型估计结果

变量	(1) rp_p50	(2) rp_p50_iv2	(3) rp_p50_iv3c	(4) rp_m50	(5) rp_m50_iv2	(6) rp_m50_iv3c
普惠金融指数	-0.002 2***	-0.008 6***	-0.009 1***	-0.003 6***	-0.010 7***	-0.012 6***
	(0.000 3)	(0.001 1)	(0.002 5)	(0.000 4)	(0.001 2)	(0.002 7)
控制变量	已控制	已控制	已控制	已控制	已控制	已控制
省份	已控制	已控制	已控制	已控制	已控制	已控制
常数项	已控制	已控制	已控制	已控制	已控制	已控制
观测值	36 750	36 073	36 730	36 750	36 073	36 730
R 平方	0.220 0	0.201 8	0.200 4	0.282 1	0.264 1	0.254 6

注：*** 代表 1% 的显著性水平，表中显示的是回归系数，括号内是社区聚类标准误，控制变量同表 7-4。

7.4.4.4　替换居民收入的计算方法

前文实证分析中的相对贫困变量是基于没有对家庭成员进行尺度调整的居民收入而定义的，即家庭总收入除以家庭总人数得出居民收入。由于家庭存在规模经济，不同年龄段人群赚取收入的能力或生活开支并不完全具有可比性，所以国际社会实践或部分文献在计算居民收入时会对家庭成员进行一定的尺度调整。比如，OECD 提供了多种尺度调整方法：一种是修正尺度方法，即户主取值 1，其他每位成年人取值 0.5，每位未成年人取值 0.3；另一种是等尺度方法，即户主取值 1，其他每位成年人取值 0.7，每位未成年人取值 0.5。对有着两个成年人和一个未成年人的三口之家而言，修正尺度下居民收入等于家庭总收入除以 1.8，等尺度下居民收入等于家庭总收入除以 2.2。

本书利用尺度调整方法计算居民收入，并据此以全国、城市或农村居民收入中位数的 50% 定义相对贫困，表 7-9 显示了相关估计结果。其中，第（1）—（3）列是利用修正尺度方法计算的居民收入定义相对贫困，第（4）—（6）列是利用等尺度方法计算的居民收入定义相对贫困。从中可知，改变居民收入的计算方法之后，普惠金融指数的边际效应有所增大，但是并未显著改变上述研究结论，普惠金融发展有助于缓解我国家庭相对贫困问题，并且对解决农村家庭相对贫困问题有着更加积极的作用。

表7-9　替换居民收入计算方法的稳健性检验结果

变量	(1) rp_p50_sm	(2) rp_p50_smu	(3) rp_p50_smr	(4) rp_p50_se	(5) rp_p50_seu	(6) rp_p50_ser
普惠金融指数	−0.003 2***	−0.002 8***	−0.003 7***	−0.003 2***	−0.002 9***	−0.003 7***
	(0.000 4)	(0.000 3)	(0.001 2)	(0.000 4)	(0.000 3)	(0.001 1)
控制变量	已控制	已控制	已控制	已控制	已控制	已控制
省份	已控制	已控制	已控制	已控制	已控制	已控制
观测值	36 750	21 285	15 465	36 750	21 285	15 465

注：***代表1%的显著性水平，表中显示的是边际效应，括号内是社区聚类标准误，控制变量同表7-4。

7.4.4.5　替换普惠金融指数的构建方法

为了排除普惠金融指数构建方法对实证估计结果的干扰，我们利用其他方法构建了普惠金融指数进行稳健性检验，表7-10显示了相关估计结果。其中，第（1）列是利用主成分分析法构建的普惠金融指数，第（2）—（3）列是分别利用Sarma（2008）和Sarma（2012）的方法并以变异系数对各个指标进行赋权构建的普惠金融指数，第（4）—（5）列分别是利用Sarma（2008）和Sarma（2012）的方法并以熵值法对各个指标进行赋权构建的普惠金融指数。估计结果显示，即便利用其他方法构建普惠金融指数，普惠金融发展有助于降低我国家庭相对贫困程度的研究结论依然成立，并且利用主成分分析法或熵值法赋权构建的普惠金融指数的边际效应大小也与前文基本一致。

表7-10　替换普惠金融指数构建方法的稳健性检验

变量	(1) rp_p50pca	(2) rp_p50sar	(3) rp_p50chi	(4) rp_p50sar1	(5) rp_p50chi1
主成分分析法	−0.003 1***				
	(0.000 4)				
Sarma2 012_CV		−0.001 6***			
		(0.000 4)			
Sarma2 008_CV			−0.001 5***		
			(0.000 5)		
Sarma2 012_EP				−0.003 9***	
				(0.000 3)	

表7-10(续)

变量	(1) rp_p50pca	(2) rp_p50sar	(3) rp_p50chi	(4) rp_p50sar1	(5) rp_p50chi1
Sarma2 008_EP					−0.003 3 ***
					(0.000 3)
控制变量	已控制	已控制	已控制	已控制	已控制
省份	已控制	已控制	已控制	已控制	已控制
观测值	36 750	36 750	36 750	36 750	36 750

注：*** 代表1%的显著性水平，表中显示的是边际效应，括号内是社区聚类标准误，控制变量同表7-4。

7.5　作用机制分析

前文的理论分析表明，普惠金融可以通过促进包容性发展、充分就业和提高政府转移支付效率等渠道对降低相对贫困程度发挥积极作用。我们在本节将利用中介效应思想和设定交互项的方法对此进行实证检验和分析。

7.5.1　普惠金融促进包容性发展

本节利用社区居民平均收入和社区内居民收入差距衡量包容性发展，表7-11 显示了普惠金融是否可以通过促进包容性发展降低相对贫困程度。其中，第（1）—（2）列是社区层面回归，用于检验普惠金融是否可以促进包容性发展，被解释变量分别是社区居民平均收入和社区内居民收入差距，后者是利用社区内居民收入 90% 分位点与 10% 分位点的比值进行衡量；控制变量是社区家庭平均抚养比、工商业经营家庭占比和集体经济资产负债率等一系列社区特征因素。第（3）—（5）列是家庭层面回归，用于检验普惠金融是否可以通过促进包容性发展降低家庭相对贫困程度，被解释变量是利用全国居民收入中位数的 50% 定义的相对贫困，解释变量是普惠金融指数和社区居民收入均值、社区内居民收入差距。

首先，从第（1）—（2）列可知，普惠金融对社区居民平均收入和社区内居民收入差距的回归系数分别为 0.020 6 和 −0.212 4，并且都至少在 10% 的统计水平上显著。这说明了普惠金融不仅可以显著提高社区居民平均收入，而且可以显著缩小社区内居民收入差距，由此可知，普惠金融发展可以促进社区包容性发展。其次，从（3）—（5）列可知，社区居民平均收入增加显著降低了家庭发生相对贫困的概率，而社区内居民收入差距扩大则不利于缓解家庭相对贫困问题，由此可知，社区包容性发展能够对降低家庭相对贫困程度发挥积极作用。最后，当在实证模型中加入社区居民平均收入和社区内居民收入差距变量之后，普惠金融指数对家庭相对贫困的影响有所下降，边际效应大小也从-0.27%下降到-0.13%，这反映了社区包容性发展在一定程度上解释了普惠金融对相对贫困的影响，进而证实了部分中介效应的存在。总体而言，本节研究证实了研究假设 H1，表明普惠金融可以通过促进地区包容性发展对解决我国相对贫困问题发挥积极作用。

表 7-11　普惠金融、包容性发展与相对贫困

变量	（1）社区居民平均收入	（2）社区内居民收入差距	（3）rp_p50	（4）rp_p50	（5）rp_p50
普惠金融指数	0.020 6 ***	-0.212 4 *	-0.002 7 ***	-0.001 4 ***	-0.001 3 ***
	(0.002 5)	(0.124 1)	(0.000 4)	(0.000 5)	(0.000 4)
居民收入均值	—	—	—	-0.000 0 ***	-0.000 0 ***
	—	—	—	(0.000 0)	(0.000 0)
居民收入差距	—	—	—	—	0.000 7 ***
	—	—	—	—	(0.000 1)
家庭平均家庭抚养比	-0.240 1 **	9.837 4	—	—	—
	(0.093 2)	(7.846 9)	—	—	—
工商业经营家庭占比	0.726 8 ***	55.560 6 ***	—	—	—
	(0.131 9)	(9.202 0)	—	—	—
集体经济资产负债率	0.007 9 *	0.354 4	—	—	—
	(0.004 4)	(0.436 5)	—	—	—
集体经济收入	-0.000 0	-0.000 0	—	—	—
	(0.000 0)	(0.000 0)	—	—	—
承接的上级项目数	0.000 9	-0.125 4 ***	—	—	—
	(0.000 6)	(0.043 4)	—	—	—
特色产业指数	0.021 5	-0.138 2	—	—	—
	(0.015 7)	(0.966 8)	—	—	—
农业发展指数	-0.060 3	-4.984 9 *	—	—	—
	(0.047 4)	(2.859 4)	—	—	—
基层治理指数	-0.000 2	-0.054 3	—	—	—
	(0.001 1)	(0.124 0)	—	—	—

表7-11(续)

变量	（1）	（2）	（3）	（4）	（5）
	社区居民平均收入	社区内居民收入差距	rp_p50	rp_p50	rp_p50
公共服务指数	0.003 6***	-0.087 4	—	—	—
	(0.000 9)	(0.068 8)	—	—	—
和市中心的距离	-0.053 4***	0.811 9	—	—	—
	(0.009 0)	(0.978 7)	—	—	—
平原地区	0.125 8***	-5.710 3*	—	—	—
	(0.045 5)	(3.283 1)	—	—	—
农村	-0.319 0***	4.010 2	—	—	—
	(0.055 2)	(4.032 0)	—	—	—
控制变量	—	—	已控制	已控制	已控制
省份固定效应	已控制	已控制	已控制	已控制	已控制
观测值	1 137	1 137	30 832	30 832	30 832

注：①***、**、*分别代表1%、5%和10%显著性水平，表中显示的是边际效应，括号内是社区聚类标准误，第（3）—（5）列控制变量同表7-4。②由于加入社区居民收入均值或居民收入差距之后，实证估计的样本量有所变化，所以该表第（3）列普惠金融指数的边际效应与表7-4第（2）列略有差异。③利用社区内居民收入75%分位点与25%分位点的比值（P75/P25）衡量社区内居民收入差距，也可以得到一致的结论。

7.5.2 普惠金融促进充分就业

充分就业有助于降低家庭发生相对贫困的概率。我们首先利用个人层面的数据分析普惠金融是否有助于降低成年人失业概率，其次分析普惠金融对成年人就业类型是否有影响，最后分析普惠金融是否有助于抑制成年人失业对家庭相对贫困的不利影响，进而说明普惠金融是否可以通过促进充分就业降低相对贫困程度。

表7-12显示了普惠金融对成年人失业状况以及就业类型的影响估计结果。为了准确地刻画成年人失业或者工作状态，我们删除了工作状态信息缺失、在校学生、丧失劳动能力和离退休的个体样本。其中，第（1）列是Probit模型估计结果，被解释变量是成年人是否失业，如果失业（目前没有工作），则取值1，否则取值0；第（2）—（5）列是Mlogit模型估计结果，被解释变量分别刻画了工作性质是受雇于他人或单位、个体户及私营企业、务农、自由职业及其他，参照组是目前失业。解释变量是普惠金融指数，同时还控制年龄等成年人个体特征变量、家庭规模等家庭特征变量以及社区农业发展指数等社区特征

变量。从表7-12中可知,普惠金融显著降低了成年人的失业概率,普惠金融指数每提高1%(一个标准差),成年人出现失业的概率将会显著下降0.06%(0.79%)。考察不同就业类型发现,普惠金融主要是通过提高成年人受雇于他人或单位、经营个体户及私营企业的可能性等方式降低了成年人失业概率,同时显著降低了成年人从事务农工作的概率,对自由职业及其他工作则无显著影响。

此外,从表7-12中还可知:①年龄对成年人失业呈现U形影响,年轻人和老年人更可能失业,中年人更可能从事受雇于他人及单位、经营个体生意及私营企业的工作;②男性比女性更不可能失业,并且男性更可能从事受雇于他人及单位、经营个体生意和私营企业以及自由职业的工作;③自评健康差的成年人更可能失业,尤其是不太可能从事受雇于他人及单位、经营个体生意和私营企业以及自由职业的工作;④受教育水平越高,越不可能失业,也更可能从事受雇于他人及单位的工作,而更不可能从事个体生意及私营企业经营等工作;⑤家庭抚养比越高,成年人失业概率越高,并且成年人不太可能受雇于他人及单位,而是从事个体生意及私营企业经营、务农等工作;⑥相比于未婚成年人,已婚成年人失业概率更高,并且已婚成年人更少从事受雇于他人及单位、自由职业及其他工作,而更多地从事个体生意及私营企业经营和务农工作,这可能反映了当前婚姻市场对个人职业发展造成的约束,以及在城市生活工作的成年人婚姻背后面临的职业压力。

表 7-12 普惠金融与成年人失业及就业类型

变量	(1) work_no	(2) work_type1	(3) work_type2	(4) work_type3	(5) work_type4
普惠金融指数	−0.000 6**	0.001 7***	0.001 3***	−0.005 4***	−0.000 0
	(0.000 2)	(0.000 2)	(0.000 2)	(0.000 8)	(0.000 4)
年龄	−0.028 9***	0.023 7***	0.006 8***	0.005 7***	0.001 5*
	(0.000 8)	(0.001 0)	(0.000 8)	(0.000 8)	(0.000 9)
年龄平方	0.000 4***	−0.000 3***	−0.000 1***	0.000 0	−0.000 1***
	(0.000 0)	(0.000 0)	(0.000 0)	(0.000 0)	(0.000 0)
男性	−0.160 2***	0.041 3***	0.029 5***	−0.000 1	0.092 9***
	(0.003 0)	(0.002 4)	(0.001 7)	(0.002 0)	(0.002 8)
自评健康差	0.019 2***	−0.049 7***	−0.018 8***	0.029 8***	−0.014 8***
	(0.004 9)	(0.005 9)	(0.004 4)	(0.003 5)	(0.005 2)
受教育年限	−0.005 8***	0.030 9***	−0.002 9***	−0.010 9***	−0.010 5***
	(0.000 5)	(0.000 5)	(0.000 4)	(0.000 5)	(0.000 5)

表7-12(续)

变量	(1) work_no	(2) work_type1	(3) work_type2	(4) work_type3	(5) work_type4
已婚	0.011 3**	-0.030 5***	0.053 1***	0.044 6***	-0.074 4***
	(0.005 0)	(0.004 5)	(0.004 2)	(0.004 9)	(0.004 8)
中共党员	-0.018 4***	0.099 4***	-0.026 6***	-0.021 3***	-0.049 1***
	(0.005 0)	(0.004 5)	(0.004 6)	(0.005 3)	(0.006 8)
兄弟姐妹数量	-0.000 4	-0.001 0*	-0.001 4***	0.002 6***	0.001 5**
	(0.000 6)	(0.000 6)	(0.000 5)	(0.000 6)	(0.000 6)
家庭规模	0.015 6***	-0.002 7	-0.000 9	-0.004 1	0.004 8
	(0.003 9)	(0.004 3)	(0.003 7)	(0.003 8)	(0.004 2)
家庭规模平方	-0.000 6	-0.000 3	0.000 1	0.000 0	0.000 2
	(0.000 4)	(0.000 4)	(0.000 4)	(0.000 4)	(0.000 4)
家庭抚养比	0.015 3**	-0.065 1***	0.018 7***	0.015 1**	-0.020 3**
	(0.007 0)	(0.008 0)	(0.006 8)	(0.006 4)	(0.008 5)
社区农业发展指数	-0.068 8***	-0.007 0	-0.008 2*	0.063 0***	-0.003 8
	(0.007 0)	(0.006 0)	(0.004 4)	(0.007 3)	(0.005 2)
社区特色产业指数	-0.003 0	-0.000 7	0.003 0	0.007 5**	-0.005 5**
	(0.003 1)	(0.002 6)	(0.001 9)	(0.003 1)	(0.002 1)
社区基层治理指数	0.000 1	0.000 3*	-0.000 2	-0.000 3	0.000 1
	(0.000 2)	(0.000 2)	(0.000 2)	(0.000 3)	(0.000 2)
社区公共服务指数	-0.000 1	0.000 4***	0.000 0	-0.001 0***	0.000 3*
	(0.000 2)	(0.000 1)	(0.000 1)	(0.000 3)	(0.000 2)
社区和市中心的距离	-0.015 2***	-0.000 7	-0.001 5	0.024 1***	-0.007 6***
	(0.001 8)	(0.001 5)	(0.001 3)	(0.002 8)	(0.001 9)
平原地区	-0.008 2	0.014 4**	0.014 3***	-0.014 7**	-0.003 2
	(0.006 5)	(0.005 7)	(0.005 0)	(0.007 3)	(0.005 6)
农村	-0.092 7***	-0.044 2***	-0.031 7***	0.131 7***	0.001 0
	(0.008 8)	(0.007 9)	(0.005 8)	(0.012 6)	(0.007 5)
省份	已控制	已控制	已控制	已控制	已控制
观测值	80 716	80 716	80 716	80 716	80 716

注：***、**、*分别代表1%、5%和10%的显著性水平，表中显示的是边际效应，括号内是社区聚类标准误。

进一步地，通过在模型中添加普惠金融指数与成年人失业率的交互项，表7-13 显示了普惠金融、成年人失业率对家庭相对贫困影响的估计结果。其中，第（1）—（4）列分别利用全国居民中位数的40%和50%，以及均值的40%和50%定义了相对贫困。从表7-13中可知，无论何种相对贫困的定义方式，交互项都显著为负，即普惠金融发展可以显著降低成年人失业率对家庭相对贫困的不利影响。以第（2）列为例，当以全国居民收入中位数的50%定义相对贫困时，成年人失业率每增加1%，家庭发生相对贫困的概率将会提高0.187 9%；而当普惠金融指数每增加1%，成年人失业率对家庭相对贫困的不利影响将会显著下降0.003%。总体而言，本节研究证实了研究假说H2，说明了普惠金融发展可以通过促进充分就业降低我国家庭发生相对贫困的概率。

表7-13　普惠金融、成年人失业率与相对贫困

变量	(1) rp_p40	(2) rp_p50	(3) rp_m40	(4) rp_m50
普惠金融指数	−0.001 6***	−0.001 9***	−0.002 2***	−0.002 9***
	(0.000 4)	(0.000 4)	(0.000 4)	(0.000 4)
成年人失业率	0.180 9***	0.187 9***	0.197 3***	0.184 8***
	(0.017 5)	(0.018 0)	(0.018 5)	(0.018 6)
普惠金融指数×成年人失业率	−0.002 5***	−0.003 0***	−0.003 3***	−0.002 8***
	(0.000 7)	(0.000 7)	(0.000 7)	(0.000 7)
控制变量	已控制	已控制	已控制	已控制
省份	已控制	已控制	已控制	已控制
观测值	36 750	36 750	36 750	36 750

注：*** 代表1%的显著性水平，表中显示的是边际效应，括号内是社区聚类标准误，控制变量同表7-4。

7.5.3　普惠金融提高政府转移支付效率

政府转移支付可以降低相对贫困程度。但是，已有研究发现政府转移支付存在瞄准失当或精英俘获等问题，导致政府转移支付效率较低，部分低收入家庭没有获取应有的政府转移性支付。为此，本节实证检验普惠金融是否有助于提高政府转移支付效率，进而降低相对贫困程度。如果低收入家庭比高收入家庭获得了更多的政府转移支付，则认为政府转移支付效率较高，否则较低。

表7-14显示了相关估计结果。其中，第（1）—（4）列利用 Tobit 模型估计普惠金融是否可以促进低收入家庭更多地获得政府转移支付，被解释变量

是家庭获得的政府转移性收入（单位为千元），解释变量是普惠金融指数、收入四等分组的哑变量以及普惠金融与收入分组哑变量的交互项。第（1）、（3）列利用全部样本进行估计，第（2）、（4）列利用社区相对贫困率较高子样本进行估计（将社区相对贫困率进行四等分组，只保留75%分位数以上的子样本，这些子样本的社区相对贫困率大于45%）。为了避免同义反复问题，本节定义收入分组哑变量时没有计入政府转移支付。第（5）—（7）列利用Probit模型估计政府转移支付是否有助于降低相对贫困程度，被解释变量是利用全国居民收入中位数50%定义的相对贫困（计算居民收入时包含了政府转移支付在内），解释变量是普惠金融指数和政府转移支付。

从表7-14中可知，首先，收入较高组、收入较低组和收入最低组哑变量的边际效应不断增加，即低收入家庭获得了比高收入家庭更多的政府转移支付，但是该结果在相对贫困率较高的地区并不显著存在。这说明，我国政府对家庭的转移性支付在整体上具备一定效率，可以使低收入家庭获得更多的转移性收入，但是转移支付效率仍然有待进一步提高，尤其是在相对贫困率较高的地区，低收入家庭并未比高收入家庭获得更多的政府转移支付。其次，普惠金融与收入较高组、收入较低组和收入最低组哑变量的交互项都为正，并且该影响在相对贫困率更高的地区更加显著，交互项的边际效应也在不断增加。这反映了普惠金融发展可以显著提高政府转移支付效率，促进低收入家庭获得更多的政府转移支付。最后，获得政府转移支付显著降低了家庭发生相对贫困的概率，尤其是在农村地区该结果更显著。总体而言，本节研究证实了理论假设H3，表明普惠金融可以显著提高政府转移支付效率，促进低收入家庭获得比高收入家庭更多的政府转移支付，进而对降低相对贫困程度发挥积极作用。

表 7-14　普惠金融、政府转移支付与相对贫困

变量	(1) inc_pbt	(2) inc_pbt	(3) inc_pbt	(4) inc_pbt	(5) rp_p50	(6) rp_p50u	(7) rp_p50r
普惠金融	−0.006 5***	−0.012 5	−0.008 7***	−0.076 2***	−0.003 2***	−0.002 8***	−0.004 1***
	(0.001 8)	(0.009 1)	(0.002 4)	(0.022 4)	(0.000 4)	(0.000 3)	(0.001 1)
收入最低	0.246 9***	0.037 5	0.059 0	−1.128 5***			
	(0.034 5)	(0.097 9)	(0.086 0)	(0.383 5)			
收入较低	0.197 3***	−0.007 7	0.149 0*	−1.000 1***			
	(0.032 4)	(0.096 6)	(0.079 2)	(0.388 1)			
收入较高	0.045 8	−0.103 7	−0.005 1	−0.826 4**			
	(0.030 5)	(0.094 4)	(0.077 0)	(0.362 8)			

表7-14(续)

变量	(1) inc_pbt	(2) inc_pbt	(3) inc_pbt	(4) inc_pbt	(5) rp_p50	(6) rp_p50u	(7) rp_p50r
普惠金融×			0.008 6 ***	0.074 6 ***			
收入最低			(0.003 3)	(0.023 4)			
普惠金融×			0.001 0	0.062 9 ***			
收入较低			(0.002 7)	(0.023 6)			
普惠金融×			0.001 4	0.045 4 **			
收入较高			(0.002 5)	(0.021 2)			
转移支付					-0.005 0 ***	0.002 5	-0.021 3 ***
					(0.001 3)	(0.001 6)	(0.004 1)
控制变量	已控制	已控制	已控制	已控制	已控制	已控制	已控制
省份	已控制	已控制	已控制	已控制	已控制	已控制	已控制
观测值	36 750	9 200	36 750	9 200	36 750	21 285	15 465

注：***、**、*分别代表1%、5%和10%的显著性水平，表中显示的是边际效应，括号内是社区聚类标准误，普惠金融是指社区普惠金融指数，收入最低、收入较低和收入较高是家庭收入四等分组之后的哑变量，参加组是收入最高组，控制变量同表7-4。

7.6 进一步分析

7.6.1 普惠金融、金融发展与金融竞争的影响比较

前文的理论分析表明，普惠金融、金融发展与金融竞争的内涵不尽相同，以及不同金融发展模式下金融行业的发展侧重点和服务目标有所差异，三者对相对贫困可能具有不同的影响。为此，我们在本节通过在计量模型中加入金融发展和金融竞争，实证估计普惠金融、金融发展和金融竞争对相对贫困是否存在差异性影响，表7-15显示了相关回归结果。其中，Panel A利用了居民收入中位数的50%定义相对贫困，Panel B利用了居民收入均值的50%定义相对贫困，第（1）—（6）列分别是全国样本、城市样本、农村样本、东部样本、中部样本和西部样本的估计结果，第（7）—（12）列与之类似。我们利用"贷款余额/GDP"指标衡量每个家庭所在城市的金融发展水平，并基于银保监会金融许可证信息整理出每个城市的商业银行网点数量，利用赫芬达尔指数衡量每个家庭所在城市的金融竞争水平。同时，为了比较这三个变量之间的边际影响，我们对其进行了量纲处理，使其取值都在0~100。现有文献普遍利用

"贷款余额/GDP"指标衡量地区金融发展，与衡量普惠金融时采用的指标不同，该指标主要刻画了金融业的深度发展而不是广度或外延发展。对样本进行简单描述统计发现，农村地区的普惠金融、金融发展和金融竞争水平都要小于城市地区，同时普惠金融和金融竞争水平在东部地区最高、中部次之、西部最低；而金融发展水平在东部和西部较高，中部则最低。

表7-15 普惠金融、金融发展和金融竞争的影响比较

Panel A	（1）	（2）	（3）	（4）	（5）	（6）
变量	rp_p50	rp_p50u	rp_p50r	rp_p50e	rp_p50m	rp_p50w
普惠金融	-0.002 7***	-0.002 2***	-0.004 2***	-0.002 0***	-0.003 4***	-0.004 1***
	（0.000 4）	（0.000 3）	（0.001 1）	（0.000 4）	（0.000 9）	（0.001 0）
金融发展	-0.000 1**	-0.000 1*	-0.000 0	0.000 0	-0.000 0	-0.000 5***
	（0.000 1）	（0.000 1）	（0.000 1）	（0.000 2）	（0.000 1）	（0.000 2）
金融竞争	-0.002 1**	-0.003 4***	-0.002 8**	-0.003 0**	-0.004 2**	0.002 4
	（0.000 9）	（0.001 1）	（0.001 4）	（0.001 4）	（0.001 7）	（0.002 0）
控制变量	已控制	已控制	已控制	已控制	已控制	已控制
省份	已控制	已控制	已控制	已控制	已控制	已控制
观测值	34 352	20 366	13 986	17 848	9 125	7 379
Panel B	（7）	（8）	（9）	（10）	（11）	（12）
变量	rp_m50	rp_m50u	rp_m50r	rp_m50e	rp_m50m	rp_m50w
普惠金融	-0.003 4***	-0.003 3***	-0.005 4***	-0.003 0***	-0.003 9***	-0.004 0***
	（0.000 4）	（0.000 4）	（0.001 2）	（0.000 4）	（0.000 8）	（0.001 0）
金融发展	-0.000 1*	-0.000 2	-0.000 1	0.000 0	-0.000 0	-0.000 3**
	（0.000 1）	（0.000 1）	（0.000 1）	（0.000 2）	（0.000 1）	（0.000 1）
金融竞争	-0.004 2***	-0.005 0***	-0.003 2**	-0.004 0***	-0.006 8***	-0.001 6
	（0.001 0）	（0.001 3）	（0.001 5）	（0.001 5）	（0.002 0）	（0.002 0）
控制变量	已控制	已控制	已控制	已控制	已控制	已控制
省份	已控制	已控制	已控制	已控制	已控制	已控制
观测值	34 352	20 366	13 986	17 848	9 125	7 379

注：①***、**、*分别代表1%、5%和10%的显著性水平，表中显示的是边际效应，括号内是社区聚类标准误，普惠金融是指社区普惠金融指数，控制变量同表7-4。②基于40%设定相对贫困，也可以得到一致的结论。③利用线性概率模型进行多重共线性检验发现，各个模型整体的方差膨胀因子VIF的取值都小于8，并且各列回归中普惠金融指数、金融发展和金融竞争的方差膨胀因子VIF的取值也都小于5，三者的相关系数值为0.21~0.37，表明模型不存在显著的多重共线性问题。

从表 7-15 中可知：首先，普惠金融、金融发展和金融竞争在整体上都有助于降低我国家庭相对贫困程度，但是普惠金融的边际影响最大，金融发展的边际影响相对最小；同时，通过实证估计时单独加入普惠金融、金融发展和金融竞争变量发现，单独加入普惠金融时回归模型的 R-square 增加最多，而单独加入金融发展时回归模型的 R-square 增加最少。这说明，普惠金融对降低相对贫困程度的积极作用并不是金融发展或金融竞争所致，当前我国金融业综合实力虽然已经取得了大幅提升，但是推进普惠金融发展仍能对我国解决相对贫困问题发挥显著的积极作用，并且该影响还要大于金融发展和金融竞争。其次，金融竞争对降低城市家庭相对贫困程度的作用更大，而对降低农村家庭相对贫困程度的作用则相对较小，这不利于缩小城乡差距和统筹协调城乡发展。由于金融机构过度追求商业收益或控制风险，相比于城市地区金融竞争加剧，农村地区金融竞争可能会导致金融机构将服务对象更多地瞄准农村高收入群体或将金融资源流向城市地区，而这会导致农村中低收入家庭很难从金融竞争加剧中获益，金融竞争对降低农村家庭相对贫困程度的影响相对较小。最后，区分东部、中部和西部地区还发现，金融发展可以显著降低西部地区家庭发生相对贫困的概率。西部地区整体经济发展水平较为落后，金融发展可以通过提供资金支持、降低交易成本和提高资源配置效率等方式促进西部地区经济增长，进而通过经济增长的涓滴效应对降低相对贫困程度发挥积极作用；东部或中部地区整体经济发展水平较高，金融发展可能难以再通过经济增长的涓滴效应发挥作用，相反更需要推进普惠金融，精准地促进中低收入家庭等弱势群体充分获取其所需的金融服务，进而发挥金融减贫效应。与之不同，金融竞争对西部地区家庭相对贫困则没有显著影响，这将不利于缩小东、中、西部地区的差距。这可能是因为，西部地区金融竞争加剧也会导致金融机构更多地将服务对象瞄准该地区高收入家庭或将金融资源流向东部及中部地区，西部地区中低收入家庭由于普遍缺少人力资本及可抵押资产而难以从金融竞争加剧中获益。

整体而言，本节研究证实了研究假说 H4，普惠金融对降低相对贫困程度的作用大于金融发展和金融竞争。因此我国在金融业综合实力已经大幅提升的背景下，仍有必要持续推进金融供给侧结构性改革，促进普惠金融发展，提高弱势群体对金融服务的可及性和获得感。

7.6.2 普惠金融对多维相对贫困的影响

部分文献认为，和多维贫困具有多维内涵类似，相对贫困并不局限于收入维度，还包括健康、教育和生活质量等其他维度的内容。比如，王小林和冯贺霞（2020）指出，2020年以后中国进入了缓解相对贫困阶段，将应对多方面发展的不平衡、不充分问题，采用多维相对贫困标准有助于我国在实现全面小康之后更加全面地向共同富裕目标迈进，但是该文并未提出具体的多维相对贫困指标及定义方式。汪三贵和孙俊娜（2021）指出，全面建成小康社会后，中国可以设定一个包括收入维度和以基本公共服务为主要内容的非收入维度的多维相对贫困标准，但是他们在定义非收入维度的相对贫困时仍然采用了绝对贫困的定义方式而未体现出相对贫困性。此外，普惠金融除了能够降低收入相对贫困程度以外，是否也能够降低多维相对贫困程度，这个问题对于我们建立解决相对贫困问题的长效机制具有重要的现实意义。

为此，我们在本节通过构建多维相对贫困变量，实证研究普惠金融是否有助于解决多维相对贫困问题。具体地，我们从收入、教育、健康和生活质量四个方面衡量家庭多维相对贫困状况，通过对多维相对贫困指标进行赋权加总的方法定义多维相对贫困剥夺得分。当该得分值超过设定的临界值时，即认为该家庭是多维相对贫困的，并据此定义出家庭多维相对贫困哑变量 RP_mlp。多维相对贫困变量的构建方法及多维贫困指标见式（6-5）和表7-16。$RMLP_i$ 是家庭 i 多维相对贫困剥夺得分，该剥夺得分值为 $[0, 1]$，取值越大，代表家庭多维相对贫困问题越严重；$Income_i$、$Education_i$、$Health_i$、$Lquality_i$ 分别是表示家庭在收入、教育、健康和生活质量方面是否相对贫困的哑变量。借鉴多维贫困文献的常用做法，我们考虑了临界值的多个设定方法，包括 $k=1/4$、$1/3$、$1/2$，其中 $k=1/4$ 意味着家庭至少在收入、教育、健康和生活质量中的某一个维度出现了相对贫困问题，而 $k=1/2$ 意味着家庭至少在收入、教育、健康和生活质量中的某两个维度出现了相对贫困问题；另外，指标赋权方法是为不同维度以及同一维度内的不同指标赋予相等权重。

$$RMLP_i = 0.25 \times Income_i + 0.25 \times Education_i + 0.25 \times Health_i +$$
$$0.25 \times Lquality_i \qquad (6-5)$$
$$Health_i = 0.5 \times Minsur_i + 0.5 \times Chronic_i$$
$$Lquality_i = 0.25 \times Harea_i + 0.25 \times Asset_i + 0.25 \times Water_i + 0.25 \times Fuel_i$$

表7-16　多维相对贫困指标及定义

维度	指标	剥夺临界值	权重
收入 Income	收入水平 Income	家庭人均可支配收入小于全国居民收入中位数（均值）的50%，取值1，否则取值0	1/4

表7-16（续）

维度	指标	剥夺临界值	权重
教育 Education	教育程度 Education	家庭16岁及以上人口平均受教育年限小于全国16岁及以上人口平均受教育年限中位数（均值）的50%，取值1，否则取值0	1/4
健康 Health	慢性疾病 Chronic	家庭成员患有严重慢性病的比例大于全国居民严重慢性病比例中位数（均值）的50%，取值1，否则取值0	1/8
	医疗保险 Minsur	家庭成员医疗保险覆盖率小于全国居民医疗保险覆盖率中位数（均值）的50%，取值1，否则取值0	1/8
生活质量 Lquality	住房面积 Harea	家庭人均住房面积小于全国居民人均住房面积中位数（均值）的50%，取值1，否则取值0	1/16
	其他资产 Asset	家庭其他资产的种类数小于全国家庭资产种类中位数（均值）的50%，取值小于1，否则取值0。其他资产包括汽车，拖拉机等农业机械，自行车、电瓶车、三轮车、摩托车等，以及摄像机、电视机、洗衣机、冰箱、空调和手机等耐用品	1/16
	生活饮水 Water	家庭做饭用水不是井水/山泉水、自来水、矿泉水/纯净水/过滤水等清洁水源，取值1，否则取值0	1/16
	生活燃料 Fuel	家庭做饭主要燃料是柴草等非清洁燃料，取值1，否则取值0	1/16

注：①慢性疾病严重程度分为以下五种：非常严重、比较严重、一般、不太严重及不严重，前两种定义为严重慢性疾病；②拖拉机等农用机械包括：拖拉机、播种机、插秧机、收割机、脱粒机、耕地机、碾米机、抽水机、喷药机、饲料粉碎机等，耐用品共包含17个种类，具体可见CHFS问卷C8001；③受限于数据可得性，生活饮水指标和生活燃料指标是村庄变量，即同一村庄内所有家庭的取值相同。

如表7-17所示，对多维相对贫困哑变量进行描述统计后发现，当以各项指标在全国层面中位数的50%定义相对贫困并且临界值 $k=1/4$、$1/3$、$1/2$ 时，家庭多维相对贫困发生率分别是35.86%、19.91%和7.81%；当以各项指标在全国层面均值的50%定义相对贫困并且临界值 $k=1/4$、$1/3$、$1/2$ 时，家庭多维相对贫困发生率分别是50.11%、29%和13.01%。区分不同维度的相对贫困后还发现，严重慢性病、住房面积和生活燃料的相对贫困问题最为突出，而生活饮水的相对贫困问题最小。整体而言，多维相对贫困问题比单一维度的收入相对贫困问题更严重，尤其是当 $k=1/4$ 时，该现象更为明显。

表 7-17　多维相对贫困的描述统计结果

变量	(1) rmlp	(2) k = 1/4	(3) k = 1/3	(4) k = 1/2			
中位数 50%	0.173 3	35.86%	19.91%	7.81%			
均值 50%	0.234 2	50.11%	29.00%	13.01%			

变量	(5) rp_edu	(6) rp_chron	(7) rp_minsu	(8) rp_harea	(9) rp_asset	(10) rp_water	(11) rp_fuel
中位数 50%	8.69%	29.03%	9.25%	19.72%	4.52%	2.72%	15.87%
均值 50%	10.81%	29.03%	9.24%	42.91%	9.77%	2.72%	15.87%

注：收入相对贫困的描述统计结果见本章表 7-1。

　　利用 Probit 模型，表 7-18 显示了普惠金融对我国家庭多维贫困的影响估计结果。第（1）—（3）列的被解释变量是基于表 7-18 各项指标的全国中位数的 50% 加总得到的多维相对贫困哑变量，临界值分别是 k = 1/4、1/3、1/2，第（4）—（6）列的被解释变量是基于各项指标的全国均值的 50% 加总得到的多维相对贫困哑变量，临界值分别是 k = 1/4、1/3、1/2。从中可以得知，普惠金融指数的边际效应显著为负，即普惠金融能够显著降低家庭发生多维相对贫困问题的概率。以第（1）列为例，普惠金融指数值每提高 1%（一个标准差），家庭发生多维相对贫困的概率将会显著下降 0.3%（3.96%）。

　　进一步地，第（7）—（13）列显示了普惠金融对教育、严重慢性病、医疗保险、住房面积、其他资产、生活饮水、生活燃料等不同维度相对贫困的影响，被解释变量是利用各个指标全国中位数的 50% 定义的相对贫困。从中还可知，普惠金融可以显著地降低教育、严重慢性病、其他资产和生活燃料的相对贫困程度，对于住房面积和生活饮水相对贫困没有显著影响，但是显著提高了医疗保险的相对贫困程度。这是因为：普惠金融只是用于满足弱势群体的基本金融服务需求，以及随着我国房价不断攀升，普惠金融并不足以改善家庭住房相对贫困状况；我国家庭当前生活饮水的相对贫困程度已经很低，以及饮水工程主要是由政府财政主导，普惠金融也不会对改善生活饮水相对贫困产生显著作用；我国家庭保险意识仍然较弱，以及中低收入家庭在面临较强流动性约束下倾向在保费支出和其他必要支出之间进行权衡，所以普惠金融可能造成高收入家庭更多地持有商业医疗保险，对中低收入家庭则无此影响，进而加剧了医疗保险的相对贫困问题。

表 7-18　普惠金融对多维相对贫困的影响估计

变量	(1) rp_mlp25	(2) rp_mlp33	(3) rp_mlp50	(4) rp_mlm25	(5) rp_mlm33	(6) rp_mlm50	
普惠金融	-0.003 0 ***	-0.002 1 ***	-0.000 9 ***	-0.003 7 ***	-0.002 7 ***	-0.001 9 ***	
	(0.000 4)	(0.000 4)	(0.000 3)	(0.000 4)	(0.000 4)	(0.000 4)	
控制变量	已控制	已控制	已控制	已控制	已控制	已控制	
身份	已控制	已控制	已控制	已控制	已控制	已控制	
观测值	36 750	36 750	36 750	36 750	36 750	36 750	
变量	(7) rp_edu	(8) rp_chron	(9) rp_minsu	(10) rp_harea	(11) rp_asset	(12) rp_water	(13) rp_fuel
普惠金融	-0.001 1 ***	-0.000 9 ***	0.000 3 ***	0.000 0	-0.000 5 ***	-0.001 0	-0.011 6 ***
	(0.000 2)	(0.000 3)	(0.000 1)	(0.000 4)	(0.000 2)	(0.000 7)	(0.002 2)
控制变量	已控制	已控制	已控制	已控制	已控制	已控制	已控制
身份	已控制	已控制	已控制	已控制	已控制	已控制	已控制
观测值	36 750	36 750	36 750	36 750	36 750	20 949	32 562

注：*** 代表 1% 的显著性水平，表中显示的是边际效应，括号内是社区聚类标准误。由于多维相对贫困指标中包含了资产类指标，所以为了避免回归出现同义反复问题，控制变量中不再添加家庭净资产变量，其他控制变量同表 7-4。第（7）—（13）列是利用各指标全国层面中位数的 50% 定义的相对贫困，利用全国层面均值的 50% 定义相对贫困也可得到一致的结论。第（12）—（13）列回归时由于省份哑变量与被解释变量的完全预测问题而删减了部分观测值。

7.7　本章小结

在我国于 2020 年年底完成脱贫攻坚战、全面消除了现行贫困标准下绝对贫困问题的背景下，本章从理论和实证层面研究了普惠金融对相对贫困的影响及其作用机制，以期为我国解决相对贫困问题提出一种可行的政策工具。特别地，普惠金融作为我国金融供给侧结构性改革的重要内容，本章还比较了普惠金融、金融发展和金融竞争对相对贫困的作用的差异，用以揭示普惠金融不同于以往金融发展的本质特征及内涵。

对相对贫困进行描述统计后发现，当前我国存在着相当规模的相对贫困人口。以全国居民收入中位数的 40%、50% 和 60% 定义相对贫困，我国相对贫困家庭占比分别为 26.4%、30.8% 和 34.9%；再分别以农村或城市居民收入中位数的一定比例定义相对贫困后发现，我国农村相对贫困家庭占比为 26.8% ~ 35.6%，城市相对贫困家庭占比为 22% ~ 32.2%。

研究发现，普惠金融可以显著降低我国家庭发生相对贫困的概率，并且对农村家庭的作用大于城市家庭。分别以全国、农村和城市居民收入中位数的50%定义相对贫困，普惠金融指数每提高一个标准差，我国家庭发生相对贫困的概率将显著下降4.22%，而农村家庭和城市家庭发生相对贫困的概率将分别下降5.15%和3.70%。此外区分普惠金融使用度和渗透度发现，使用度对相对贫困的影响要大于渗透度，这说明推进普惠金融发展在增加金融基础设施建设的同时更要注重改善家庭金融服务使用状况，避免金融网点渗透性增加导致金融资源外流和拉大地区金融资源差距。利用"家庭所在城市其他社区的普惠金融指数的均值"或者"各省份推进普惠金融发展进程的时间×地区普惠金融发展状况"作为工具变量进行估计发现，普惠金融对降低我国家庭相对贫困程度仍然具有显著影响。利用安慰剂检验、线性概率模型、替换居民收入计算方法和替换普惠金融指数构建方法进行稳健性检验，仍然能够得到一致的结论。

　　进一步地，我们通过作用机制分析发现，普惠金融能够通过促进包容性发展、充分就业和提高政府转移支付效率等渠道对降低相对贫困程度发挥积极作用。其中，普惠金融能够显著促进居民收入增长并缩小收入差距，而居民收入增长和收入差距缩小有助于降低相对贫困的发生概率；普惠金融还能够显著降低失业概率并抑制失业对相对贫困的不利影响，尤其是有助于提高成年人受雇和从事个体及私营企业经营工作的概率，并降低其务农的概率；普惠金融还能够提高政府转移支付效率，促进低收入家庭比高收入家庭获得更多的政府转移性支付，这也有助于降低家庭发生相对贫困的概率。

　　我们还通过研究发现，实证模型加入金融发展和金融竞争之后，普惠金融仍然能够对解决我国相对贫困问题产生积极影响，并且对农村家庭和中部、西部家庭的影响更大。但是，与之不同，金融发展和金融竞争对降低相对贫困程度的作用要小于普惠金融，并且金融发展主要降低了城市家庭和西部家庭的相对贫困程度，金融竞争主要是降低了城市家庭和东部、中部家庭的相对贫困程度。这说明，普惠金融具有与金融发展和金融竞争不同的内涵，从普惠金融方面出发推进我国金融供给侧结构性改革具有重要的现实意义，有助于提高我国金融服务实体经济的能力。从收入、教育、健康和生活质量等多个维度出发定义多维相对贫困，发现普惠金融也能够显著降低家庭发生多维相对贫困的概率，尤其是对教育贫困、严重慢性疾病贫困、住房以外的其他资产贫困、生活燃料贫困有显著的积极作用，对住房贫困和生活用水贫困无显著影响，但是显著提高了医疗保险贫困程度。

本章结论具有如下重要的政策含义：第一，我国存在着相当规模的相对贫困人口，尤其是农村和中西部地区相对贫困问题较为突出，由此在我国解决完现行标准下的绝对贫困问题之后，要尽快建立解决相对贫困问题的长效机制。第二，普惠金融可以作为我国解决相对贫困问题的一种可行方案，特别是注重改善弱势群体对金融服务的使用状况可以更大限度发挥普惠金融对相对贫困的积极影响和避免地区金融资源差距拉大，由此金融体系改革及金融发展不仅要注重提升金融服务深度和竞争程度，更要注重拓展金融服务广度及外延。第三，在我国经济增速放缓的背景下，尽管经济增长的涓滴效应减弱，但是缩小居民收入差距、改善劳动力市场和创新创业环境，以及充分利用普惠金融手段进行政府转移支付，有助于充分发挥普惠金融对降低相对贫困程度的积极作用。第四，相对贫困标准的界定要充分结合国外发达国家减贫实践和我国社会实际状况，同时要注意保证相对贫困标准可用于国际社会的贫困问题及减贫效果比较，进而为世界其他国家减贫提供具有中国特色的方案。

8 结论与政策建议

本书前述各章节涉及以下内容：①构建了微观层面的社区普惠金融指数；②研究了普惠金融对我国扩大内需及消费升级的影响及其作用机制；③研究了普惠金融对我国脱贫攻坚的影响及其作用机制，并讨论了普惠金融在精准扶贫过程中可以发挥的作用；④研究了普惠金融对我国减贫质量的影响及其作用机制，并讨论了普惠金融发挥减贫质量效应所需的内外部环境条件；⑤研究了普惠金融对我国解决相对贫困问题的影响及其作用机制，并讨论了普惠金融与金融发展、金融竞争对解决相对贫困问题的差异性影响。本章总结前述章节研究结论，提出相应的政策建议，并指出下一步的研究方向。

8.1 研究结论

（1）本书研究发现，社区普惠金融指数整体呈现右偏分布特征，城市社区的普惠金融状况要显著好于农村社区，但是城市内不同社区之间的普惠金融状况也存在较大的差异。

（2）本书通过研究普惠金融对扩大内需及消费升级的影响发现：①普惠金融对家庭消费有显著的正向影响，提高普惠金融水平不仅有助于增加家庭人均消费支出，也有助于改善家庭消费结构。②此外，普惠金融对家庭消费的影响存在一定的异质性，与城市家庭相比，普惠金融对农村家庭有更大的影响；与不易受到金融排斥的家庭相比，普惠金融对容易受到金融排斥的家庭有更大的影响。③机制检验结果表明，普惠金融可以通过缓解家庭信贷约束和降低收入不确定性对扩大内需及消费升级产生正向影响。

（3）本书通过研究普惠金融对脱贫攻坚的影响发现：①我国农村绝对贫困问题比城市更严重，由此可见农村贫困人口脱贫是脱贫攻坚的重要工作，但不能忽视城市中存在的贫困问题，未来需要统筹协调城乡扶贫工作。②普惠金融对我国脱贫攻坚有积极的影响，提高普惠金融发展水平能够显著降低家庭发生绝对贫困的概率，并且相比于城市家庭，普惠金融对农村家庭绝对贫困有更大的影响；相比于低贫困程度社区的家庭，普惠金融对处在高贫困程度社区的家庭有更大的影响。③对绝对贫困家庭是否属于政府扶贫户进行分样本估计发现，相比于扶贫户，普惠金融对非扶贫户有更大的影响，由此可见普惠金融有助于缓解政府扶贫中的瞄准失当问题，并提高扶贫效率。④机制分析结果表明，普惠金融可以通过促进我国家庭参与工商业经营和参与市场等渠道对脱贫攻坚发挥积极作用。

（4）本书通过研究普惠金融对减贫质量的影响发现：①普惠金融对提高我国减贫质量有积极的影响，提高普惠金融发展水平能够显著降低我国农村家庭多维贫困程度和多维贫困脆弱性，特别是对多维贫困严重的地区或家庭以及多维贫困结构脆弱性的影响更大。②普惠金融显著降低了收入贫困、教育贫困及生活质量贫困的程度，对健康贫困的影响相对有限；银行营业网点与金融服务点渗透，以及储蓄存款、正规贷款、商业保险及数字金融服务使用可以提高减贫质量，而其他类型金融机构渗透、信用卡使用和银行服务评价的影响并不明显。③环境条件分析表明，改善村庄市场及制度环境和家庭需求环境有助于充分发挥普惠金融的减贫质量效应，否则可能抑制普惠金融的积极作用。④机制分析结果表明，普惠金融可以通过促进农村家庭人力与物质资本积累以及地区经济发展等机制显著提高减贫质量。

（5）本书通过研究普惠金融对解决相对贫困问题的影响发现：①我国存在相当规模的相对贫困人口，并且农村相对贫困问题更为严重。②普惠金融有助于我国解决相对贫困问题，提高普惠金融发展水平能够显著降低我国家庭发生相对贫困的概率，并且普惠金融对农村家庭有更大的影响，使用度也比渗透度对相对贫困有更大的影响。③机制分析结果表明，普惠金融能够通过促进包容性发展、充分就业和提高政府转移支付效率等渠道对降低相对贫困程度发挥积极作用。④金融发展和金融竞争对相对贫困的作用要小于普惠金融，并且与普惠金融对农村家庭和中部、西部家庭有更大的影响不同，金融发展主要降低了城市家庭和西部家庭的相对贫困程度，金融竞争主要是降低了城市家庭和东部、中部家庭的相对贫困程度。⑤普惠金融除了有助于解决收入相对贫困问题，也可以对多维相对贫困发挥积极作用。

整体而言，本书研究表明，普惠金融能够显著改善我国居民家庭民生福祉，进而有利于我国在全面建成小康社会后，实现全面建成社会主义现代化强国的目标。

8.2 政策建议

根据前述各章研究结论，本书提出如下政策建议：

（1）根据第三章研究结论，我们认为：第一，在建立健全普惠金融指标体系时，既要在宏观层面关注国家还有各省份的普惠金融发展状况，也要在微观层面关注社区和家庭的普惠金融发展状况，由此也需要构建微观层面的普惠金融指数，用以刻画金融服务的下沉状况和金融资源在微观主体之间的分配状况；第二，与城市和东部地区相比，应该重点改善农村地区和中西部地区的普惠金融状况。

（2）根据第四章研究结论，我们认为：第一，金融普惠对我国扩大内需及消费升级具有重要的促进作用，由此可见在金融供给侧结构性改革进程中，需要改变以往主要注重金融服务深度的金融发展模式，通过持续增加金融服务广度，使得弱势群体能够充分获取其所需的金融服务；第二，鼓励各类金融机构不断创新金融产品和提高金融服务质量，进一步缓解家庭面临的信贷约束，尤其是教育医疗领域和农工商经营领域的信贷约束问题；第三，持续改善劳动力市场就业环境、创造条件增强中小企业经营活力并稳定宏观经济发展环境，进而降低家庭收入不确定性，避免预防性储蓄动机对扩大内需构成显著的不利影响。

（3）根据第五章研究结论，我们认为：第一，我国政府在解决农村绝对贫困问题的同时，也不能忽略城市中存在的绝对贫困现象，并应在未来逐步统筹协调城乡扶贫治理工作；第二，普惠金融是一项系统工程，除增加对贫困地区的信贷支持外，还应该帮助家庭建立正规银行账户，增加保险机构的基层服务网点，完善移动互联网等承载的数字金融服务，等等；第三，持续提高扶贫精准度，保证扶贫资源精准投向贫困家庭，同时建立扶贫退出机制，提高贫困家庭脱贫积极性和主观能动性，防止贫困家庭形成扶贫依赖；第四，大力改善工商业经营环境，并加强基础设施建设尤其是金融基础设施建设，有助于充分发挥金融对脱贫攻坚的积极作用；第五，加快推进贫困地区和贫困家庭的信用体系建设，减少金融市场上的信息不对称，进而助力解决金融减贫工作中长尾群体可能存在的信用风险问题。

（4）根据第六章研究结论，我们认为：第一，推进农村普惠金融发展需要不断加强金融服务创新，用以覆盖多维贫困问题严重的农村家庭等长尾群体，由此可以满足多维贫困家庭的金融服务需求以及增强普惠金融对减贫质量的积极作用；第二，推进农村普惠金融发展还需完善金融服务在基层组织的渗透功能，除转账和小额现金支取等日常生活所需金融服务外，还可以通过完善征信体系和数字金融发展等进一步满足多维贫困家庭的生产、投资与发展需求；第三，建立并完善金融扶贫对多维贫困家庭的长效支持机制，增强金融扶贫与财政扶贫等其他机制的有效衔接与融合，进而切实缓解健康贫困等不同维度的贫困问题；第四，不断改善村庄市场及制度环境和家庭需求环境，通过推进村庄市场化发展、完善治理机制、增强市场连接，以及提高家庭规划能力、信任及信用水平等，充分发挥普惠金融的减贫质量效应。

（5）根据第七章研究结论，我们认为：第一，考虑到我国存在相当规模的相对贫困人口，在解决了现行标准下的绝对贫困问题之后，要尽快建立解决相对贫困问题的长效机制；第二，普惠金融具有不同于金融发展和金融竞争的本质及内涵，而普惠金融可以作为我国解决相对贫困问题的一种可行方案，特别是注重改善弱势群体对金融服务的使用状况可以更大限度地发挥普惠金融对相对贫困的积极作用和避免地区金融资源差距拉大；第三，尽最大努力缩小居民收入差距、改善劳动力市场和创新创业环境，以及充分利用普惠金融手段进行政府转移支付，有助于充分发挥普惠金融对降低相对贫困程度的积极作用；第四，相对贫困标准的界定需要充分结合国外发达国家减贫实践和我国社会实际状况，同时要注意保证相对贫困标准可用于国际社会的贫困问题及减贫效果比较，进而为世界其他国家减贫提供具有中国特色的方案。

8.3 研究展望

本书虽然就普惠金融对全面建成小康社会的影响及其机制开展了一定的研究，但是仍有一些问题有待未来继续探索。首先，本书虽然使用了历年宏观数据，但是微观方面只用到了中国家庭金融调查 2015 年的数据，数据时效性不足，并且未能在全部章节中深入考察普惠金融与全面建成小康社会的长期影响。这主要是因为中国家庭金融调查 2011 年和 2013 年的数据没有足够的信息反映社区普惠金融的发展状况，同时笔者在书稿成文时点也暂时未能获得2017 年和 2019 年社区数据的使用权限，在未来获得足够数据之后可利用面板微观数据继续开展后续研究。其次，我国全面建成小康社会的内涵十分丰富，除了扩大内需和消除贫困以外，还包括缩小收入差距、促进区域协调发展、提高基本公共服务均等化和农业现代化等内容。限于篇幅，本书对此没有过多涉及，未来也可以对此开展相关研究，以期为我国在全面建成小康社会后实现全面建成社会主义现代化强国的目标提供更加丰富的政策建议。最后，近年来，我国相继在河南省兰考县、福建省宁德市和龙岩市、浙江省宁波市等地区开展了普惠金融改革试验点，这些试点是否产生了预期的效果，对全面建成小康社会的影响及其作用机理是什么，能否将试点地区的经验推广至全国其他地区，这些也可在未来利用政策评估方法进行深入研究。

参考文献

白重恩，李宏彬，吴斌珍，2012. 医疗保险与消费：来自新型农村合作医疗的证据 [J]. 经济研究（2）：41-53.

白重恩，吴斌珍，金烨，2012. 中国养老保险缴费对消费和储蓄的影响 [J]. 中国社会科学（8）：48-71.

贝多广，莫秀根，2018. 中国普惠金融发展报告（2018）[M]. 北京：中国金融出版社.

陈东，刘金东，2013. 农村信贷对农村居民消费的影响：基于状态空间模型和中介效应检验的长期动态分析 [J]. 金融研究（6）：160-172.

陈飞，卢建词，2014. 收入增长与分配结构扭曲的农村减贫效应研究 [J]. 经济研究（2）：101-114.

陈国强，罗楚亮，吴世艳，2018. 公共转移支付的减贫效应估计：收入贫困还是多维贫困 [J]. 数量经济技术经济研究（5）：59-76.

陈利平，2005. 高增长导致高储蓄：一个基于消费攀比的解释 [J]. 世界经济（11）：3-9.

陈银娥，孙琼，徐文赟，2015. 中国普惠金融发展的分布动态与空间趋同研究 [J]. 金融经济学研究（11）：72-81.

陈志钢，毕洁颖，吴国宝，等，2019. 中国扶贫现状与演进以及2020年后的扶贫愿景和战略重点 [J]. 中国农村经济（1）：2-16.

陈宗胜，沈扬扬，周云波. 中国农村贫困状况的绝对与相对变动：兼论相对贫困线的设定 [J]. 管理世界（1）：65-77.

崔海燕，范纪珍，2011. 内部和外部习惯形成与中国农村居民消费行为：基于省级动态面板数据的实证分析 [J]. 中国农村经济（7）：54-62.

程名望，JIN Y，盖庆恩，等，2014. 农村减贫：应该更关注教育还是健康：基于收入增长和差距缩小双重视角的实证 [J]. 经济研究（11）：130-144.

邱崇明，李辉文，2011. 我国金融抑制的测度及其对居民消费的影响 [J]. 金融与经济（2）：15-18.

陈斌开，2012. 收入分配与中国居民消费：理论和基于中国的实证研究 [J]. 南开经济研究（1）：33-49.

陈斌开，陆铭，钟宁桦，2010. 户籍制约下的居民消费 [J]. 经济研究（增1）：62-71.

陈斌开，杨汝岱，2013. 土地供给、住房价格与中国城镇居民储蓄 [J]. 经济研究（1）：110-122.

崔艳娟，孙刚，2012. 金融发展是贫困减缓的原因吗：来自中国的证据 [J]. 金融研究（11）：116-127.

董晓林，徐虹，2012. 我国农村金融排斥影响因素的实证分析：基于县域金融机构网点分布的视角 [J]. 金融研究（9）：115-126.

董志勇，黄迈，2010. 信贷约束与农户消费结构 [J]. 经济科学（5）：72-79.

都阳，PARK A，2007. 中国的城市贫困：社会救助及其效应 [J]. 经济研究（12）：24-33.

都阳，朴之水，2003. 迁移与减贫：来自农户调查的经验证据 [J]. 中国人口科学（4）：56-62.

都阳，万广华，2014. 城市劳动力市场上的非正规就业及其在减贫中的作用 [J]. 经济学动态（9）：88-97.

方福前，2009. 中国居民消费需求不足原因研究：基于中国城乡分省数据 [J]. 中国社会科学（2）：68-82.

樊丽明，谢娟，2014. 公共转移支付减少了贫困脆弱性吗？ [J]. 经济研究（8）：67-78.

高艳云，2012. 中国城乡多维贫困的测度及比较 [J]. 统计研究（11）：61-66.

高云虹，刘强，2011. 收入增长和收入分配对城市减贫的影响 [J]. 财经科学（12）：90-98.

葛岩，吴海霞，陈利斯，2018. 儿童长期多维贫困、动态性与致贫因素 [J]. 财贸经济（7）：18-33.

郭田勇，丁潇，2015. 普惠金融的国际比较研究：基于银行服务的视角 [J]. 国际金融研究（2）：55-64.

郭熙保，周强，2016. 长期多维贫困、不平等与致贫因素 [J]. 经济研究（6）：143-156.

甘犁，徐立新，姚洋，2007. 村庄治理、融资和消费保险：来自8省49村的经

验证据 [J]. 中国农村观察 (2)：2-13.

葛顺奇，刘晨，罗伟，2016. 外商直接投资的减贫效应：基于流动人口的微观分析 [J]. 国际贸易问题 (1)：82-92.

韩华为，徐月宾，2014. 中国农村低保制度的反贫困效应研究：来自中西部五省的经验证据 [J]. 经济评论 (6)：63-77.

韩立岩，杜春越，2012. 收入差距、借贷水平与居民消费的地区及城乡差异 [J]. 经济研究 (增1)：15-27.

韩其恒，李俊青，2010. 金融深化对个体行为及其福利的影响分析 [J]. 财经研究 (6)：14-25.

何立新，封进，佐藤宏，2008. 养老保险改革对家庭储蓄率的影响：中国的经验证据 [J]. 经济研究 (10)：117-130.

何兴强，史卫，2014. 健康风险与城镇居民家庭消费 [J]. 经济研究 (5)：34-48.

杭斌，2009. 习惯形成下的农户缓冲储备行为 [J]. 经济研究 (1)：96-105.

杭斌，闫新华，2013. 经济快速增长时期的居民消费行为：基于习惯形成的实证分析 [J]. 经济学 (季刊) (4)：1191-1208.

洪正，2011. 新型农村金融机构改革可行吗？：基于监督效率视角的分析 [J]. 经济研究 (2)：44-58.

胡联，汪三贵，王娜，2015. 贫困村互助资金存在精英俘获吗：基于 5 省 30 个贫困村互助资金试点村的经验证据 [J]. 经济学家 (9)：78-85.

胡荣华，孙计领，2015. 消费能使我们幸福吗 [J]. 统计研究 (12)：69-75.

黄薇，2019. 保险政策与中国式减贫：经验、困局与路径优化 [J]. 管理世界 (1)：135-150.

贾男，张亮亮，甘犁，2011. 不确定性下农村家庭食品消费的"习惯形成"检验 [J]. 经济学 (季刊) (1)：327-348.

姜明世，金菊花，2017. 政治经济学视角下的贫困现象：相对贫困的决定因素 [J]. 国外社会科学 (6)：110-117.

金烨，李宏彬，吴斌珍，2011. 收入差距与社会地位寻求：一个高储蓄率的原因 [J]. 经济学 (季刊) (3)：887-912.

康锋莉，2018. 可行能力视角下加快建立现代财政转移支付制度 [J]. 财贸经济 (7)：5-17.

李春霄，贾金荣，2012. 我国金融排斥程度研究：基于金融排斥指数的构建与测算 [J]. 当代经济科学 (2)：9-15.

李飞,曾福生,2015.市场参与与贫困缓解[J].农业技术经济(8):82-88.

李佳路,2010.扶贫项目的减贫效果评估:对30个国家扶贫开发重点县调查[J].改革(8):125-132.

李江苏,王晓蕊,苗长虹,等,2014.城镇化水平与城镇化质量协调度分析:以河南省为例[J].经济地理(10):70-77.

李锐,朱喜,2007.农户金融抑制及其福利损失的计量分析[J].经济研究(2):146-155.

李实,KNIGHT J,2002.中国城市中的三种贫困类型[J].经济研究(10):47-58.

李实,杨穗,2009.中国城市低保政策对收入分配和贫困的影响作用[J].中国人口科学(5):19-27.

李涛,陈斌开,2014.家庭固定资产、财富效应与居民消费:来自中国城镇家庭的经验证据[J].经济研究(3):62-75.

李涛,王志芳,王海港,等,2007.中国城市居民的金融受排斥状况研究[J].经济研究(7):15-30.

李文星,徐长生,艾春荣,2008.中国人口年龄结构和居民消费:1989—2004[J].经济研究(7):118-129.

李晓红,2010.城市贫困人口的致贫原因分析:基于人力资本产权的视角[J].城市问题(4):96-100.

李扬,王国刚,刘煜辉,2015.中国城市金融生态环境评价[M].北京:人民出版社.

李永友,沈坤荣,2007.财政支出结构、相对贫困与经济增长[J].管理世界(11):14-26.

梁汉媚,方创琳,2011.中国城市贫困人口动态变化与空间分异特征探讨[J].经济地理(10):1610-1617.

林闽钢,张瑞利,2012.农村贫困家庭代际传递研究:基于CHNS数据的分析[J].农业技术经济(1):29-35.

刘成奎,王朝才,2011.城乡基本公共服务均等化指标体系研究[J].财政研究(8):25-29.

刘大伟,2020.教育改善贫困的证据:基于微观社会调查的实证分析[J].教育研究(4):115-124.

刘一伟,2017.社会保险缓解了农村老人的多维贫困吗?:兼论"贫困恶性循环"效应[J].科学决策(2):26-43.

卢盛峰，卢洪友，2013. 政府救助能够帮助低收入群体走出贫困吗：基于 1989—2009 年 CHNS 数据的实证研究 [J]. 财经研究（1）：4-16.

罗必良，2020. 相对贫困治理：性质、策略与长效机制 [J]. 求索（6）：18-27.

罗楚亮，2004. 经济转轨、不确定性与城镇居民消费行为 [J]. 经济研究（4）：100-106.

罗楚亮，2010. 农村贫困的动态变化 [J]. 经济研究（5）：123-138.

罗明忠，唐超，吴小立，2020. 培训参与有助于缓解农户相对贫困吗?：源自河南省 3278 份农户问卷调查的实证分析 [J]. 华南师范大学学报（社会科学版）（6）：43-56.

罗斯丹，陈晓，姚悦欣，2016. 我国普惠金融发展的减贫效应研究 [J]. 当代经济研究（12）：84-93.

罗玉辉，侯亚景，2019. 中国农村多维贫困动态子群分解、分布与脱贫质量评价：基于 CFPS 面板数据的研究 [J]. 贵州社会科学（1）：141-148.

骆祚炎，2010. 住房支出、住房价格、财富效应与居民消费增长：兼论货币政策对资产价格波动的关注 [J]. 财经科学（5）：31-38.

吕勇斌，邓薇，颜洁，2015. 金融包容视角下我国区域金融排斥测度与影响因素的空间分析 [J]. 宏观经济研究（12）：51-62.

吕勇斌，李仪，2016. 金融包容对城乡收入差距的影响研究：基于空间模型 [J]. 财政研究（7）：22-34.

马彧菲，杜朝运，2017. 普惠金融指数测度及减贫效应研究 [J]. 经济与管理研究（5）：45-53.

毛捷，汪德华，白重恩，2012. 扶贫与地方政府公共支出：基于"八七扶贫攻坚计划"的经验研究 [J]. 经济学（季刊）（4）：1365-1388.

毛中根，孙豪，黄容，2014. 中国最优居民消费率的估算及变动机制分析 [J]. 数量经济技术经济研究（3）：134-147.

米运生，2009. 金融自由化、经济转轨与农民相对贫困的恶化 [J]. 经济理论与经济管理（10）：60-65.

宁爱照，杜晓山，2013. 新时期的中国金融扶贫 [J]. 中国金融（16）：80-81.

齐良书，2011. 新型农村合作医疗的减贫、增收和再分配效果研究 [J]. 数量经济技术经济研究（8）：35-52.

钱文荣，李宝值，2013. 不确定性视角下农民工消费影响因素分析：基于全国 2 679 个农民工的调查数据 [J]. 中国农村经济（11）：57-71.

申琳，马丹，2007. 政府支出与居民消费：消费倾斜渠道与资源撤出渠道 [J]. 世界经济（11）：73-79.

沈扬扬，李实，2020. 如何确定相对贫困标准？：兼论"城乡统筹"相对贫困的可行方案 [J]. 南京农业大学学报（社会科学版）（2）：91-101.

师俊国，沈中华，张利平，2016. 普惠金融对投资效率的非线性效应分析 [J]. 南方经济（2）：73-86.

宋扬，赵君，2015. 中国的贫困现状与特征：基于等值规模调整后的再分析 [J]. 管理世界（10）：65-77.

苏春红，谢里，2015. 财政流动、转移支付及其减贫效率：基于中国农村微观数据的分析 [J]. 金融研究（4）：34-49.

粟芳，方蕾，2016. "有为政府"与农村普惠金融发展：基于上海财经大学 2015"千村调查"[J]. 财经研究（12）：72-83.

粟勤，肖晶，2015. 中国银行业市场结构对金融包容的影响研究：基于区域经济发展差异化的视角 [J]. 财经研究（6）：32-45.

孙继国，韩开颜，胡金焱，2020. 数字金融是否减缓了相对贫困？：基于 CHFS 数据的实证研究 [J]. 财经论丛（12）：50-60.

孙久文，夏添，2019. 中国扶贫战略与 2020 年后相对贫困线划定：基于理论、政策和数据的分析 [J]. 中国农村经济（10）：98-113.

孙武军，祁晶，2016. 保险保障、家庭资本增长与贫困陷阱 [J]. 管理科学学报（12）：71-82.

檀学文，2018. 贫困村的内生发展研究：皖北辛村精准扶贫考察 [J]. 中国农村经济（11）：48-63.

檀学文，2020. 走向共同富裕的解决相对贫困思路研究 [J]. 中国农村经济（6）：21-36.

谭燕芝，张子豪，2017. 社会网络、非正规金融与农户多维贫困 [J]. 财经研究（3）：43-56.

谭燕芝，张子豪，眭张媛，2017. 非正规金融能否促进农户脱贫：基于 CFPS 2012 年微观数据的实证分析 [J]. 农业技术经济（2）：41-50.

涂冰倩，李后建，唐欢，2018. 健康冲击、社会资本与农户经济脆弱性：基于"CHIP2013"数据的实证分析 [J]. 南方经济（12）：17-39.

万广华，张茵，2008. 中国沿海与内地贫困差异之解析：基于回归的分解方法 [J]. 经济研究（12）：75-84.

万广华，张茵，牛建高，2001. 流动性约束、不确定性与中国居民消费 [J].

经济研究（11）：35-44.

王博，张晓玫，卢露，2017. 网络借贷是实现普惠金融的有效途径吗：来自"人人贷"的微观借贷证据 [J]. 中国工业经济（2）：98-116.

汪昌云，钟腾，郑华懋，2014. 金融市场化提高了农户信贷获得吗：基于农户调查的实证研究 [J]. 经济研究（10）：33-45.

王春超，叶琴，2014. 中国农民工多维贫困的演进：基于收入与教育维度的考察 [J]. 经济研究（12）：159-174.

王定祥，田庆刚，李伶俐，等，2011. 贫困型农户信贷需求与信贷行为实证研究 [J]. 金融研究（5）：124-138.

王国刚，2018. 从金融功能看融资、普惠和服务"三农" [J]. 中国农村经济（3）：2-14.

王江，廖理，张金宝，2010. 消费金融研究综述 [J]. 经济研究（增1）：5-29.

王健宇，徐会奇，2010. 收入不确定性对农民消费的影响研究 [J]. 当代经济科学（2）：54-60.

王珂英，张鸿武，2016. 农村金融包容发展对农户创业影响的实证分析 [J]. 统计与决策（11）：133-136.

汪三贵，孙俊娜，2021. 全面建成小康社会后中国的相对贫困标准、测量与瞄准：基于 2018 年中国住户调查数据的分析 [J]. 中国农村经济（3）：2-23.

王文略，朱永甜，黄志刚，等，2019. 风险与机会对生态脆弱区农户多维贫困的影响：基于形成型指标的结构方程模型 [J]. 中国农村观察（3）：64-80.

王小华，王定祥，温涛，2014. 中国农贷的减贫增收效应：贫困县与非贫困县的分层比较 [J]. 数量经济技术经济研究（9）：40-55.

王小林，冯贺霞，2020. 2020 年后中国多维相对贫困标准：国际经验与政策取向 [J]. 中国农村经济（3）：2-21.

王小林，ALKIRE S，2009. 中国多维贫困测量：估计和政策含义 [J]. 中国农村经济（12）：4-10.

王修华，关键，2014. 中国农村金融包容水平测度与收入分配效应 [J]. 中国软科学（8）：150-161.

武丽娟，徐璋勇，2018. 我国农村普惠金融的减贫增收效应研究：基于 4 023 户农户微观数据的断点回归 [J]. 南方经济（5）：104-127.

夏庆杰，宋丽娜，APPLETON S，2007. 中国城镇贫困的变化趋势和模式：1988—2002 [J]. 经济研究（9）：96-111.

夏庆杰，宋丽娜，APPLETON S，2010. 经济增长与农村反贫困 [J]. 经济学

（季刊）（3）：851-870.

夏玉莲，匡远配，2017. 农地流转的多维减贫效应分析：基于 5 省 1 218 户农户的调查数据 [J]. 中国农村经济（9）：44-61.

肖挺，2016. 地区贫困、创新潜力与经济增长 [J]. 财经研究（2）：16-26.

谢垩，2010. 公共转移支付和私人转移支付对农村贫困、不平等的影响：反事实分析 [J]. 财经研究（12）：56-61.

徐舒，赵绍阳，2013. 养老金"双轨制"对城镇居民生命周期消费差距的影响 [J]. 经济研究（1）：83-98.

颜色，朱国钟，2013."房奴效应"还是"财富效应"：房价上涨对国民消费影响的一个理论分析 [J]. 管理世界（3）：34-47.

杨俊，王燕，张宗益，2008. 中国金融发展与贫困减少的经验分析 [J]. 世界经济（8）：62-76.

杨龙，李宝仪，赵阳，等，2019. 农业产业扶贫的多维贫困瞄准研究 [J]. 中国人口·资源与环境（2）：134-144.

杨汝岱，陈斌开，2009. 高等教育改革、预防性储蓄与居民消费行为 [J]. 经济研究（8）：113-124.

杨汝岱，陈斌开，朱诗娥，2011. 基于社会网络视角的农户民间借贷需求行为研究 [J]. 经济研究（11）：116-129.

杨汝岱，朱诗娥，2007. 公平与效率不可兼得吗?：基于居民边际消费倾向的研究 [J]. 经济研究（12）：46-58.

杨艳琳，付晨玉，2019. 中国农村普惠金融发展对农村劳动年龄人口多维贫困的改善效应分析 [J]. 中国农村经济（3）：19-35.

姚毅，王朝明，2010. 中国城市贫困发生机制的解读：基于经济增长、人力资本和社会资本的视角 [J]. 财贸经济（10）：106-113.

叶德珠，连玉君，黄有光，等，2012. 消费文化、认知偏差与消费行为偏差 [J]. 经济研究（2）：80-92.

易行健，张波，杨汝岱，等，2012. 家庭社会网络与农户储蓄行为：基于中国农村的实证研究 [J]. 管理世界（5）：43-51.

殷浩栋，王瑜，汪三贵，2018. 易地扶贫搬迁户的识别：多维贫困测度及分解 [J]. 中国人口·资源与环境（11）：104-114.

尹志超，宋全云，吴雨，2014. 金融知识、投资经验与家庭资产选择 [J]. 经济研究（4）：62-75.

尹志超，彭嫦燕，里昂安吉拉，2019. 中国家庭普惠金融的发展及影响 [J].

管理世界（2）：74-87.

余泉生，周亚虹，2014. 信贷约束强度与农户福祉损失：基于中国农村金融调查截面数据的实证分析 [J]. 中国农村经济（3）：36-47.

袁方，叶兵，史清华，2019. 中国农民创业与农村多维减贫：基于"目标导向型"多维贫困模型的探讨 [J]. 农业技术经济（1）：69-85.

袁志刚，宋铮，2000. 人口年龄结构、养老保险制度与最优储蓄率 [J]. 经济研究（11）：24-32.

臧文斌，刘国恩，徐菲，等，2012. 中国城镇居民基本医疗保险对家庭消费的影响 [J]. 经济研究（7）：75-85.

臧旭恒，张继海，2005. 收入分配对中国城镇居民消费需求影响的实证分析 [J]. 经济理论与经济管理（6）：5-10.

张成思，李雪君，2012. 基于全球视角的中国金融发展指数研究 [J]. 金融研究（6）：54-67.

张川川，GILES J，赵耀辉，2014. 新型农村社会养老保险政策效果评估：收入、贫困、消费、主观福利和劳动供给 [J]. 经济学（季刊）（1）：203-230.

张栋浩，尹志超，2018. 金融普惠、风险应对与中国农村家庭贫困脆弱性 [J]. 中国农村经济（4）：54-73.

张栋浩，尹志超，隋钰冰，2020. 金融普惠可以提高减贫质量吗：基于多维贫困的分析 [J]. 南方经济（10）：56-75.

张海洋，李静婷，2012. 村庄金融环境与农户信贷约束 [J]. 浙江社会科学（2）：11-20.

张海洋，袁雁静，2011. 村庄金融环境与农户创业行为 [J]. 浙江社会科学（7）：2-12.

张号栋，尹志超，2016. 金融知识和中国家庭的金融排斥：基于 CHFS 数据的实证研究 [J]. 金融研究（7）：80-95.

张继海，臧旭恒，2008. 寿命不确定与流动性约束下的居民消费和储蓄行为研究 [J]. 经济学动态（2）：41-46.

张世伟，周闯，2008. 城市贫困群体就业扶持政策的劳动供给效应：基于自然实验的研究 [J]. 经济评论（6）：23-30.

张爽，陆铭，章元，2007. 社会资本的作用随市场化进程减弱还是加强：来自中国农村贫困的实证研究 [J]. 经济学（季刊）（2）：539-560.

张勋，万广华，2016. 中国的农村基础设施促进了包容性增长吗？[J]. 经济研究（10）：82-96.

章元，万广华，刘修岩，等，2009. 参与市场与农村贫困：一个微观分析的视角 [J]. 世界经济（9）：3-14.

章元，许庆，邬璟璟，2012. 一个农业人口大国的工业化之路：中国降低农村贫困的经验 [J]. 经济研究（11）：76-87.

张自强，2020. 农户林地流转的减贫效应研究：基于粤、浙、皖3省的农户调查 [J]. 农业技术经济（2）：45-58.

中国银保监会，2018. 中国普惠金融发展情况报告（精要版）[J]. 中国银行业（10）：113-120.

钟娟，魏彦杰，沙文兵，2013. 金融自由化改善了投资配置效率吗？[J]. 财经研究（4）：16-25.

周力，邵俊杰，2020. 非农就业与缓解相对贫困：基于主客观标准的二维视角 [J]. 南京农业大学学报（社会科学版）（4）：121-132.

周强，张全红，2017. 中国家庭长期多维贫困状态转化及教育因素研究 [J]. 数量经济技术经济研究（4）：3-19.

朱梦冰，李实，2017. 精准扶贫重在精准识别贫困人口：农村低保政策的瞄准效果分析 [J]. 中国社会科学（9）：90-112.

朱农，骆许蓓，2008. 收入增长、不平等和贫困：中国健康与营养调查数据分析 [J]. 中国社会科学（2）：12-23.

朱信凯，刘刚，2009. 二元金融体制与农户消费信贷选择：对合会的解释与分析 [J]. 经济研究（2）：43-55.

庄晓玖，2007. 中国金融市场化指数的构建 [J]. 金融研究（11）：180-190.

ABIAD A, MODY A, 2005. Financial reform: what shakes it? What shapes it? [J]. The American economic review, 95（1）：66-88.

AHAMED M, 2016. Does inclusive financial development matter for firms' tax evasion? evidence from developing countries [J]. Economics letters, 149：15-19.

AKHTER S, DALY K, 2009. Finance and poverty: evidence from fixed effect vector decomposition [J]. Emerging markets review, 10：191-206.

AKOTEY O, ADJASI C, 2016. Does microcredit increase household welfare in the absence of microinsurance [J]. World development, 77：380-394.

ALKIRE S, FOSTER J, 2011. Counting and multidimensional poverty measurement [J]. Journal of public economics, 9（2）：289-314.

ALLEN F, CARLETTI E, CULL R, et al., 2014. The African financial development and financial inclusion gaps [J]. Journal of African economies, 23 (5): 614-642.

ALLENF, DEMIRGUC-KUNT A, KLAPPER L, et al., 2016. The foundations of financial inclusion: understanding ownership and use of formal accounts [J]. Journal of financial intermediation, 27: 1-30.

AMBARKHANE D, SINGH A, VENKATARAMANI B, 2016. Developing a comprehensive financial inclusion index [J]. Management and labour studies, 41 (3): 216-235.

AMIDZIC G, MASSARA A, MIALOU A, 2014. Assessing countries' financial inclusion standing: a new composite index [J]. IMF working paper, no. 14/36.

APPLETON S, SONG L, XIA Q, 2010. Growing out of poverty: trends and patterns of urban poverty in China 1988—2002 [Z]. IZA discussion Paper, no. 3459.

ARON J, MUELLBAUER J, 2013. Wealth, credit conditions, and consumption: evidence from southAfrica [J]. Review of income and wealth, 59 (S1): S161-S196.

ATKINSON A, BOURGUIGNON F, 2001. Poverty and inclusion from a world perspective [M]. Oxford: Oxford University Press.

ATTANASIO O, AUGSBURG B, HAAS R, et al., 2015. The impacts of microfinance: evidence from joint-liability lending in Mongolia [J]. American economic journal: applied economics, 7 (1): 90-122.

AZEEM M, MUGERA A, SCHILIZZI S, 2018. Vulnerability to multi-dimensional poverty: an empirical comparison of alternative measurement approaches [J]. The journal of development studies, 54 (9): 1612-1636.

BANDIERA O, CAPRIO G P, HONOHAN P, et al., 2000. Does financial reform raise or reduce saving? [J]. The review of economics and statistics, 82 (2): 239-263.

BANERJEE A, DUFLO E, GLENNERSTER R, et al., 2015. The miracle of microfinance? evidence from a randomized evaluation [J]. American economic journal: applied economics, 7 (1): 22-53.

BARTLETT M, 1937. The statistical conception of mental factors [J]. British journal of psychology, 28: 97-104.

BECK T, LIN C, MA Y, 2014. Why do firms evade taxes? Therole of information sharing and financial sector outreach [J]. The journal of finance, 69 (2): 763-817.

BECK T, LEVINE R, LEVKOV A, 2010. Big bad banks? The winners and losers from bank deregulation in the united states [J]. The journal of finance, 65 (5): 1637-1667.

BECK T, TORRE A, 2006. The basic analytics of access to financial services [J]. Finance markets institutions & instruments, 16 (2): 79-117.

BEEN J, CAMINADA K, GOUDSWAARD K, et al., 2017. Public/private pension mix, income inequality and poverty among the elderly in Europe: an empirical analysis using new and revised OECD data [J]. Social policy & administration, 51 (7): 1079-1100.

BESLEY T, MEADS N, SURICO P, 2008. Household external finance and consumption [Z]. Working paper.

BOSE B, RAUB A, EARLE A, et al., 2020. Can working women and men afford to take paid leave? A comparative study of the level of paid leave benefits and poverty thresholds in the OECD [J]. Journal of comparative policy analysis: research and practice, 22 (5): 422-439.

BRADY D, BAKER R, FINNIGAN R, 2013. When unionization disappears: state-level unionization and working poverty in the united states [J]. American sociological review, 78 (5): 872-896.

BRADY D, BURROWAY R, 2012. Targeting, universalism, and single-mother poverty: a multilevel analysis across 18 affluent democracies [J]. Demography, 49: 719-746.

BROWN M, GUIN B, KIRSCHENMANN K, 2016. Microfinance banks and financial inclusion [J]. Review of finance, 2016, 20 (3): 1-40.

BRUHN M, LOVE I, 2014. The real impact of improved access to finance: evidence from Mexico [J]. The journal of finance, 69 (3): 1347-1376.

BRUNE L, GINÉ X, GOLDBERG J, et al., 2016. Facilitating savings for agriculture: field experimental evidence from Malawi [J]. Economic development and cultural change, 64 (2): 187-220.

BUCHELI J, BOHARA A, VILLA K, 2017. Paths to development? Rural roads and multidimensional poverty in the hills and plains of Nepal [J]. Journal of international development, 30 (2): 430-456.

BURGESS B, PANDE R, 2005. Do rural banks matter? evidence from the India banking experiment [J]. The American economic review, 95 (3): 780-795.

CAMARA N, TUESTA D, 2014. Measuring financial inclusion: a multidimensional index [Z]. BBVA bank working papers, no. 1404.

CARBONI O, 2012. An empirical investigation of the determinants of R&D cooperation: an application of the inverse hyperbolic sine transformation [J]. Research in economics, 66: 131-141.

CARROLL C, DYNAN K, KRAN S, 2003. Unemployment risk and precautionary wealth: evidence from households' balance sheets [J]. The review of economics and statistics, 85 (3): 586-604.

CARROLL C, OVERLAND J, WEIL D, 2000. Saving and growth with habit formation [J]. TheAmerican economic review, 90 (3): 341-355.

CELERIER C, MATRAY A, 2019. Bank-branch supply, financial inclusion, and wealth accumulation [J]. The review of financial studies, 32 (12): 4767-4809.

CHAKRAVARTY S, PAL R, 2013. Financial inclusion inIndia: an axiomatic approach [J]. Journal of policy modeling, 35 (5): 813-837.

CHAUDHURI S, JALAN J, SURYAHADI A, 2002. Assessing household vulnerability to poverty from cross-sectional data: a methodology and estimates from Indonesia [Z]. Columbia university discussion paper, no. 0102-52.

CHIBBA M, 2009. Financial inclusion, poverty reduction and the millennium development goals [J]. Europeanjournal of development research, 21 (2): 213-230.

CREPON B, DEVOTO F, DUFLO E, et al., 2015. Estimating the impact of microcredit on those who take it up: evidence from a randomized experiment in Morocco [J]. American economic journal: applied economics, 7 (1): 123-150.

CORRADO G, CORRADO L, 2015. The geography of financial inclusion across Europe during the global crisis [J]. Journal of economic geography, 15 (5): 153-168.

DABLA-NORRIS E, JI Y, TOWNSEND R, et al., 2021. Distinguishing constraints on financial inclusion and their impact on gdp, tfp, and the distribution of income [J]. Journal of monetary economics, 117: 1-18.

DUESENBERRY J, 1949. Income, saving and the theory of consumer behavior [M]. Cambridge: Harvard University Press.

DUPAS P, ROBINSON J, 2013. Savings constraints and microenterprise development: evidence from a field experiment in Kenya [J]. American economic journal: applied economics, 5 (1): 163-192.

FAN Z, ZHANG R, 2016. Financial inclusion, entry barriers, and entrepreneurship: evidence fromChina [J]. Sustainability, 9 (2): 203.

FEENY S, MCDONALD L, 2016. Vulnerability to multidimensional poverty: findings from households inMelanesia [J]. The journal of development studies, 52 (3): 447-464.

FERRAND D, GIBSON A, SCOTT H, 2004. Making markets workfor the poor: an objective and an approach for governments and development agencies [Z]. Working paper.

FIELD E, PANDE R, PAPP J, et al., 2013. Does the classic microfinance model discourage entrepreneurship among the poor? experimental evidence from India [J]. The American economic review, 103 (6): 2196-2226.

FIGART D, 2013. Institutionalist policies for financial inclusion [J]. Journal of economic issues, 47 (4): 873-894.

FOSTER J, GREER J, THORBECKE E, 1984. A class of decomposable poverty measures [J]. Econometrica, 52 (3): 761-766.

FRIEDLINE T, MASA R, CHOWA G, 2015. Transforming wealth: using the inverse hyperbolic sine (ihs) and splines to predict youth's math achievement [J]. Social science research, 49: 264-287.

FUNGACOVA Z, HASAN I, WEILL L, 2019. Trust inbanks [J]. Journal of economic behavior and organization, 157: 452-476.

FUNGACOVA Z, WEILL L, 2015. Understanding financial inclusion in China [J]. China economic review, 34: 196-206.

GEDA A, SHIMELES A, ZERFU D, 2006. Finance and poverty inEthiopia: a household level analysis [Z]. World Institute for development economic research paper, no. 2006/51.

GERTLER P, GRUBER J, 2002. Insuring consumption against illness [J]. The Americaneconomic review, 92 (1): 51-70.

GHOSH J, 2013. Microfinance and the challenge of financial inclusion for development [J]. Cambridge journal of economics, 37 (6): 1203-1219.

GILES J, YOO K, 2007. Precautionary behavior, migrant networks, and household consumption decisions: an empirical analysis using household panel data from rural China [J]. Review of economics and statistics, 89 (3): 534-551.

GOETZ M, LAEVEN L, LEVINE R, 2016. Does the geographic expansion of banks reduce risk? [J]. Journal of financial economics, 120 (2): 346-362.

GRAAF-ZIJL M, NOLAN B, 2011. Household joblessness and its impact on poverty and deprivation in Europe [J]. Journal of European social policy, 21 (5): 413-431.

GUNTHER I, HARTTGEN K, 2009. Estimating households vulnerability to idiosyncratic and covariate shocks: a novel method applied inMadagascar [J]. World development, 37 (7): 1222-1234.

GUPTE R, VENKATARAMANI B, GUPTA D, 2012. Computation of financial inclusion index for India [J]. Procedia - social and behavioral sciences, 37: 133-149.

GROSS D, SOULELES N, 2002. Do liquidity constraints and interest rates matter for consumer behavior? evidence from credit card data [J]. The quarterly journal of economics, 117 (1): 149-185.

HARBAUGH R, 2003. China's high savings rates [Z]. Working paper.

HAYASHI F, 1985. The effect of liquidity constraints on consumption: a cross sectional analysis [J]. The quarterly journal of economics, 100: 183-206.

HONG H, KUBIK J, STEIN J, 2004. Social interaction and stock market participation [J]. The journal of finance, 59 (1): 137-163.

HONOHAN P, 2008. Cross-country variation in household access to financial services [J]. Journal of banking and finance, 32 (11): 2493-2500.

HORIOKA C, WAN J, 2013. The determinants of household saving in China: a dynamic panel analysis of provincial data [J]. Journal of money, credit and banking, 39 (8): 2077-2096.

IBRAHIM S, OZDESER H, CAVUSOGLU B, 2019. Financial inclusion as a pathway to welfare enhancement and income equality: micro-level evidence from Nigeria [J]. Development southern Africa, 36 (3): 390-407.

IMAI K, ARUN T, ANNIM S, 2010. Microfinance and household poverty reduction: new evidence from India [J]. World development, 38 (12): 1760-1774.

IMAI K, GAIHA R, THAPA G, et al., 2012. Microfinance and poverty: a macro perspective [J]. World development, 40 (8): 1675-1689.

INOUE T, 2019. Financial inclusion and poverty alleviation in India [J]. Journal of financial economic policy, 11 (1): 21-33.

ISLAM A, MAITRA P, 2012. Health shocks and consumption smoothing in rural households: does microcredit have a role to play [J]. Journal of development economics, 97 (2): 232-243.

JALILIAN H, KIRKPATRICK C, 2002. Financial development and poverty reduction in development countries [J]. International journal of finance and economics, 7: 97-108.

JONES P, 2008. From tackling poverty to achieving financial inclusion: the changing role of British credit unions in low income communities [J]. The journal of socio-economics, 37 (6): 2141-2154.

KAISER H, 1974. An index of factor simplicity [J]. Psychometrika, 39: 31-36.

KARLAN D, ZINMAN J, 2010. Expanding credit access: using randomized supply decisions to estimate the impacts [J]. The review of financial studies, 23 (1): 433-464.

KHAKI A, SANGMI M, 2017. Does access to finance alleviate poverty? A case study of SGSY beneficiaries inKashmir valley [J]. International journal of social economics, 44 (8): 1032-1045.

KHANDKER S, 2005. Microfinance and poverty: evidence using panel data fromBangladesh [J]. The world bank economic review, 19 (2): 263-286.

KRISTJANSDOTTIR H, 2012. Exports from a remote developed region: analysed by an inverse hyperbolic sine transformation of the gravity model [J]. The world economy, 35 (7): 953-966.

KIM J, 2016. A study on the effect of financial inclusion on the relationship between income inequality and economic growth [J]. Emerging markets finance and trade, 52 (2): 498-512.

KRAAYA, 2000. Household saving in China [J]. World bank economic review, 14 (3): 545-570.

KUNT A, KLAPPER L, SINGER D, et al., 2015. The global findex database 2014: measuring financial inclusion around the world [Z]. Policy research working paper, no. 7255.

LAAJAJ R, 2012. Closing the eyes on a gloomy future: psychological causes and economic consequences [Z]. Working paper.

LOSCHMANN C, PARSONS C, SIEGEL M, 2015. Does shelter assistance reduce poverty inAfghanistan? [J]. World development, 74: 305-322.

LUDVIGSON S, 1999. Consumption and credit: a model of time-varying liquidity constraints [J]. Review of economics and statistics, 81 (4): 434-447.

MALDONADO L, NIEUWENHUIS R, 2015. Family policies and single parent poverty in 18 OECD countries, 1978-2008 [J]. Community, work & family, 18 (4): 395-415.

MANI A, MULLAINATHAN S, SHAFIR E, et al., 2013. Poverty impedes cognitive function [J]. Science, 341: 976-980.

MARSDEN J, NILESHWAR A, 2013. Financial inclusion and poverty alleviation [J]. Journal of social business, 3 (4): 56-83.

MASLOW A, 1943. A theory of human motivation [J]. Psychological review, 50: 370-396.

MENG L, 2013. Evaluating China's poverty alleviation program: a regression discontinuity approach [J]. Journal of public economics, 101 (1): 1-11.

MENG X, 2003. Unemployment, consumption smoothing, and precautionary saving in urban China [J]. Journal of comparative economics, 31 (3): 465-485.

MODIGLIANI F, BRUMBERG R, 1954. Utility analysis and the consumption function: an interpretation of the cross-section data [M]. New Jersey: Rutgers University Press.

MOLLER S, BRADLEY D, HUBER E, et al., 2003. Determinants of relative poverty in advanced capitalist democracies [J]. American sociological review, 68 (1): 22-51.

MONTALVO J, RAVALLION M, 2010. The pattern of growth and poverty reduction in China [J]. Journal of comparative economics, 38 (1): 2-16.

MORDUCH J, 1995. Income smoothing and consumption smoothing [J]. Journal of economic perspectives, 9 (3): 103-114.

MOSLEY P, VERSCHOOR A, 2005. Risk attitudes in the vicious circle of poverty [J]. European journal of development research, 17 (1): 59-88.

NANDA K, KAUR M, 2016. Financial inclusion and human development: a cross-country evidence [J]. Management and labour studies, 41 (2): 127-153.

NEAIME S, GAYSSET I, 2018. Financial inclusion and stability in MENA: evidence from poverty and inequality [J]. Finance research letters, 24: 230-237.

NEWMAN C, CARROLL J, MCCARTHY S, 2005. An econometric analysis of charitable donations in the republic ofIreland [J]. Economic & social review, 36 (1): 229-249.

NUNNALLY J, BERNSTEIN I, 1994. Psychometric theory [M]. New York: McGraw-Hill.

PARK C, MERCADO R, 2015. Financial inclusion, poverty, and income inequality in developingAsia [Z]. ADB economics working paper series, no. 426.

PARK C, MERCADO J, 2018. Financial inclusion, poverty, and income inequality [J]. The Singapore economic review, 63 (1): 185-206.

PARK A, WANG D, 2010. Migration and urban poverty and inequality in China [J]. China Economic Journal, 3 (1): 49-67.

PENCE K, 2006. The role of wealth transformations: an application to estimating the effect of tax incentives on saving [J]. The b. e. journal of economic analysis & policy, 5 (1): 1-26.

POPOV A, 2014. Credit constraints and investment in human capital: training evidence from transition economies [J]. Journal of financial intermediation, 23 (1): 76-100.

PRINA S, 2015. Banking the poor via savings accounts: evidence from a field experiment [J]. Journal of development economics, 115: 16-31.

RAVALLION M, CHEN S, 2011. Weakly relative poverty [J]. The reviewof economics and statistics, 93 (4): 1251-1261.

RAVALLION M, CHEN S, 2019. Global poverty measurement when relative income matters [J]. Journal of public economics, 177: 1-13.

SAHAY R, CIHAK M, 2018. Women in finance: a case for closing gaps [Z]. IMF staff discussion note, no. 18/05.

SARMA M, 2008. Index of financial inclusion [Z]. ICRIER working paper, no. 215.

SARMA M, 2012. Index of financial inclusion-a measure of financial sector inclusiveness [Z]. Berlin working papers, no. 07/2012.

SARMA M, 2015. Measuring financial inclusion [J]. Economics bulletin, 35 (1): 604-611.

SARMA M, PAIS J, 2011. Financial inclusion and development [J]. Journal of international development, 23 (5): 613-628.

SEN A, 1999. Development as freedom [M]. Oxford: Oxford University Press.

SHARMA D, 2016. Nexus between financial inclusion and economic growth: evidence from the emerging Indian economy [J]. Journal of financial economic policy, 8 (1): 13-36.

SHERRADEN M, 1991. Assets and the poor: a newAmerican welfare policy [M]. New York: M. E. Sharpe Press.

SOMAN D, CHEEMA A, 2002. The effect of credit on spending decisions: the role of the credit limit and credibility [J]. Marketing science, 21 (1): 32-53.

STEIN L, YANNELIS C, 2020. Financial inclusion, human capital, and wealth accumulation: evidence from the freedman's savings bank [J]. The review of financial studies, 33 (11): 5333-5377.

SWAIN R, FLORO M, 2012. Assessing the effect of microfinance on vulnerability and poverty among low income households [J]. The journal of development studies, 48 (5): 605-618.

SWAMY V, 2014. Financial inclusion, gender dimension, and economic impact on poor households [J]. World development, 56 (3): 1-15.

THOMSON G, 1951. The factorial analysis of human ability [M]. London: University of London Press.

TOWNSEND P, 1979. Poverty in the united kingdom: a survey of household resources and standards of living [M]. Harmondsworth: Penguin Books.

TUREGANO D, HERRERO A, 2018. Financial inclusion, rather than size, is the key to tackling income inequality [J]. The Singapore economic review, 63 (1): 167-184.

URQUIJO L, 2015. Financial exclusion in theEuropean union: addressing difficulties in accessing finance within the current integration framework [J]. Journal of contemporary European studies, 23 (1): 100-117.

VLIET O, BEEN J, CAMINADA K, et al., 2012. Pension reform and income inequality among the elderly in 15 European countries [J]. International journal of social welfare, 21 (S1): S8-S29.

WANG M, 2007. Emerging urban poverty and effects of the dibao program on alleviating poverty in China [J]. China & world economy, 15 (2): 74-88.

WEI S, ZHANG X, 2011. The competitive saving motive: evidence from rising sex ratios and savings rates in China [J]. Journal of political economy, 119 (3): 511-564.

WORLD BANK, 2014. Global financial developmentreport 2014: financial inclusion [R]. Washington, D. C.: World bank.

ZELDES S, 1989. Consumption and liquidity constraints: an empirical investigation [J]. Journal of political economy, 97: 305-346.

ZINS A, WEILL L, 2016. The determinants of financial inclusion in Africa [J]. Review of development finance, 6: 46-57.